生涯—学科融合的教学设计

SHENGYA
XUEKE
RONGHE DE
JIAOXUE SHEJI

乔志宏 /主编　　刘艳　宗敏 /副主编

北京师范大学出版集团
BEIJING NORMAL UNIVERSITY PUBLISHING GROUP
北京师范大学出版社

图书在版编目（CIP）数据

生涯—学科融合的教学设计 / 乔志宏主编. —北京：北京师范大学出版社，2025.5

（教师教育新概念丛书）

ISBN 978-7-303-29710-8

Ⅰ.①生… Ⅱ.①乔… Ⅲ.①职业选择—教学设计—高中 Ⅳ.①G633.932

中国国家版本馆 CIP 数据核字（2024）第 007774 号

出版发行：北京师范大学出版社 https：//www.bnupg.com

　　　　　北京市西城区新街口外大街 12-3 号

　　　　　邮政编码：100088

印　　刷：北京虎彩文化传播有限公司

经　　销：全国新华书店

开　　本：710 mm×1000 mm　1/16

印　　张：18.5

字　　数：290 千字

版　　次：2025 年 5 月第 1 版

印　　次：2025 年 5 月第 1 次印刷

定　　价：68.00 元

策划编辑：伊师孟　　　　　　　　责任编辑：吴纯燕

美术编辑：焦　丽　　　　　　　　装帧设计：焦　丽

责任校对：王丽芳　　　　　　　　责任印制：马　洁

前　言

　　基础教育课程承载着党的教育方针和教育思想，在立德树人中发挥着关键作用。随着高考改革的开启，生涯教育已经开始通过考试招生方式的变革，促动高中培养方式和培养内容的变革。学科课程与教学作为高中教育的基本载体和主要形式，意味着学科课堂也应该成为学校生涯教育的主阵地，各个科目的学习应该成为打开中学生未来生涯大门的钥匙。

　　基础教育的目标分为基础性和预备性两方面。基础性是指学校应当为学生个人全面发展"奠基"，为学生的成长提供最基本的知识、能力、情感和价值观的培养。而预备性是为学生的下一个发展阶段"强基"，为学生后续的生涯阶段作预备，包括升学预备和就业预备。课堂学习是学生学习与成长的主要途径。《普通高中课程方案（2017 年版 2020 年修订）》中明确提出普通高中教育的任务包括"为学生适应社会生活、高等教育和职业发展作准备"。这提示我们，学生在学校进行课程学习的同时，需要接触社会和工作世界的发展趋势；在开展学业活动的同时，需要完成自身成长所需面对的生涯发展任务。因此，在学科教学过程中，为了让学生将学科所学转化为胜任职业所需，让学生具备能够适应终身发展的关键能力，在学科教学中融入生涯教育就显得尤为必要。

　　生涯—学科融合正是把生涯发展理念和教育内容融入现有的学习体系，将科目学习延伸到工作和生活世界，将学生的生涯发展与课程教学活动相结合，以实现改善教育效果的目标。生涯—学科融合突破用成绩衡量学科学习潜力的模式，让学生透过当前的学习活动，看到学科的知识本质、社会价值和未来的发展趋势，唤起学生内心的价值认同，赋予学习以关联自身成长和社会发展的意义感，从而激发学生的学习动力，使其主动寻求学习方法、学习策略的突破，继而改善学习效果。

生涯—学科融合教育拓展了学科教育的育人价值，为学生创造了现在和未来之间、成绩和成长之间的"第三时空"，不仅在时间维度上串联了学生当前学业和未来职业生涯，还从空间维度上打通了学生学业成绩和生涯发展之间的并行通路。

生涯—学科融合教育有助于促进学科课程建设和开发，重构学科核心素养与生涯素养相结合的教学目标，开发学科知识与生涯教育内容相融合的教学内容，将生涯教育方法引入学科教学活动，从知识掌握和素养发展双视角开展学科学习过程性和结果性教学评价。总之，生涯—学科融合教学促进学科教学朝着从关注学科到关注学生、从教授知识到传递学科价值和魅力、从只关注知识掌握到同时关注学业表现和学生素养三个方向发展。

学科课堂作为学校育人的主战场，同样也是生涯教育的主战场，开展生涯—学科融合教育是实现学科育人的有效途径。在明确生涯—学科融合教育价值的基础之上，系统开发有效的实践路径，对深化课程改革，推进生涯教育，实现学科育人具有重要意义。

本书介绍了生涯—学科融合的理论与在高中的教学实践。第一章梳理了生涯—学科融合的实施背景、研究现状和理论基础，归纳了开展生涯—学科融合教学的价值意义。第二章介绍了生涯—学科融合的微融合、深融合、全融合三种实践模式，尝试将生涯—学科融合应用于不同教学场景。第三章分享了生涯教研员的思考与探讨，以及各学科教研员、骨干教师在生涯—学科融合教学方面开展的探索。第四章展示了北京市优秀高中学科教师作出的生涯—学科融合教学设计，共 10 个科目 20 例。这些教学设计是在生涯—学科融合理念下进行的探索，所有参与教师都经过生涯—学科融合的专业培训，所作出的教学设计也都经过生涯领域与学科教学领域专家的两轮评审，并由一线教师进行了教学实践，可以为广大学科教师开展生涯—学科融合教学提供鲜活的示范和参考。此外，本书附录还介绍了生涯—学科融合教学在区域层面和学校层面的推进与成效。

　　生涯—学科融合教学始于高考改革的学生端需求，响应了学科教师教书育人的需要，为深化课程改革和加强基础学科拔尖创新人才的培养提供了新的路径支持。生涯—学科融合是生涯教育的重要路径，是每一名学科教师参与生涯教育、实现学科育人的有效途径。

目 录 C O N T E N T S

第一章　生涯—学科融合概述

第一节　生涯—学科融合的背景与意义

一、生涯—学科融合的背景

(一) 智能时代对人才的要求

我们正处于第四次工业革命阶段。第四次工业革命时代是利用信息化技术促进产业变革的时代,亦称智能时代。在第一次和第二次工业革命后,人类从农业社会进入工业社会,大部分生产劳动也随之机械化。那时的工作有着明确且规范的内容,工人只需要按时完成标准化的工作任务。旧工业时代的教育系统受到当时经济和生产力水平的影响,培养人才的内在逻辑是要培养从事标准化、大规模生产制造工作的劳动力。但在当今社会,智能革命带来了前所未有的技术、工业和社会创新的激增,改变着人类社会和经济的发展模式。新技术及无形价值的创造,使人们的工作方式发生了巨大变化。工作对个体的要求已经不再是规范化、标准化和机械化。工业化早期的时代特征所要求的人才特点,并不能适应瞬息万变的智能时代。

在智能时代,人类借助人工智能可以完成操作性、重复性甚至是知识性的工作。为了适应数字经济发展对人才培养和对人们职业发展的需求,学校教育需要重视培养学生的创新和创造能力、审美能力、情感理解与表达能力。这些能力是基于未来工作场景、满足人才素质发展需求的,提供了面向未来的人才培养方向,能够让学生在学校学习的同时顺应社会的变化而发展,以更好地适应未来的工作世界,从而发挥人类特有的能力去创造和创新。

(二) 拔尖创新人才的特征

党的二十大报告将"实现高水平科技自立自强,进入创新型国家前列"纳入 2035 年我国发展的总体目标。为了实现该目标,我们必须坚持科技是第一生产力、人才是第一资源、创新是第一动力。国家发展要靠创新来驱动。所以,我们要坚持教育优先发展、科技自立自强、人才引领驱动,全面提高人才自主培养质量，着力造就拔尖创新人才，聚天下英才而用之。① 这里的"拔尖创新人才"，并不单指科学家。在所有的行业里面，都有拔尖创新人才，正是他们带来了各自行业的发展和突破。当下的教育就是要能够理解当下和未来时代的特征，培养适合未来社会的拔尖创新人才。

从个体发展角度来看，拔尖创新人才具备以下几个特征。首先是能够承担责任，承担自己职业生涯的责任。一个有自主性的人，才能掌控自己的人生，才具有创造性的发展空间和创新的内在动力。其次，对于拔尖创新人才而言，不仅要具备具体领域的专业技能，更要具备与创新有关的软技能，如批判性思维、解决复杂问题的能力、坚韧性，以及沟通协作和共情能力。再次，拔尖创新人才要胸怀大志，时刻关注国家发展的趋势和政策。"绿色发展"这类关注全人类福祉的前进方向，更能激发个人发展的热情和活力。最后，也是最重要的，要能够自我驱动，也就是具有内在自发的动力。拔尖创新人才通常具备强烈的目标感，有着内在的自我驱动力。稳定的、持久的自我驱动必然来自对整个社会的愿景，如希望全民族更加富足或更加文明，从而使每一个个体更加自由，使社会更加公平公正、更有人文关怀。这也意味着，拔尖创新人才要创造自己的价值，要找到自己人生独特的意义，以及有志于服务国家，为社会作出贡献。

(三)基础学科拔尖创新人才的培养

为服务国家重大战略需求，加强拔尖创新人才选拔培养，2020 年起，教育部在部分高校开展基础学科招生改革试点(也称"强基计划")，突出基础学科对国家战略领域的支撑引领作用，重点在数学、物理、化学、生物及历史、哲学、古文字学等相关专业招生。② "强基计划"对高中阶段基础学科的教育提出了新的要求。为了培养合格的"强基"后备人才，基础教育要更加注

① 习近平：《高举中国特色社会主义伟大旗帜　为全面建设社会主义现代化国家而团结奋斗——在中国共产党第二十次全国代表大会上的报告》，33～34 页，北京，人民出版社，2022。

② 《教育部关于在部分高校开展基础学科招生改革试点工作的意见》，http：//www.moe.gov.cn/srcsite/A15/moe_776/s3258/202001/t20200115_415589.html，访问日期：2025-03-10。

重培育学生的家国情怀、基础学科素养、创新能力，开发学生的学科潜能，学校也要树立服务国家战略需求、为关键领域输送高素质人才的长远目标。[①] 此外，我国中学教育对专业教育渗透的缺失是不争的事实。因此，中学阶段的学科教育还应该为学生建构起对专业和职业生涯的基本认知，帮助学生感受基础学科的价值和魅力，以避免一些高中生因对学科的不了解或错误认知而过早地放弃选择基础学科。

"强基计划"是一种招生方式，但又不限于一种招生方式。强基计划本身就是一项长远的事业，这也提醒我们，基础教育阶段基础学科的"基础性"既关乎学生毕生发展，又关乎国家发展战略。强基计划不仅在招生过程中强调了基础学科人才的重要性，而且会让基础教育更重视基础课程的实施，更重视学生基础学科的学习，注重为学生发展打好底色，为国家"实现高水平科技自立自强"培养人才。[②]

(四)新高考背景下的生涯教育

在智能革命的时代背景下，我们如何从基础教育阶段就做好创新人才的培养工作？我们如何让青少年适应快速变化的世界？我们如何让他们为目前可能还不存在的职业作好准备？这是生涯教育必须回答的问题。随着 2014 年高考改革的开启，生涯教育已经开始通过考试招生方式的变革促动高中培养方式和培养内容的变革。无论是新高考政策还是"强基计划"等特殊招生计划，其考试的内容和录取方式的变化，都在倒逼高中学校开展生涯教育，培养学生的生涯选择能力，以便高中生在高一、高二选科和分班时，能够行使自己的自主权。

生涯教育在短期要有助于学生应对高考的要求，在长期则应该有助于学生适应未来社会的要求。从长远目标来看，生涯教育要对智能时代人才培养的要求有所回应。学校的生涯教育要能够培养学生的创新能力和素质，培养他们强大的内在驱动力、积极向上的价值观和人生追求，让他们保有内在的

---

① 郑若玲、庞颖：《"强基计划"呼唤优质高中育人方式深度变革》，载《中国教育学刊》，2021(1)。

② 周彬：《新时代基础教育人才培养的新要求与强基路径——来自国家实施"强基计划"的启示》，载《人民教育》，2020(12)。

引领，以便在快速多变、不断创新的社会中，能够积极适应和持续发展，同时具备应对挫折和困难的能力。

生涯教育既要关注未来，也要注重当下。生涯教育在短期内要有助于学生获得当前学习的动力，获得好的学业表现，取得好的学业成绩。过于关注应试能力或过于关注素质教育，都必然带来不可逆转的不良后果。要平衡当下和未来的矛盾，生涯教育就既要能够有利于学生当下的学习，帮助他们在高考中取得理想的成绩，同时也要有利于学生形成长远发展的动力，有利于培养学生的好奇心、内驱力，以及塑造学生的价值观。

(五)课程改革中的学科育人

面对经济、科技的迅猛发展和社会生活的深刻变化，面对新时代对人才培养质量的新要求，2013年，教育部启动了普通高中课程方案和课程标准的修订工作，2017年完成《普通高中课程方案》，并于2020年再次修订。《普通高中课程方案(2017年版2020年修订)》中明确提出普通高中教育的任务是促进学生全面而有个性的发展，为学生适应社会生活、高等教育和职业发展作准备，为学生的终身发展奠定基础。各学科基于学科本质凝练了学科核心素养，学科核心素养对落实立德树人根本任务、对学科独特育人价值进行了回应，同时也是"学科育人"要求的具体体现。学科学习是学校教育的主要形式，各个科目的学习更是打开学生未来生涯大门的钥匙。因此，学科课堂应该成为学校生涯教育的主阵地，成为学科教师参与生涯教育的重要途径。

学科教学在关注学生学习结果的同时，也要关注他们的长远发展。在学科教学过程中，为了让学生将学科所学转化为胜任职业所需，让学生具备能够适应终身发展的关键能力，在学科教学中融入生涯教育就显得尤为必要。通过将生涯发展理念和内容融入现有的学习体系中，开展生涯—学科融合教学，将生涯发展与学科课程教学及学习活动相结合，既是推进生涯教育的重要方式，也是改善学科教育效果、增进学生学习动机的有效途径。

二、开展生涯—学科融合的价值意义

(一)激发学生自主性，促进成绩目标和成长目标的达成

学科课程作为中学生学习与发展的"第一课堂"，是培养能担当中华民族

伟大复兴大任的时代新人才的主要阵地。《普通高中课程方案(2017 年版
2020 年修订)》中课程实施与评价部分提出要切实加强学生发展指导,帮助学
生树立坚定的社会主义理想信念,正确地认识自我,处理好兴趣特长、潜能
倾向与社会需要的关系,选择适合的发展方向,提高生涯规划能力和自主发
展能力。生涯—学科融合通过将生涯教育内容融入学科课程教学,带来学科
教学活动的丰富化和学习方式的多元化,从而为学生创设优质的学科学习经
验。这些经验会进一步转化为积极的学习体验和成就感,学生的学科兴趣和
学习动机由此得到提升,这也将进一步促进他们的自主发展。

生涯—学科融合教育在帮助学生达成绩目标的同时,也关注着他们的
成长目标。学生的学科认同关联着未来的专业认同,专业认同关联着未来的
职业认同,职业认同关联着未来的职业成就和幸福。所以,学科教学不仅要
让学生学得有成就,还要有意义;不仅教知识,还要把该学科对人类社会的
价值说清楚;不仅教解题方案,还要能识别学生发展的潜力;不仅培养学生
的学习能力,还要在学科教学中培养学生作为未来生产者所需要具备的关键
技能。[1] 生涯—学科融合教学有助于教师带领学生领略学科价值,了解学科
相关的专业、职业发展,以及学科知识与个人发展和社会发展之间的关联
性,在成长过程中建构学习与生活的意义。

(二)深化课程改革,带动教师专业成长

在教育改革和发展过程中,课程建设处于基础性、先导性、全局性的战
略位置,教育改革和发展的任务最终都要通过课程落实到学校课堂中。在当
前课程改革和考试招生制度改革的背景下,开展生涯—学科融合教育能够促
进学科教师改变教学模式,深化课程改革。教师在开发生涯—学科融合课程
的过程中,需要整合学科素养目标和生涯教育目标,对教学内容进行再加
工,重构教学方法,超越学科知识,传递学科意义,从而改善学科教学效
果,实现学科育人价值。

生涯—学科融合教育在促动教师落实课程改革的同时,也在促进教师的

---

[1] 樊丽芳、乔志宏:《新高考改革倒逼高中强化生涯教育》,载《中国教育学刊》,
2017(3)。

专业成长。学生基于兴趣和能力的分层走班带来的选择，是推动教师自身改变和提升的动力。同时，随着生涯—学科融合教学的开展，教师在教学中不再只关注分数，而是要带领学生回归学科学习的本源，从学生成长和成绩的双重目标视角重新审视教学设计和实施。学科教师在提升学科教学适应性的过程中，也提高了自身在学生发展指导工作中的意识和能力，丰富了教学活动体验和意义建构，有助于促进教师的职业认同。

(三)促进育人方式变革，助力实现学科育人

《国务院办公厅关于新时代推进普通高中育人方式改革的指导意见》指出，要"注重指导实效。……帮助学生树立正确理想信念、正确认识自我，更好适应高中学习生活，处理好个人兴趣特长与国家和社会需要的关系"。还要健全指导机制，"建立专兼结合的指导教师队伍，通过学科教学渗透、开设指导课程、举办专题讲座、开展职业体验等对学生进行指导"。学科课堂作为学校育人的主战场，同样也是生涯教育的主战场，开展生涯—学科融合教育是实现学科育人的有效途径。澄清学校的教育目标，明确"培养什么样的人"是学校育人方式变革的首要问题。开展生涯—学科融合，有助于学科教师通过教学帮助学生了解学科对人类社会的价值及对个人成长和未来发展的价值，了解学科生涯人物对科学规律探索不止、勇攀高峰的科学素养、人文情怀和工匠精神，帮助学生了解相关专业、行业领域的国家战略，培育学生经世济民、德法兼修的职业情操，从而实现"学科教学"向"学科教育"的转变。

生涯—学科融合教育始于高考改革的学生端需求，响应了学科教师教书育人的需要，为深化课程改革和加强基础学科拔尖创新人才的培养提供了新的思路和路径支持。生涯—学科融合是生涯教育的重要路径，是每一名学科教师应该重视的育人途径。可以预见，随着教育改革的深化，会有更多学科教师加入生涯—学科融合教学的队伍，会有更多学校系统性地开展生涯—学科融合教育实践。

第二节 生涯—学科融合的研究现状

学科课程与教学是学校教育的基本载体和主要形式，课堂是落实立德树

人的主要阵地。以生涯—学科融合教育落实学科育人，发挥学科课堂育人主阵地的作用，是新时代教育改革的重要趋势，也是值得深入研究的重要课题。

一、生涯—学科融合的定义

在新高考背景下，生涯教育是指在学校教育中，将国家发展、国际形势、科技发展等与职业相关的信息，融入学生的学习生活中，从课程到课外活动，增强学生对自我和世界的认识，帮助学生发展出有个人特点的兴趣与能力，构建个人的意义来源和专业认同，增强生涯发展的自主性、主动性，为成功的职业生涯与充满活力的生活作好准备。在此定义的基础上，我们提出，生涯—学科融合是把生涯发展理念和内容融入现有的学习体系中，将学科学习延伸到工作和生活世界，将学生的生涯发展与课程教学活动相结合，以改善教育效果。生涯—学科融合的目标是提高学生的学科效能感和对学科学习的结果期待，帮助学生培养学科兴趣、建立学科目标、推动自主学习，以增进学生的学科成就经验和积极情绪体验为目标，提升学生的学习兴趣，从而激发学生的生涯关注、生涯好奇、生涯控制意识和生涯自信。

在文献中，与生涯—学科融合相关的概念包括生涯教育学科渗透、生涯教育灌注、学科生涯教育、学科融入式生涯教育。这些概念与生涯—学科融合的定义相近，我们在本节中所讨论的研究现状，就包含了以上述相关概念为主题的文献。

二、生涯—学科融合的研究进展

美国很早就开始在学科教育中渗透就业指导。1914 年，加利福尼亚大学开始通过英语课程渗透就业指导的计划。这些课程包括职业理想、成功与性格、职业选择及准备等。[①] 其后，美国基础教育也逐渐出现了在学科教学中渗透生涯发展内容的做法，将职业观、职业素质等与职业相关的知识，渗入化学、生物、物理、地理等各学科教材中。例如，美国的高中化学教材《化

---

① 王珍：《美国：多方支持的职业指导体系》，载《上海教育》，2014(29)。

学：概念和应用》介绍了化学领域成功人士的生涯故事以及从事相关职业的资质。① 美国主流高中地理教材《科学发现者：地球科学》中穿插了对相关职业和学科的介绍，让学生在完成学科课程的同时，了解相关的职业信息，并由此思考即将选择的大学专业以及未来可能从事的职业。

学科融合也是英国实施生涯教育的主要途径之一。比如"嵌入式 STEM 职业教育"，将生涯教育融入学科课程中，开展学校与相关行业或企业的合作，将课堂知识应用在实践之中，让学生在课程学习过程中了解相关职业和未来的工作世界。② 北爱尔兰地区在 2012 年的新义务教育阶段课程改革中，将生活与职业生涯课程正式加入课堂，让学生在工作和生活中学习学科知识，了解和培养学科背景下的工作技能，调查学科职业种类的特点。同时，许多学科或行业协会面向学校和不同年龄段的学生开发专业的网站，提供专业且全面的职业信息、案例和建议，为学科融入式生涯教育提供资源和保障。③

我国有学者在 2007 年提出将生涯教育整合到学习领域、学习科目和课程模块之中，使其与学术课程得到整合④，2010 年开始出现研究生涯教育与中学学科相融合的文献⑤。近年来，国内高中生涯—学科融合的研究主题主要包括：①某一门具体学科应如何开展生涯融合教育；②对生涯—学科融合教育的视角、路径和策略等的探讨；③不同实施主体的生涯—学科融合教育实践；④生涯—学科融合教学效果的实证研究。

1. 具体学科的生涯融合

当前大部分的文献以具体学科的生涯—学科融合教学案例为主要研究内

---

① 周青、赵永春：《美国高中化学教材中的职业生涯教育》，载《外国中小学教育》，2007(4)。

② 田静、石伟平：《英国生涯教育：新动向、核心特征及其启示》，载《中国职业技术教育》，2019(18)。

③ 郑钢：《北爱尔兰的学科融入式生涯教育的特点和启示》，载《现代基础教育研究》，2015(1)。

④ 申仁洪：《高中新课程的生涯发展特性》，载《课程·教材·教法》，2007(6)。

⑤ 张熙：《在语文等主要学科中渗透普通中学生职业生涯教育》，载《出国与就业(就业版)》，2010(24)。

容，以学科教学内容为载体进行教学设计，以具体的案例呈现生涯—学科融合的方法与结果。研究者在梳理教材中的生涯教育融合点的基础上，挖掘教材、文献、网络等方面的资源，开发形成融合素材。生涯融合的内容除了学科相关的专业和职业信息，还包括学生的自我认知、职业兴趣、职业能力、职业价值观、职业理想、职业精神、职业生涯规划等。

2. 生涯—学科融合的路径和策略

随着课程改革的推进，学科核心素养成为生涯—学科融合的新视角。以学科素养为融合的教学目标，生涯—学科融合的开发路径包括挖掘生涯融合点、确立育人价值目标、重构教学设计。生涯—学科融合教学通常采用的融合策略包括提供职业信息、引入生涯故事、讨论社会热点、创设角色扮演、设置课后作业，以及指向职业能力的项目式学习、在真实工作场景中的情景式教学、职业体验的综合实践活动等。

3. 生涯—学科融合的实施主体

从区域层面来看，北京市生涯—学科融合研究与推进项目于 2017 年开始实施，以高中十门课程为先导，建立专家教师团队，探索形成生涯—学科微融合、深融合、全融合模式，研发高中生涯—学科融合教案集一套。台州市积极探索建构生涯—学科融合区域性"互联网＋生涯教育"教学实践平台，建构学校、教师"双轨协同"，以课程开发、课题引领、课例研究为载体的教师实践与研究活动，以及形成"四级成果"的教学评价机制。[1]

从学校层面来看，上海大学市北附属中学构建了"浸润式"生涯课程体系，开展全学科渗透生涯教育，推进了生涯教育的整体性。[2] 海南中学通过几年的实践，将生涯教育融入学校的课程体系中，以融入式生涯教育的大课程观整合各类资源，构成教育合力，为学生幸福人生助力。[3]

---

① 卢子斌：《区域推进学科融合生涯的教学实践》，载《中国多媒体与网络教学学报（中旬刊）》，2022(2)。

② 陈芬：《烙上生命的色彩：上海大学市北附属中学"生涯教育"渗透学科教学的实践探索》，上海，文汇出版社，2021。

③ 陈玲：《高中生涯教育融入学校课程体系的实践与思考——以海南中学为例》，载《中小学心理健康教育》，2017(35)。

从学科教师层面来看，教师的生涯教育理论背景、生涯学科渗透实践经历和自身意识都会影响生涯—学科融合的实践结果。目前多数的研究表明，职前教师或一线教师作为主要实施者，基于课堂教学活动提出了在教学中渗透生涯教育的措施。学科教师对生涯教育学科渗透的认可度较高，但欠缺生涯教育理论知识，渗透生涯教育的形式单一，常态化实施受到制度和课时、教学资源等的限制。

4. 生涯—学科融合的实证研究

我国生涯—学科融合的研究还处在起步阶段，研究成果有限。在生涯—学科融合的实证效果方面，有研究表明，经过生涯—学科融合教学，实验组学生的生涯成熟度、学科兴趣、学科认知、学科技能在教学实践后有显著提高，可知其能激发学生的学习动机和学习积极性，并正向影响学生的学科成绩。[1] 对学生而言，生涯—学科融合教学促进了自我认知的完善，提升了与学科相关的职业意识，增加了对学科生涯的探索行为。[2]

三、生涯—学科融合实践与研究中存在的问题

1. 生涯—学科融合实践缺少理论指导

当前的生涯—学科融合教学缺少理论的系统性指导。文献中提及的多是基于霍兰德职业兴趣理论、多元智能等理论，再融入学科知识、职业信息等内容进行融合教育，多发起于一线教师的教学实践，是基于教师经验的一种自下而上的模式，呈现出散点发展的模式。有关生涯—学科融合教学的实践多为基于现实观察的经验总结，缺乏系统性的生涯融合理论的支撑和指导。

2. 生涯—学科融合教学目标不明

很多人将生涯—学科融合教学等同于进行学科相关专业和职业的介绍，这种理解是片面的。生涯—学科融合的根本目的是通过优质的学科学习体验，提升学生的学科效能感，从而使学生产生学科兴趣和学科认同，继而产

---

[1] 陈彦洁：《新高考背景下的地理学科生涯教育探索》，硕士学位论文，华东师范大学，2020。

[2] 高杨：《职业生涯规划教育在普通高中数学教学中的渗透研究》，硕士学位论文，华中师范大学，2022。

生专业认同和职业认同。生涯教育与学科融合的目标都聚焦于学生素养的发展上，通过教师的教学过程，让学生达成学科核心素养提升和生涯素养提升的双重目标。有些教学设计为了生涯目标而损失了学科的教学任务，这是不可持续、不具备推广价值的教学实践行为。有些教学设计将生涯教育的目标仅停留在知识层面，这样的教学目标也是缺少生动活力的，其教学效果有限。

3. 生涯—学科融合的教学内容不够全面

生涯—学科融合需要做好系统的教材资源开发，对学科教材进行全面梳理。在开发教材中资源的同时，还要建立以学科为单位的融合素材库，以满足多样化的教学设计需求。生涯—学科融合的素材要有助于学生了解快速变化的工作世界。现有的生涯—学科融合内容以专业、职业信息为主，缺少对国家发展、国际形势、科技发展等与职业相关的信息的关注；侧重于确定性生涯信息，但对于学生对未来不确定性的准备，目前的生涯—学科融合教学力度尚显不足。

4. 生涯—学科融合的教学方法体验性不强

目前的生涯—学科融合教学设计中缺少具有生涯教育特色的教学方法。大多数生涯—学科融合教学都以教师讲授专业和职业信息为主，角色扮演和动手操作等方法采用较少，实践活动、研究性学习和职业体验等体验性强的融合策略也很少涉及。由此可以看出，目前教师的实践以直接的信息传递为主要教学方式，在教学方法上比较单一。

5. 生涯—学科融合教学的效果难以评价

生涯—学科融合是对学科课程改革、学科育人方式转变的有益探索。当前教育评价改革倡导的"四个评价"——改进结果评价，强化过程评价，探索增值评价，健全综合评价，为科学有效地开展课堂教学评价确立了总基调。结合这一教育评价总基调和生涯教育的综合性、多元性的特点，生涯—学科融合教育评价的内容、形式和主体也应该是多元的。如何将之落实到生涯—学科融合的教学评价中，这是我们需要思考的问题。

6. 生涯—学科融合的研究类型比较单一

当前国内关于生涯—学科融合的研究主要采用文献研究法与个案研究

法，少数应用了比较研究法①，部分学位论文应用了调查法、访谈法和准实验研究，期刊文章尤其缺少生涯—融合课程开发的行动研究和教学效果的干预研究。未来的研究应该采用跨学科的研究视角，在教育学常用研究方法的基础上，结合心理学研究方法，加强生涯—学科融合教学的实证研究，为课程开发和干预效果提供证据和改进依据。

四、展望

在广大教育一线，各学科教师已经开始了生涯—学科融合的自主探索，呈现了一些有代表性的学科融合教学案例，也开始将学科融合教学的思考和实践经验总结成期刊文章和学位论文。此外，现阶段生涯—学科融合教学实践还存在缺乏理论依据、缺少科学的设计依据等问题，生涯—学科融合的理论指导性和实践规范性亟待加强。本书第二章将针对生涯—学科融合的模式展开论述；第三章和第四章将以学科为单位，探讨生涯—学科融合的实践探究和教学实例；附录则以北京市为例，从区域和学校两个层面介绍生涯—学科融合在实践中的推进思路与成效。

第三节 生涯—学科融合的理论基础

有效的生涯教育离不开理论的指导，生涯理论的发展为生涯实践的开展提供了基础和行动框架。在众多生涯理论中，生涯发展理论和社会认知生涯理论为生涯—学科融合提供了目标方向的指引和实践路径的支撑。

一、生涯发展理论与生涯—学科融合

根据生涯学者唐纳德·舒伯(Donald Super)的生涯发展理论，人的15～24岁这个阶段为生涯的探索阶段，生涯发展目标是职业自我概念的具体化、特定化和行动化，主要任务是在学校、休闲活动及各种学习经验中，进行自

---

① 李超民、周雯：《近十年国内高中学科融入式生涯教育研究述评与展望——基于CiteSpace文献的可视化分析》，载《青海师范大学学报(社会科学版)》，2021(6)。

我反思、角色试验和职业探索。在探索过程中，青少年通过课程、课外经验和实习以及其他活动来收集有关自我和职业的信息，这将促进他们最终选择并进入一个职业，继而在工作角色中实现自我。其中，高中生所处的 15～18 岁是探索期，应充分考虑其需要、兴趣、能力与机会。在这个阶段，个体在学校、休闲活动及职业体验的活动中，通过幻想、讨论和亲身体验加以尝试，进行自我试探、角色探索与职业探索，考虑可能的职业领域，职业偏好逐渐具体化以形成暂时性的决定，准备进入一个主要的发展方向。[①]

生涯发展理论明确了高中阶段主要的生涯任务为生涯探索，生涯探索的结果是形成未来方向的可能性和完成阶段性的生涯选择。基于此，高中生涯教育的主要任务是给学生提供丰富、多元、优质的生涯体验，让其有机会在不同领域、不同方向的尝试中逐渐完成生涯探索任务。

学科课堂是人才培养的主要渠道，高中阶段的教育要把探索期生涯发展的目标和内容融入科目的教与学之中，在学科课堂上拓展学生的生涯广度与生涯空间，包括从时间维度上将当前的科目学习与未来的大学专业和职业相关联，从空间维度上将当下的课堂学习扩展到真实的社会生活，让学生有综合性的学习体验，让学生参与其中，从而激发其生涯发展的自主性与能动性。生涯—学科融合还可以在过程中增加学生的体验感与使命感，使学生获取课本知识之外的信息，对大学的学科专业、社会的职业行业形成一定的认知，确立初步的专业方向、职业定向、个人理想、社会责任感。

二、社会认知生涯理论与生涯—学科融合

社会认知生涯理论（social cognitive career theory，SCCT）是生涯发展领域的整合理论，由兰特、布朗和哈克特在班杜拉一般社会认知理论框架下，参考已有的生涯理论的基础上发展而来。[②] SCCT 寻求创建一个框架（图 1-1）来解释人们如何：①发展职业兴趣；②作出生涯选择；③实现不同程度的职业成就和稳定；④在工作环境中体验满意或幸福感；⑤管理学业、职业或生

---

① 金树人：《生涯咨询与辅导》，77 页，北京，高等教育出版社，2007。

② S. D. Brown & R. W. Lent, *Career Development and Counseling：Putting Theory and Research to Work*（3rd ed.），New Jersey，Wiley，2020.

活事件。从社会认知生涯理论的视角来看，我们会发现学科教育所期待的学科学习结果是：学生具有对该学科的学习兴趣，能够自主设定学习目标，主动投入学习行为，获得良好的学业表现。社会认知生涯理论认为，这些结果受到学科自我效能感和结果预期的影响。

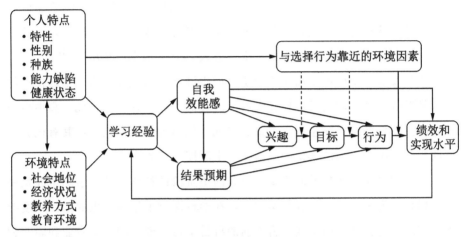

图 1-1　社会认知生涯理论框架

自我效能感是对自己完成某一任务所需能力的自信程度，结果期待是对结果是否有价值以及能否实现的判断，自我效能感和结果预期建立在学习经验的基础上，是动态变化的。促进学生建立学科学习兴趣的关键是要提升学生的学科自我效能感，建立积极的学科结果预期。

1. 自我效能感

由阿尔伯特·班杜拉(Albert Bandura)在社会学习理论中提出的自我效能感(self-efficacy)，是指个体对其组织和实施达成特定目标所需行为过程的能力信念。[①] 自我效能感是个体对自己行为能力的主观判断和评估，是个体整合各种能力信息而自我生成的，是外在评价和自我认知的结合，并最终会成为个体一种内在的自我能力信念。自我效能感具有领域特定性，如学业自我效能感、生涯决策自我效能感等。自我效能感是对自己能力的主观感受，它往往比实际能力更重要。较高的自我效能感可以激发高水平的动机、学业

① ［美]阿尔伯特·班杜拉：《社会学习理论》，陈欣银、李伯黍译，北京，中国人民大学出版社，2015。

成就以及对于学科或者某类活动的内部兴趣。自我效能感有四个主要来源：成就经验、替代经验、社会鼓励与生理和情绪状态。

（1）成就经验。成就经验对自我效能感的影响中，有多个因素在起作用，包括：①过去的成功体验，这是最具影响力的效能信息；②自我认知结构，自我肯定的人更加相信自己是有能力的；③任务难度，任务挑战性越高，成就感就越高；④付出的努力，努力越多，成就感越高；⑤归因方式，合理归因有助于提高效能感，例如将成功归功于个人能力。

（2）替代经验。替代经验可以来自两个群体：一个是榜样人物，另一个是与自己相似的人。榜样人物有助于教师实施教育影响，具体表现为通过榜样人物的行为及其行为表现出来的思维方式传递知识，并传递出应对环境要求的有效技能和策略；还可以通过榜样人物的言语进行效能示范，在问题解决过程中，表达出更高的效能感和毅力；同时可以传递有关榜样人物性质及其存在困难的信息——它们同样可以成为学生克服困难的替代经验。与自己相似的人提供了行为表现和特征的相似性，有助于学生对自己能力的判断；替代经验示范的丰富性和多样性更有助于学生提升效能感。

（3）社会鼓励。社会鼓励对效能感的影响程度与鼓励接收者对发出者的信赖程度相关，人们倾向于相信相关知识丰富、自身技能娴熟的人的鼓励。此外，适当高于个体目前能力水平的说服性效能评价可能具有更高的可信度。在此差异范围内，个体可以通过选择更好的策略，付出更多努力，来获取更好的行为表现。

（4）生理和情绪状态。生理和情绪状态的影响因素包括激活来源和激活水平。激活来源又分为情境诱因、行为表现和内在唤起。激活水平表现为反应强度和对反应的知觉和解释。生理和情绪状态的影响结果包括解释偏向和心情。

2. 结果预期

结果预期是个体对某一特定行为的可能结果所持有的信念，当个体认为某个行为能带来积极的结果时，会更愿意采取行动。班杜拉区分了三种不同类型的结果预期：物质性预期（例如物质奖励）、社会性预期（例如教师的认可)、自我评价性预期(例如自我满意)。这些都会对个体的行为产生影响。

SCCT 中的结果预期中包含了个体对从事某些特定活动所持有的价值信念。例如,当学生认为自己在特定学科学习中所付出的努力会得到教师的肯定,或者会形成更积极的自我评价时,那么他们可能被激发出更高的学习兴趣、确立相关目标,从而获得更多的行动体验。

在生涯—学科融合教学中,我们可以通过创设多元的学习经验来提升学生对特定学科的自我效能感和结果预期(图 1-2):①增加个体对成功的体验,重点在于创设多元的经验类型,不只是看学科成绩,还要关注作品类的成果及过程性的动手操作等掌握性经验;②增加替代经验,包括加入榜样人物故事、学生案例等鲜活的经验;③通过社会鼓励,尤其是来自周围重要他人的鼓励,比如教师、家长、好朋友等,打开多元视角看学生,给予学生更多基于事实的鼓励,以及促进同学之间友善的学伴关系;④创造积极的情绪体验,要在教学设计和课堂组织上下功夫,让学生有积极的学习感受。在较高的学科自我效能感基础上,学生会觉得"我能学好这个科目",也有了"会学好"的结果预期。基于以上几点,学生更有可能生成对特定学科的学习兴趣,从而确立该学科的学习目标,投入学习行为,更有可能达到良好的学业水平。

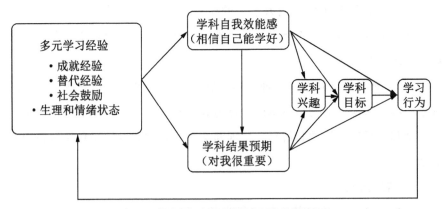

图 1-2 社会认知生涯理论视角下的学科学习

三、结论

在开展生涯—学科融合教育的过程中，生涯发展理论明确了高中阶段学生主要的生涯任务和阶段发展目标，为生涯—学科融合的目标和内容提供了要素。社会认知生涯理论解释了如何培养学科兴趣和确立学科学习目标，为生涯—学科融合的实施路径提供了框架，为开展生涯—学科融合提供了理论参考和科学依据。

第二章 生涯—学科融合的模式

第一节　生涯—学科微融合模式

　　生涯—学科微融合是生涯教育内容与学科教学内容的局部融合，即以学科教材内容为素材确立学科融合点，以学科人物，学科相关的职业、行业、专业，学科应用，学科前沿和重大热点等学科生涯内容为生涯融合信息，开展融合教学设计，将生涯教育内容以课堂活动或课后活动形式镶嵌在学科教学过程中（图 2-1）。

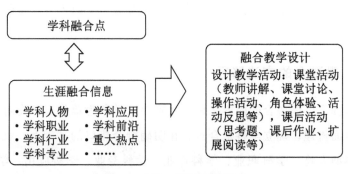

图 2-1　生涯—学科微融合模式

一、微融合的内容选择

　　生涯—学科微融合是教学内容层面的融合。生涯融合内容包括与学科相关的学业、专业、职业信息，典型人物故事等。在社会认知生涯理论视角下，生涯—学科微融合内容选择所考虑的重点，在于能够丰富学生的学科生涯认知或为学生提供学科学习的替代经验。

　　丰富学生的学科生涯认知主要体现在以下方面：通过介绍学科相关的专业和职业信息，让学生了解学科生涯可能的发展路径，继而鼓励学生进行职业探索。通过问题引导学生在学习过程中根据所获得的信息和学习体验进行自我反思，形成学科自我认知，为生涯选择作好准备。通过介绍学科生涯人物的成长故事，为学生提供来自榜样的经验，增强学生学习该学科的自我效能感。通过强调兴趣等个人因素在专业、职业选择中的重要性，帮助学生建立正确的职业价值观。通过体现典型人物对所从事的职业的热爱和投入，展现典型人物所研究内容的个人意义和社会价值，鼓励学生确立自己的职业理想。

在学科教学过程中，生涯融合内容为学生提供的替代性学习经验主要来自榜样人物或与自己相似的对象（高年级学生），替代经验示范的丰富性和多样性更有助于提升学生的自我效能感。榜样人物的行为和经历能够传递出应对生涯发展任务的有效技能和策略；同时，所传递的榜样人物在解决学科领域相关问题过程中克服困难的信息，可以成为学生克服困难的替代经验。而高年级学生的切身经历，则为学生提供了行为表现和个人特征更多的相似性，有助于学生对自己在学科学习相关方面能力的判断；同时高年级学生的成功经验也将成为学生获得个人进步的替代经验，继而提升学生的学科自我效能感。

二、微融合的方法路径

在选择了生涯融合的内容之后，教师要以学科为单位，首先对各学科教材进行全面梳理，确立学科融合点。在明确融合接口的基础上，收集各学科相关的典型人物、学科职业、学科行业、学科专业、学科应用、学科前沿、重大热点等作为生涯融合素材。融合素材包括文本、图片、视频、书籍、网站链接等各种形式的资料素材。

将生涯素材融合进学科教学，通常有两种方式：一种是根据生涯—学科融合目标，纵观教材确定可融合素材，再依据融合子目标选取典型素材进行具体的融合教学设计，通过课堂模拟、小组讨论、学生报告、反思日记、课后思考题、实践活动等教学形式，实现学科融合点和生涯素材的融合，生成融合教案。比如，通过高中英语教材中"个性与工作""职业选择"素材的学习，引导学生进一步认识自我，了解自己的兴趣爱好及个性特征，提升自我认知能力。另一种方式是以生涯相关信息作为学生的学习材料，比如在信息技术课上以学生的核心素养测评数据作为分析材料，通过数据分析的角度引导学生建构高中生核心素养的理想模型，并思考自己的素养发展的提升空间。

从期望价值理论的角度来看，生涯—学科微融合教学的关键是通过学习活动让学生将学科学习与自身发展和社会发展建立关联性，确立自己学习的意义和价值。同时，社会认知生涯理论也启示我们，教师在教学过程中要注重为学生提供社会鼓励，针对学生的学习行为给予及时反馈。社会鼓励对效能感的影响程度与鼓励接收者对发出者的信赖程度相关，学生倾向于相信学科知识丰富、自身技能娴熟的教师所提供的鼓励。此外，适当高于学生当前能力水平的说服性效能评价可能最为可信，也就是在学生的最近发展区内提供切实的鼓励。从而促使学生通过选择更好的策略、付出更多努力来获取更好的学科表现。

三、微融合教学示例

北京师范大学附属中学物理教师张成斌以人教版物理必修一第四章第 7 节用牛顿运动定律解决问题的内容为例，设计了生涯—物理学科微融合方案。

(一)微融合教学设计思路

该章节中的例题中出现了关于硬杆、转轴以及三角形结构等方面的内容，传统的教学只是讲清这道题的受力分析和具体计算方法就可以了。而要加入生涯教育，可以将书中提到的"当角度很小的时候，对材料的强度要求很高的时候"作为切入点，自然引入材料力学专业的知识。另外，随着"一带一路"倡议的推进，材料专业重新焕发了生命力，对于国家建设起到了非常重要的作用，在这里可以对此进行简单介绍，引发学生兴趣，拓宽学生对材料研究领域的认识。

(二)微融合教学过程

以人教版物理必修一 P86 例题(图 2-2)为例，当讲完这道题目之后，教师可进行自然过渡：

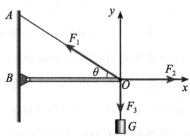

图 2-2　人教版物理必修一 P86 例题

当 θ 很小的时候，我们发现杠上的力就会很大，超过了所挂重物的重力，要保持稳定，对制作杆的材料强度要求就会很高。比如，斜拉桥的钢丝就是这种情况，必须用能够承受极大强度的特殊材料制成，才能保证斜拉桥的安全。再比如运动员使用的滑雪板，需要用又轻又硬的人工合成材料制成，这样才能提高运动员的滑行速度。

下面为同学们介绍一门跟材料和受力分析有关的学科——材料力学。

同学们，你们知道什么是材料力学吗？

通常认为，意大利科学家伽利略《关于力学和局部运动的两门新科学的对话和数学证明》一书的出版（1638）是材料力学开始形成一门独立学科的标志。材料力学（mechanics of materials）研究材料在各种外力作用下产生的应变、应力、强度、刚度、稳定和导致各种材料破坏的极限，一般是机械工程和土木工程以及相关专业的大学生必须修读的课程，与理论力学、结构力学并称三大力学。

材料力学的研究对象主要是棒状材料，如杆、梁、轴等。关于桁架结构的问题在结构力学中讨论，板壳结构的问题在弹性力学中讨论。

同学们，你们知道为什么人们要研究材料力学吗？

在人们运用材料进行建筑、工业生产的过程中，需要对材料的实际承受能力和内部变化进行研究，这就催生了材料力学。运用材料力学知识可以分析材料的强度、刚度和稳定性。材料力学还可以用于机械设计，使相同的强度下减少材料用量、优化结构设计，以达到降低成本、减轻重量等目的。

我们在高中物理中，往往将研究对象看作均匀、连续且具有各向同性的物体，但在实际研究中不可能有完全符合这些条件的材料，所以须应用各种理论与实际方法对材料进行实验比较。

材料力学的研究内容包括两大部分：一部分是材料的力学性能的研究，这是固体力学其他分支的计算中必不可缺少的依据；另一部分是对杆件进行力学分析。杆件按受力和变形可分为拉杆、压杆（见柱和拱）、受弯曲（有时还应考虑剪切）的梁和受扭转的轴等几大类。杆中的内力有轴力、剪力、弯矩和扭矩。杆的变形可分为伸长、缩短、挠曲和扭转。

材料力学的就业前景怎么样呢？

随着国家"一带一路"的发展，这门学科又焕发了新的活力。从大方向来看，我们国家要想成为工业强国，而不再是世界工厂，材料科学应该会承担极为重要的部分。往具体了说，我所知道的材料力学专业的研究生，毕业后的就业已经不再局限在某某钢铁企业这些特殊领域了。我觉得这也是材料科学形势良好的表现。毕业生可以进研究院、汽车厂、各种材料研发销售企业等，大家的专业之路会越走越宽。

由于课上的时间有限，我给对这个专业感兴趣的同学推荐一本好书。《漫画材料力学》这本书是适合高中生读的简单易学的普及读物。此外，中央电视台大型纪录片《超级工程》也推荐大家观看。该片第一季中的港珠澳大桥，通过一个造桥人的视角展现了现代中国的工程师们如何用科技和勇气完成这个工程奇迹——他们要启用世界最大的巨型震锤来完成人工岛的建造，沟通起跨海大桥与海底隧道。这是一项史无前例的工程，作为物理教师的我曾被它深深震撼。

四、结论

生涯—学科微融合模式具有高度的灵活性和适应性，又被称为"5分钟的生涯—学科融合"。教师可以基于现有教学内容，明确学科内容和生涯内容的融合点，设计合理的衔接过渡，灵活对接学科课堂教学。我们可以看到，生涯—学科微融合不需要额外课时，为生涯—学科融合教学在学校的顺利实施提供了更大的可能性。

第二节　生涯—学科深融合模式

生涯—学科深融合是学科与生涯的交融。将生涯教育所包括的生涯发展、生涯探索、生涯决策与生涯规划几部分的内容，与学科教学的目标、内容、过程与评价环节交汇融合，就构成了生涯—学科深融合（图2-3）。

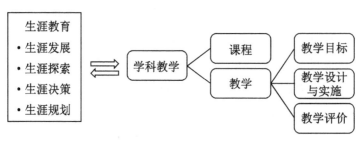

图 2-3　生涯—学科深融合模式

一、深融合教学目标

深融合教学目标即在教学设计过程中，将生涯发展能力和学科素养相结合，将生涯教育目标与学科教学目标相结合，融合而成的生涯—学科融合教学目标。深融合教学目标在于通过优质的学科学习经验，包括直接的成就经验、替代经验、社会鼓励和积极的情绪唤起，帮助学生提高学科学习的自我效能感和结果预期，继而提升学科兴趣，建立学科学习目标，促进学习投入，提升学业水平。

通过生涯—学科深融合教学，学生的学科知识和能力得到扩展，并有更多机会探索学科生涯发展方向，建立起学科学习与个人发展的相关性，乃至选择在该学科领域继续发展，建构个性化的学科生涯。而这些又落回到学生当前的学科学习中，促使他们通过积极的学习行为获得较好的学业结果，为自己未来的学业和职业生活作好准备。

二、深融合教学内容

高中生涯教育包括自我探索、外部探索（专业探索、职业探索）、生涯决策、生涯管理等内容，这些知识和内容都可以以各种形式不同程度地融合到学科教学中。以学科学习方法、学科相关专业和职业、学科价值、学科分支领域、学科应用、学科前沿、学科生涯人物和学科生涯选择等内容系统化构成生涯—学科深融合教学内容。

学科相关专业是生涯融合的主要内容之一。在学科教学过程中，教师结合教材中的融合点，对与本学科相关的大学专业及高校情况进行介绍，帮助学生了解与本学科相关的专业，为专业定向作准备。例如，在本书物理课例《认识传感器》的教学设计中，教师在讲授传感器的应用与重要价值时，融入自动化、仪器仪表工程等相关大学专业，引导学生探索与传感器相关的大学专业。

学科相关职业的知识主要包括职业的工作内容、所需要的素养或能力、职业发展路径等，是在学科融合过程中融合较多的内容之一。例如，本书地理课例《旅游的私人定制时代》教学设计中，教师以"旅游策划师"这一职业为主要内容，在介绍了旅游策划师的工作内容后，引导学生运用相关地理知识及工具进行旅游路线设计，初步体验这一职业，了解旅游策划师的工作内容、所需能力及所面临的机遇与挑战。

学科生涯人物是为学生提供学科学习替代经验的内容载体。教师在设计学科生涯人物相关内容的过程中，要明确该类融合素材的指导落脚点。常见的落脚点包括指导学生评估自身个人特质与生涯人物特质的相似性，学习生涯人物作出学科生涯选择的考虑因素和决策过程，看见生涯人物所体现的行为示范和精神追求。

生涯—学科融合教学素材包括文本、图片、视频、书籍、网站链接等各种形式。丰富的融合素材可以为学科教师灵活运用融合教案、创生融合课程提供支持，满足不同教师多样化的教学设计。

三、深融合教学方法

深融合教学方法是指在学科教学方法的基础上引入有效的生涯教育教学方法，形成两者在方法上的融通。已有研究表明，在生涯教育过程中加入生涯干预的关键成分（如提供练习册和书面练习，进行个人解读和反馈，提供工作世界信息等），能够显著提升教育效果。[1] 当在干预中使用多种关键成分的组合时，教育的有效性会得到进一步提升。因此，在生涯—学科融合教学过程中，可以灵活选用以下教学方法：

---

[1] S. C. Whiston, Y. Li, N. G. Mitts, & L. Wright, "Effectiveness of Career Choice Interventions: A Meta-analytic Replication and Extension," *Journal of Vocational Behavior*, 2017, vol. 100.

• 提供学案手册：给学生提供用于记录个人偏好、自我评估结果、目标、规划等的课堂学案。

• 自我评估：通过思考、纸笔测验、对话等方式帮助学生进行自我认知的评估。

• 建构成就经验：让学生讲述自己与当前学习内容相关的经验，或者让学生参与课堂活动以形成成就经验。

• 实作探索：让学生通过实验、动手操作探究知识，构建操作类的学科学习成就经验。

• 角色体验：通过角色扮演、行为模拟等方式，让学生体验与学科相关的职业情境或工作任务。

• 提供生涯信息：为学生提供与学科发展相关的生涯信息，比如职业、专业等。

• 榜样示范：通过榜样人物故事展示与学科相关的生涯路径、生涯选择的示范活动。

• 职业体验：通过角色扮演、参与职业活动等方式，让学生在体验中进行职业探索。

• 提供个体反馈：提供关于自我评估、生涯目标、学科计划等的个体反馈的机会。

• 个人意义建构：让学生有机会将学科内容与自身发展相关联，并有机会通过书面叙事表达或者通过口头叙述向同伴、小组、全体师生表达出来。

• 小组协作：通过小组研讨、习作的方式合作完成教学活动。

• 展示报告：个人或小组通过各种形式，报告与学科相关的生涯探索、规划、选择。

其中，职业体验作为生涯教育的重要方法之一，可以通过多种形式融入学科教学过程。比如将学科职业资源（如学科工作者）引进教学场景，设置其日常工作任务的模拟场景，让学生通过角色扮演的方式体会特定职业的工作内容或技能，同时完成学科知识的学习，并内化所学知识。例如，本书生物学课例《像玉米杂交专家李登海一样工作——杂交育种》教学设计中，教师组织学生在试验田中模仿育种工作者的方法进行玉米的杂交操作，让学生获得成功的体验，从而对农业技术领域的工作产生好奇和关注。

此外，还可以把教学课堂搬到社会里真实的职业场景中，将学科教学与实际职业体验和工作实践结合起来，促进学生对知识的运用理解及其职业意识的养成。例如，本书物理课例《科技工作者是如何做科研的？》教学设计中，教师带领学生走进中国科学院上海高等研究院宏观量子现象与应用研究中心的光学实验室，学生在科研人员的指导下完成小课题研究方案设计，不仅对激光的认识更加深刻，增强了对物理学科的兴趣，而且亲身体验了科研人员的工作，增进了对相关职业的了解，有助于其探索未来的生涯方向。

四、深融合教学评价

深融合教学评价在于将生涯教育有效性评价方法与学科教学评价方法融合起来，建构量化评价与质性评价相结合的学生学习效果评价体系。量化评价包括对学生学业成就的评价和生涯发展指标的评价，是基于融合教学目标，在学科教学评价基础上适当引入融合性的评价方式，如通过具有良好信效度的专业量表进行发展指标量化评价，通过课程反馈了解学生对课程内容获得程度的评价。例如，本书化学课例《纯碱是怎样炼成的》教学设计中，教师设置了五点评分的学生课堂自我评价表，评价内容包括对化学知识的掌握，对化学学科价值的了解，对化学生涯的关注和好奇，以及对个人与国家、社会发展关系的理解。

质性评价重点考查学生在生涯探索方面的进展体现，可以通过对学生学案或作业文本内容的分析来进行。例如，本书地理课例《旅游的私人定制时代》教学设计中，教师设置的评价方式之一是要求学生以"我与地理"为主题进行写作（300字以内），描述这节课后自己对地理学科的认识、地理与选科的关系、地理学科与未来发展的关系等。教师对学生的小作文进行文本分析，提取关键要素，可以了解、评价学生对地理学科的认识程度等，确定课程是否达成学科融合目标。

五、结论

生涯—学科深融合打破了生涯教育在信息和内容层面的界限，实现了在学科教学各个环节的融合，让"学科育人"体现在每一次深融合教学过程中。本书第四章中列举了高中十个科目的一些生涯—学科深融合教学设计案例，可供参考。

第三节　生涯—学科全融合模式

生涯—学科全融合是指学科教学与生涯教育系统性的融合，将生涯教育全面融入学科课程建设和教学环节，基于学科教材进行系统性的生涯融合教学设计。生涯教育融合理论的最早提出者大卫·耶瑟尔（David Jesser）认为，生涯教育融合是实现职业生涯教育目标的最可行的方法，其真正目的在于将学术的世界延伸到工作和学习的世界，让生涯发展的概念与教学及学习活动进行深度、全面融合，以改善教育的成果。

生涯—学科的全融合模式采用了生涯教育融合的理论，认为生涯教育方案并不是把额外的课程附加到传统的课程里，而是真正地融入现有的知识体系和课程教学中，是将整体的生涯发展理念灌注到现存的课程中，可以作为在已有的学科课程中传递和从事生涯教育的一个可行性选择。它将生涯概念和规划策略与学科课程进行整合，在相关的主题中融入生涯教育。学科教师需要扩展目标，将学科目标与生涯目标进行结合，以包含与生涯相关的内容和活动。下文将以高中英语学科为例，呈现生涯—学科全融合的实践成效。

一、全融合的课程设计思路

以英语学科为例（图 2-4），英语学科核心素养体现在语言能力、文化意识、思维品质、学习能力等方面。在文化意识与思维品质等维度上探寻与生涯教育目标的融合点，形成生涯规划教育的三大目标：自我探索、职业探索和生涯规划。将生涯教育目标融合到英语素材中，可以在向学生输入语言素材和帮助学生掌握了语言知识技能之后，让学生从提炼的生涯教育素材中体验到相关的生涯教育内容。在之后的教学活动输出环节中，活动设计应当在应用语言知识技能与方法的同时，充分融合生涯教育理念与目标。

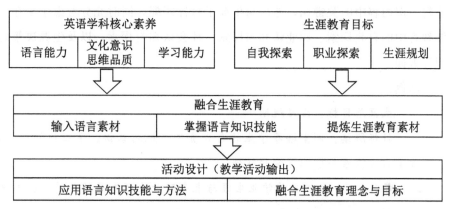

图 2-4　英语生涯—学科全融合的课程设计思路

在示例课例（见后文）中，教师结合北师大版普通高中英语教材，进行了生涯教育的全融合课程设计。通过挖掘、开发、整合教材中的相关素材，融入生涯教育目标，使其成为与英语学科目标相融合的教学设计。在英语教学中培养学生自我认知、职业认知及生涯规划意识。英语学科生涯全融合教学设计需要明确以下几个方面：

1. 可融合的生涯教育素材。

2. 单元主题意义下的英语学科教学目标。

3. 生涯教育目标。

（1）自我认知与探索，涉及兴趣、人格、人生观、世界观等话题。

（2）职业认知与探索，包括气质与职业、兴趣与职业、能力与职业。

（3）生涯决策，即目标规划与实施。

4. 生涯教育目标融入后的融合活动设计。

生涯—学科全融合课程设计流程主要包括教材分析、学情分析、教学目标（学科教学目标及生涯教育融合目标）、教学活动设计等。

二、全融合的素材与目标融合

以英语学科的全融合为例，根据生涯教育融合理念的总目标和子目标，确定该目标下的英语学科融合素材；在每个生涯子目标下选取典型素材，依据生涯教育的子目标，进行具体的生涯全融合教学设计。在设计过程中，提取每一课内容中的关键词，然后与生涯子目标匹配，同时充分考虑学生在生涯教育中的自我探索、职业认知与探索、社会认知与探索，以及生涯决策意识等方面。

示例：

生涯总目标：生涯规划

目标解读：侧重培养学生的自我责任与规划意识、学业规划能力，注重自我探索与职业探索的结合。

子目标1：认识目前学业生涯与未来职业生涯发展的关系，提升规划意识

学科融合素材：

模块五 Unit 14 Lesson 1 Your Choice 你的（职业）选择

模块五 Unit 14 Lesson 4 Job Trends 未来职业发展趋势

模块五 Unit 15 Lesson 2 Different Schools 不同的学校

生涯融合点：

高中文理分科和高考改革后的选课走班是高中生学业生涯历程中面临的第一个重要抉择。这个抉择与学生未来的生涯发展方向有紧密的联系，只有了解和厘清未来职业发展与分科的关系，他们才能在这个重要的岔路口选对方向。学生可从不同的素材学习中，思考高中生活如何度过，以及目前的学业发展如何成为未来职业和生涯发展的基础。

子目标2：规划出国留学等继续教育方式及终身学习的观念的建立

学科融合素材：

模块四 Unit 12 Lesson 1 Visiting Britain 游览英国

模块四 Unit 12 Lesson 3 Living Abroad 在国外生活

模块四 Unit 12 Lesson 4 The New Australians 新澳大利亚人

模块五 Unit 15 Lesson 1 Life-long Learning 终身学习

模块五 Unit 15 Lesson 5 Debate—Advantages and Disadvantages in Studying Abroad 辩论——出国留学的利弊

生涯融合点：

两个单元都是针对终身学习与继续教育的生涯内容，学生通过查阅各种资料，可以形成自己对出国留学等继续教育方式的理解和看法。学生针对自身特点进行自我剖析，在此基础上结合自身实际条件和能力选择适合自己的道路。讨论终身学习的重要性，让学生认识到正规的学校教育并不是人生学习阶段的终止，要制订继续教育计划，为未来的学业生涯作好规划。

三、全融合教学设计的局部示例

(一)教材分析

本教学示例为北师大版英语教材模块五 Unit 14 Lesson 1，Your Choice。模块五是英语必修课程的最后一个模块，主要围绕认识自我、与人交往、职业选择、成功之路、终身学习等话题展开。在这一模块的学习中，学生将了解不同的职业，规划自己未来的职业；学习面试技能、交流技能等。因为是最后一个必修模块，所以在教材内容编排上更多地给予学生对未来学业或职业的规划指导，因此该册教材的内容与生涯教育能达到最佳的全融合效果。

第 14 单元的单元话题是 Careers(职业)，学生通过本单元的学习，能够初步了解部分职业类型和职业特征；能够讨论并认识目前及将来工作的变化趋势和职业技能要求，培养职业意识；能够树立自信，根据自己的性格选择未来合适的工作，为掌握基本的求职技能而明确前进的目标。本课以调查问卷的形式帮助学生了解个人对职业的选择偏好，在阅读的过程中，要求学生根据上下文克服词汇障碍，并能够在分享讨论中运用相关词汇。

(二)教学目标(学科教学目标及生涯融合教育目标)

1. 学科教学目标

在本课学习结束时，学生能够：

(1)听：运用听力策略，抓住主旨，记录关键词或缩写语以记录重要信息。

(2)说：运用描述职业的词汇和表达方法，抓住关键信息，在讨论中陈述自己的观点。

（3）读：在完成调查问卷的过程中，通过上下文理解词汇，并在职业讨论中使用这些词汇。

2. 生涯融合教育目标

（1）学生能够通过课堂等活动进一步认识自我，认识与探索自己的兴趣爱好和个性特征，提升自我认知能力。

（2）学生能够通过本课的学习了解如何根据个性能力、兴趣爱好等选择适合自己的工作。

（三）教学活动及流程

教师：Lead-in activity（导入活动：职业配一配）

如果要为以下四位文学作品中的经典人物（林黛玉、张飞、诸葛亮、孙悟空）选择现代职业，你会为他们选择怎样的职业，为什么？

学生：Group discussion and class sharing（小组讨论与全班分享）

【教学活动设计意图】此活动为进入本课的学习预热。学生通过对四位熟悉的文学人物进行现代职业匹配，了解职业与个性、兴趣之间的重要关系。小组讨论和全班分享中，学生应具备与性格、职业相关的词汇的输出能力。

教师：While-reading（阅读本课的英文调查问卷，引导学生体会如何在不同的情况下作出个人决定）

调查问卷题目如下（选项略）：

①你的一个朋友正在为一本书写故事梗概，他向你求助，你会怎么做？

②在郊游活动中，你们所乘坐的大型客运班车因为躲避一只小鹿而出了事故。所幸没有人受伤，但是你们都被困在荒无人烟的森林小路上。你会怎么做？

③你正在为一家旨在帮助贫困山区的机构工作，你的领导让你和你的团队去修理河边的一台旧水泵。你会怎样处理此事？

④上周，你的老师要求全班同学共同完成一部短剧表演。但是，到今天为止，大家还没有任何具体行动，而且还有几天时间就到表演日期了。你会怎么做？

【教学活动设计意图】引导学生通过上下文理解词汇，并在讨论中学习和使用这些词汇；帮助学生了解如何根据个性、兴趣等选择适合的工作。学生根据教材中的参考答案，可以初步判断出自己的个性特征，然后引发思考——如何选择适合自己的未来职业。

调查问卷参考答案：

如果你的大多数答案为 A，那么你的个性特征是 helpful/patient/generous。你的理想工作是与人交流的工作类型（helping，training，curing them），如医生、护士、教师或社会工作者。

如果你的大多数答案为 B，那么你的个性特征是 reliable/organized/logical/careful。你擅长于实际操作的工作类型，是一个适合与数字、计算机、机械、动植物打交道的人。

如果你的大多数答案为 C，那么你的个性特征是 emotional/creative/flexible。你富有想象力和创造力，你的理想工作是诸如记者、设计师或者艺术工作者等工作类型。

如果你的大多数答案为 D，那么你的个性特征是 strong/confident/motivated。你是一个天生的领导者，将会成为一名职场上出色的经理。

如果你的答案是混合的，你可能会比较适合应用各种不同的技能和能力。例如，作为一名计算机公司的经理，你应该具备实际操作能力和领导能力。

学生：While-reading(在小组内分享个人的答案及选择原因)

向他人陈述自己的选择时，要说明自己的想法；同时听取小组同学对题目的选择和想法)。

学生：Vocabulary learning(重点词汇学习)

学习本课重点词汇的用法，为读后活动中运用这些描述职业的词汇及相关表达法作铺垫。

学生：Post-reading activity(读后活动：家族职业树)

在表格中填写家人的具体职业(如，爷爷：工人；爸爸：医生；妈妈：教师；奶奶：……；外公：……；外婆：……；叔叔：……)。

思考以下问题：

①你家人的职业集中在什么领域？（可能是技术、管理、服务、研

究等。)

②你的家人中从事最多的职业是什么?

③分享你的某位家人的性格与职业的关系,思考是性格影响职业,还是职业影响性格。

④你感兴趣的职业是什么或者在某个领域?说说你的理由。

⑤说说你的性格与可能从事的职业的关系。

【教学活动设计意图】学生对职业的最初认识一般来自对家人职业的了解,请学生完成"家族职业树"(设计为图片形式),填写家人的具体职业,从中了解性格与职业之间是否有关系,以及从事该职业应该具备的技能。

此环节是学科学习与生涯教育的融合,可以帮助学生正确地认识自我、认识职业,并对个性与职业的关系产生初步的认知。

教师:Homework(课后作业:短文写作——我与我理想的职业)

【教学活动设计意图】巩固课堂所学内容,将个人的兴趣爱好与职业相匹配,提升自我认知意识。巩固话题词汇,并能够在写作中灵活运用。

四、结论

生涯—学科全融合是基于学科教材所进行的一体化的设计。全融合往往以学科组为单位,把整个学科的教材进行系统梳理,从课程设计和教学环节两个方面进行生涯融合的教学设计。生涯—学科全融合既需要学科建设层面的系统性工作,又需要学科教师在教学第一线开展更多的应用性研究和实践性努力。

第三章　生涯—学科融合的实践探究

第一节　开展学生发展指导学科融合课的方法与实践

《国家中长期教育改革和发展规划纲要(2010—2020 年)》中明确指出："建立学生发展指导制度,加强对学生的理想、心理、学业等多方面指导。"教育部要求各地全面推进高中教学改革,建议学校建立高中学生发展指导制度,提高教师对学生人生发展规划的指导能力。国务院办公厅发布的《国务院办公厅关于新时代推进普通高中育人方式改革的指导意见》中进一步明确了要加强学生发展指导,同时明确了要建立专兼职结合的指导教师队伍,通过学科教学渗透等落实学生发展指导工作。上述文件中的相关要求,为在高中阶段开展学生发展指导学科融合课提供了政策保证。高中学生发展指导学科融合课是指在高中阶段的学科常规教学中,教师有意识地把对学生的理想、心理、学习、生活、生涯规划等学生发展指导的相关内容,融入本学科教学的一种课型,该课程既有利于培养学生规划现实、规划人生的意识和能力,又可以丰富学科教育的具体形式和内容,对学科教学和学生发展指导都有积极的促进作用。

一、开展高中学生发展指导学科融合课的必要性

(一)育人方式改革的客观实际要求和教师转型的时代使命

在育人方式变革的大背景下,高考改革和教育改革进一步深入。赋予学生考试的选择权是考试制度建设的重要突破。教育改革和考试改革为学生提供了可选择性的考试、可选择性的课程、可选择性的发展路径,学生可以文理兼修、文理兼选,因此,学生迫切地需要教师全方位地给予指导,以利于在选择中发现自己、发展自己,从而使学习与自己的人生发展方向联系在一起。所以,学生发展指导工作实质是培养学生核心素养,引导学生发现和发展自己的"长板",同时培养学生的责任感和担当意识,这是育人观念的转变、育人模式的变革。这种转变同样需要教师理念上的更新。随着互联网＋时代的到来,学生学习途径多样化已经成为事实,教师对学生的知识传授功能将逐渐减弱,而教师发挥专业特长,研究学生是怎样学习和成长的,读懂

学生的非认知状态(包括动机、情绪、品质、价值观等)等方面的功能将加强;同时,高中阶段的每一门学科课程,都肩负着培养学生树立理想和培育担当精神的使命和责任。所以,学科教师合理拓展教学思路,在学科教学中融合学生发展指导的相关内容,其实是新时代对教师转型的客观要求,也是教师的时代使命。

(二)学生发展指导内容的丰富性决定其需要由教师合力完成

学生发展指导的内容包括对学生理想、心理、学习、生活、生涯规划等多方面的指导,指导的目的是帮助学生树立正确理想信念,正确认识自我,更好地适应高中学习生活,处理好个人兴趣特长与国家和社会需要的关系,提高选修课程、选考科目、自主选择报考专业和未来发展方向的能力。可见,学生发展指导有着丰富的内容和目的。同时,不同的学生也有着不同的成长和发展需求,所以仅仅依靠一两位专业指导教师来完成学生发展指导这项工作是不现实的。况且,学生发展指导对专业指导教师的要求,是既具有丰富的教育学、心理学知识,又有文理学科兼具的知识体系,知识面广阔且深入,同时充分了解与相关知识相匹配的大学专业、社会职业的特点和工作性质等内容。但现在师范类高校还没有开设相关专业,所以能够完全满足学生发展指导需求的专业教师是欠缺的。这种情况下,要想真正地进行全方位的学生发展指导,真正地实现学生发展指导的目标,就需要学生发展指导与学科教学融合,需要不同学科的教师形成合力,共同完成学生发展指导这项工作。

(三)"减负增效"改革理念决定其需要走"融合"之路

高中新课程新教材的改革实践中,从课程设置上丰富了课程结构,设有必修课、选修课、社会实践活动等课程,并提倡学生自主成立丰富的社团、提倡学校开展丰富的德育活动等。这些课程的设置,都贯穿着学生发展指导的重要育人理念,也都应该成为学生发展指导的重要实施路径。同时,《国务院办公厅关于新时代推进普通高中育人方式改革的指导意见》中明确指出要建立专兼结合的指导教师队伍,要通过学科教学渗透等方式对学生进行指导。所以在不增加额外课时、不增加教师和学生负担的前提下,教师能够在学科教学中自然、融合地开展对学生发展的指导,是落实学生发展指导理念的必由之路。

二、开展高中学生发展指导学科融合课的可能性

(一)高中各学科课程标准本身就蕴含着丰富的学生发展指导思想

高中新课改后,各学科的课程标准都提到了与学生发展指导相关的内容,为学生发展指导融合课的开展提供了依据和保障。高中思想政治课程标准就把"遵循教育教学规律和学生身心发展规律,贴近学生的思想、学习、生活实际,充分反映学生的成长需要,促进每个学生主动地、生动活泼地发展"作为一项重要的基本原则,培养学生政治认同、科学精神、法治意识、公共参与的学科素养。高中语文课程的设置,要求为学生适应未来学习、生活和工作的需要发挥作用;高中英语课程标准中,强调英语教学要帮助学生打好语言基础,为他们今后升学、就业和终身学习创造条件。可见,语文、英语学科侧重语言能力、思维品质、审美鉴赏、文化意识的培养。高中物理学科课程设计的基本理念则提到物理学科的教学是为进一步提高学生的科学素养,为学生终身发展、应对现代社会和未来发展的挑战奠定基础;物理学科在结构上应注重全体学生的共同基础,同时针对学生的兴趣、发展潜能和今后的职业需求,设计供学生选择的物理课程模块,以满足学生的不同学习需求,促进学生自主地、富有个性地学习。也就是说,物理学科侧重科学探究、科学思维、科学创新、科学责任等素养的培养。高中数学课程标准中更是明确提出了侧重数学抽象、逻辑推理、数学建模和数据分析等素养的培养,提出高中数学课程应为学生提供选择和发展的空间,为学生提供多层次、多种类的选择,以促进学生的个性发展和对未来人生规划的思考。以上几例可见,各学科课程的设置都有着指导学生发展的目标,虽然不同学科侧重培养学生不同的素养,但各学科素养会逐渐汇聚成学生发展所必须具备的综合素养。同时,学科的综合教育成果也会潜移默化,转化为学生的世界观、人生观、价值观,这些都是学生发展指导中最为重要和关键的内容,也明确了开展高中学生发展指导学科融合课的可能性。

(二)高中学生发展指导与学科课程的教育目标具有一致性

高中学生发展指导旨在帮助高中生树立积极向上的人生理想,培育正确世界观、人生观、价值观,引导学生在认识自己、了解社会的基础上,明确

自己的理想和学业追求，并展望职业定位，促进学生实现个人理想与国家发展目标的有机结合。各学科教学的目标是通过学科学习引导学生逐步形成正确的价值观念、必备品格和关键能力。虽然高中阶段各学科的教学目标会有不同的侧重，但综合起来的目标指向，都是培养学生的核心素养、促进学生的成长与发展，所以可以理解为二者的教育目标具有一致性。

(三)高中学生发展指导与学科课程具有教育内容的相通性

高中各学科的教学内容丰富，蕴含着丰富的学生发展指导素材。比如，高中数学课程力求使学生体验数学在解决实际问题中的作用、数学与日常生活及其他学科的联系，促进学生逐步形成和发展数学应用意识、提高实践能力。在内容设置上注重认识数学与自然界、数学与人类社会的关系，认识数学的科学价值、文化价值等内容。数学教师可以通过习题的精确计算，让学生明白"失之毫厘，谬以千里"的道理，可以进一步引导学生体会诸如会计师、审计师、精算师、采购员等相关职业的严谨与责任。物理、化学、生物学等课程的设置上也有着丰富的学生发展指导资源，教师可以在介绍相关知识的同时，介绍与那些知识相关的职业，如电力工程人员、医生、药学家、动物学家、植物学家等，在课堂上充分利用这些丰富的学生发展指导资源，引导学生学以致用、以用促学，通过学科知识的应用鼓励学生主动学习。语文必修课程涉及阅读与写作内容，能够使学生不断充实精神生活，完善自我人格，提升人生境界，逐步加深对个人与国家、个人与社会、个人与自然关系的思考和认识。语文选修课程中涉及的小说与戏剧、新闻与传记、语言文字应用、文化论著研读等，每部分内容中都包含着丰富的人生体验和社会生活经验，能够深化学生对历史、社会和人生的认识；同时也会涉及很多与之相关的职业，语文教师可以介绍记者、编辑、秘书、档案管理员等与学科内容密切相关的职业，也可以带领学生走进作家的心灵世界。学生发展指导学科融合课一方面可以为学生发展指导找到学科载体，另一方面也为丰富学科教学内容、增强学科教学魅力提供了可能，从而实现二者利益的最大化。

(四)高中学科教师具有完成这项工作的优势和能力

现在高中教师多从师范院校毕业，学习的是某一领域的系统知识，从事的也是某一领域的系统知识的教学。在深入地了解学生在某一领域的潜能和兴趣，引发学生对某一领域深层次的探讨，激发学生在某一领域和某一学科的学习热情，指导学生进行学业规划，引导学生了解与本学科相关的职业类型及其现状与前景，并引导学生感悟职业背后所应承担的责任与义务等学生发展指导的内容方面，学科教师有着绝对的优势和能力。

三、开展学生发展指导学科融合课的原则

(一)在目标设立方面坚持融合而科学的原则

一般来说，教师是为实现教学目标而教的，学生是为达成学习目标而学的，这是目标教学的基本要求。目标教学的重要前提是目标的设计要科学合理。教学目标的科学性体现在目标要具有动机维持、行为导向和绩效检测等功能。作为教学过程的起点与归宿，学生发展指导学科融合课的目标在设计时，应尽量做到具体、准确、完整和个性化。同时，教学目标的科学化还应体现在教学行为策略和教学评价当中，即教学目标不能游离于教学过程之外。所以，好的学生发展指导学科融合课的教学要体现内部的一致性，即教学过程要围绕如何落实各项教学目标来展开，学业评价应针对教学目标的达成来进行。

此外，学生发展指导的目的之一就在于传授和培养学生有关大学专业和社会职业的知识和能力。基于未来专业和职业的不确定性以及当前高中新课程培养目标的多元性，开设学生发展指导学科融合课时，目标就不能单一化。也就是说，应针对不同学生的特点及不同特点学生的不同需求，创设融合而多元的学生发展指导学科融合课的目标。

(二)在内容设置方面坚持丰富而系统的原则

高中阶段的学生发展指导内容本身就非常丰富，因而在设置学科课程内容时，应融入以下丰富的内容：帮助学生初步形成正确的世界观、人生观、价值观；使学生具有终身学习的能力和愿望，掌握适应时代发展需要的基础知识和基本技能，学会收集、判断和处理信息；让学生正确认识自己，尊重他人，学会交流与合作，具备团队精神；使学生具有强健的体魄、顽强的意志，形成积极健康的生活方式和审美情趣，初步具备独立生活的能力、职业意识、创业精神和人生规划能力；等等。

同时，培养学生的综合能力也是学生发展指导的一项重要内容。当代社会所强调的十个主要领域的基本能力是：①读写能力和计算能力；②问题解决能力；③批判和分析思维能力、元认知能力；④团队协作能力，如与他人相处的能力、合作能力和在团队中工作的能力；⑤沟通能力；⑥在组织和个体两个层面的持续学习能力；⑦信息处理能力，包括综合、收集和分析数据信息的能力；⑧管理能力；⑨系统思维能力；⑩科技竞争力。在设计学生发展指导学科融合课的内容时，也可以将如何培养学生形成这十项具有普遍意义的基本能力作为一个重要思路。

学生发展指导的最终价值即让每一名学生适应并胜任社会所赋予的各种角色。因此，学生发展指导学科融合课在兼顾学生身心特点、课程本身逻辑性的同时，必须考虑社会的诸多因素，做到与社会生活实际紧密结合，及时对学生发展指导内容作出调整与完善。

学生发展指导内容的丰富性，决定了这一教育内容应该体系化，否则容易导致零乱，使学生摸不着头绪、理不清线索、找不到方法。所以对学科教师开展学生发展指导融合课的更高要求是：能够根据学生不同年龄的身心发展特点，以层层递进的方式，对内容融合进行整体设置和思考，以达到学生发展指导学科融合课的目的。同时，高中学生发展指导学科融合课也担负着与初中教育及大学教育和职业世界保持连贯性的责任，授课教师有必要做好承前启后的衔接工作。

（三）在授课方式方面坚持生活而多样的原则

高中新课改强调"教学要回归生活世界"，学生发展指导学科融合课更不能忽视生活化的内容，要回归学生的生活实际，这样才能让学生真正获得个人规划意识和能力。要达到这样的目的，首先要用生活化问题来引导知识的学习，因为生活化的问题能够引导学生在现实生活背景下学习相关的科学知识和方法；其次要用生活化例证来深化知识的理解，在学生初步获得学科知识后，就要联系学生实际，帮助学生强化所学；最后要用生活化情境来检验知识的学习，鼓励学生把学到的知识通过现场考察、方案设计、实践操作和项目研究等生活化情境形式来加以运用，进行具体的自我人生设计和体验。

多样化是基于优势互补的法则，强调学生发展指导学科融合课要灵活多样。多样化的教学形式有利于面向全体学生和促进学生主动发展，使学生在认知、动机、行为等方面呈现自主积极的主体性状态。多样而灵活的教学方式是营造良好课堂教学氛围最直接的因素，也是提升学生学习情感态度与学习能力的有效方法。具体而言，要将自主、合作、探究等元素，以及讲授、设计、演示、讨论、对话、角色扮演、社会调查、社会实践等方法，融入教学组织形式和教学行为方式当中。

(四)在课程评价方面坚持多元而灵活的原则

评价多元化是基于激励和发展的思想，主张在教学评价的主体、内容、手段和结果的解释等方面打破单一化的倾向。

学生发展指导的特点决定了它很难像其他学科一样进行较为客观的学业成绩评定。所以学生发展指导学科融合课在进行评价时，与学生发展指导部分相关的评价应该灵活应对，可以从学生的学习热情、时间管理、能力提升等方面进行跟踪性评价；也可以为学生布置职业、学业等方面的调研，通过学生的研究报告来对学生进行评价；还可以通过学生撰写的职业或学业计划书及其调整落实情况来进行评价。总之，学生发展指导学科融合课的评价不应当也不可能采用单一的方式来进行，它应该是多元而灵活的评价。

四、开展学生发展指导学科融合课的三个研究着力点

学生发展指导学科融合课的内容丰富、途径多样、方法多种，要使融合课更为科学和系统，建议从以下三个方面着力研究。

(一)以学科素养为出发点和归宿点开展学生发展指导融合课的研究，抓住融合的根本点

学生发展指导与学科融合的目的是促进学生在学科中找到自己的未来，让学生通过学科的学习找到成就自己人生的可能。因此，学科融合要跟核心素养紧密结合，需要开阔学生的视野，学科教师需要更为关注学科素养，重视学生学科能力以及适应未来社会的能力的培养。学生发展指导就是要给学生带来未来感，在学科学习中带给学生所学内容与未来的关联，以培养学生

更好的适应未来的能力。素养不只是知识与技能，它是指在特定的情境中，通过利用和调动心理社会资源（包括技能和态度）以满足复杂需要的能力。核心素养作为素养中最主要且深刻的部分，指学生应具备的适应终身发展和社会发展需要的必备品格和关键能力，突出强调个人修养、社会关爱、家国情怀，更加注重自主发展、合作参与、创新实践。

要做到这些，可尝试引导学科教师反复追问三个问题：我们的学科价值是什么？我们的学科需要给学生成长带来什么？我们的学科应如何与学生的全面发展相关联？通过这样的问题，引导学科教师重新审视学科的独特价值，认识学科本质，寻找学科知识与学生发展指导的契合点。图 3-1 为高中思想政治学科核心素养与学生发展指导育人理念的融合的示例①，可供参考。

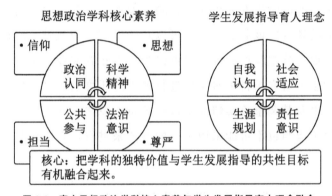

图 3-1 高中思想政治学科核心素养与学生发展指导育人理念融合

(二)梳理学科体系框架，进行教材重组，研究学科教学内容与学生发展指导内容的相关性

引导学科教师梳理学科知识与学生发展指导内容的相关性，找到二者的互通性和一致性，尝试进行教材重组，寻找和开发学科课程与学生发展指导内容的融合点，进而构建学科教学与学生发展指导相融合的体系框架，使学生发展指导学科融合课从散点式向系统化发展。图 3-2 为高中物理学科内容

---

① 马志群：《政治学科融合课建设思考》，北京市海淀区学生发展指导学科融合现场会，北京，2019。

与学生发展指导相关性研究的示例①，可供参考。

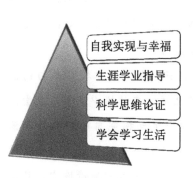

必修二		
主题	学科内容	学生发展指导融合点
机械能及其守恒定律	理解功和功率、动能和动能定理，体会功是能量转化的量度，体会守恒思想对认识物理规律的重要性	认识工作与效率的关系，体会天道酬勤
曲线运动与万有引力定律	了解曲线运动及其条件，认识平抛运动，会用正交分解法分析问题；了解圆周运动和万有引力定律，理解向心力和实际力的区别及联系，了解海王星发现过程	引导学生多方面观察分析问题，理解供求关系，体会理论与实践关系："实践出真知"与真理指导实践；利用航空航天精神激励学生成长成才

图 3-2 高中物理学科内容与学生发展指导相关性研究示例

（三）梳理具有学科特色的学生发展指导类型课程，提升学生发展指导学科融合课的目的性和针对性

根据学科课程内容的特点，梳理出针对不同内容可供选择的学生发展指导融合课的类型，有利于把散点式的融合课变得更为规范和系统化。示例②如下：

结合高中思想政治学科教材内容，梳理出思想政治学科学生发展指导融合课的类型——有学科绪论课、主题融合课、学科体验课三大类。运用思想政治学科的绪论课介绍课程的主要内容以及这些内容与社会的关联、与学生的关联，让学生感受到思想政治学科的魅力，激发学生学习思想政治的信心和动力以及从事相关职业的愿望，从而促进学生核心素养的发展和生涯规划能力的提升，帮助学生确定结合自身特点的生涯目标。

主题融合课让学生理解到知识来源于生活、服务于生活。把知识问

---

① 李新祥：《物理教学与学生发展融合策略与实践》，北京市海淀区学生发展指导学科融合现场会，北京，2019。选入时有改动。

② 马福东：《政治学科融合学生发展指导的实践与思考》，北京市海淀区学生发展指导学科融合现场会，北京，2019。选入时有改动。

题生活化，可以让学生从直接的生活经验与背景中亲身体验和感悟。创设生活化情境，比如解决雾霾问题、解决加装电梯问题，又如让学生走进企事业单位，解决企业经营的问题等，可以培养学生的观察能力和初步解决实际问题的能力，让学生体悟思想政治学科的价值，从而确立从事相关职业的志向，提升人生规划意识和能力。

学科体验课让学生真正体验到合作调研，在体验中提升参与的能力，激发学生的兴趣，让学生感悟创业的品质，在试错中成长，在尝试中发展，在辨别中提高决策能力，在合作中主动探究自己的品质和意志，提升生涯规划的意识和能力。学科体验课的整体过程就是知识情境化、问题过程化、任务个性化的过程。引导学生进入问题情境中，让学生进行角色扮演，切身体验感悟解决问题的紧迫性，体验思想政治学科知识的重要性，体验知识应用和问题解决的成就感，从而让学生喜欢上思想政治学科，了解更多相关的社会职业，引导学生确定人生发展目标。

总之，学生发展指导工作直接服务于教育改革和高考改革的需求，是落实立德树人根本任务的实践载体，更是促进学生长远发展，提升育人质量的基础性工程。学生发展指导与学科的融合，需要依托学科并且超越学科，立足学生的长远发展，培养学生成人成才，培养学生的使命感和责任感，培养学生为国家繁荣和社会主义建设服务的决心和能力。

第二节　语文任务群教学融合生涯教育的方法探讨
——以"劳动光荣""探索与创新"单元为例

一、引言

"职业生涯规划"这个词起源于美国，我国的生涯规划教育仍处于起步阶段，但高考综合改革把生涯规划推到了新的高度，各地各学校开始重视学生的生涯指导。除了专门开设少量生涯课程与讲座外，最便捷有效的方法是将整体的生涯发展理念融入现有的知识课程体系中，在学科教学中融入生涯理念，实现"学科教学"向"学科教育"的转变。

《普通高中语文课程标准(2017 年版 2020 年修订)》(以下简称语文课标)明确指出，普通高中教育的任务是促进学生全面而有个性的发展，为学生适应社会生活、高等教育和职业发展作准备，为学生的终身发展奠定基础。[1]因此，高中语文教师应充分发挥语文课程的育人功能，加强语文课程内容与学生成长的联系，引导学生积极参与实践活动，认识自然、认识社会、认识自我、规划人生，促进学生的全面发展。

二、探寻语文与生涯教育融合的切口

高中语文必修上册第二单元、必修下册第三单元都属于实用性阅读与交流任务群。该任务群要求学生学习多角度观察社会生活，掌握当代社会常用的实用文本，善于学习并运用新的表达方式；学习运用简明生动的语言，介绍比较复杂的事物，说明比较复杂的事理。然而没有明确提出生涯教育的要求。教师教学用书对这两个单元的提示如表 3-1 所示：

表 3-1 单元提示

项目	必修上册(第二单元)	必修下册(第三单元)
人文主题	劳动光荣	探索与创新
课文题目	4 喜看稻菽千重浪——记首届国家最高科技奖获得者袁隆平 * 心有一团火，温暖众人心 * "探界者"钟扬 5 以工匠精神雕琢时代品质 6 芣苢 文氏外孙入村收麦	7 青蒿素：人类征服疾病的一小步 * 一名物理学家的教育历程 8 * 中国建筑的特征 9 说"木叶"
课文来源	《科技日报》《人民日报》《时代楷模·2018——钟扬》	《自然医学》《超越时空》《建筑学报》《唐诗综论》
语文素养	1. 学会阅读通讯、新闻评论等不同体裁的新闻作品，辨析和把握报道的立场，提升媒介素养	1. 学习知识性读物的阅读方法，发展科学思维，培养科学精神

---

① 中华人民共和国教育部：《普通高中语文课程标准(2017 年版 2020 年修订)》，北京，人民教育出版社，2020。

续表

项目	必修上册（第二单元）	必修下册（第三单元）
语文素养	2. 学会分析通讯的报道角度，理解事实与观点的关系，抓住典型事件，把握人物精神 3. 了解新闻评论的观点，学习阐述观点的方法 4. 写人时关注典型事例和细节，写出人物的精神	2. 把握关键观念和术语，理解主要内容，厘清文章思路 3. 分析作者阐述说明、逻辑推理的方法，体会文章语言严谨准确的特点 4. 运用所学知识，探究实际问题，形成自己的见解，学写事理说明文
写作	写人要关注事例和细节	如何清晰地说明事理

　　语文必修上册的教师教学用书指出，第二单元要求提升媒介素养、把握人物精神、写出人物的精神等。此外，单元提示要求新时代青年形成正确的劳动观念，单元学习任务要求完成一篇关于身边熟悉的普通劳动者的写作。① 语文必修下册的教师教学用书指出，第三单元要帮助学生学习知识性读物的阅读方法、发展科学思维、学写事理说明文等。此外，单元提示强调这些不同领域学者们的创新意识、探索精神和科学态度对学生科学探究的作用，单元学习任务要求完成一篇关于自然规律或生活常识的说明性文章。②

　　第二单元的人文主题是"劳动光荣"，第三单元的人文主题是"探索与创新"。虽然二者的课文来源、语文素养、写作要求不同，但是基本上都展现了不同领域工作者的杰出事迹、贡献和精神等。例如，国家首届最高科技奖获得者袁隆平经过长期艰苦的努力，挑战权威、坚持真理、勇于创新，发现了天然杂交稻，解决了世界人民的饥饿问题；销售员张秉贵全心全意为人民服务，在平凡的岗位上取得了不平凡的成就，温暖了几代顾客的心；中医药学家屠呦呦团队经过多年的不懈努力，终于找到了利用青蒿素治疗疟疾的方法，拯救了成千上万患者的生命。此外，还有物理、建筑、文学等领域的介

---

① 人民教育出版社、课程教材研究所、中学语文课程教材研究开发中心：《普通高中教科书教师教学用书 语文：必修 上册》，北京，人民教育出版社，2019。

② 人民教育出版社、课程教材研究所、中学语文课程教材研究开发中心：《普通高中教科书教师教学用书 语文：必修 下册》，北京，人民教育出版社，2019。

绍，有助于学生开拓视野，广泛了解社会各个行业，也为教师提供了语文与生涯教育融合的切口。

三、建构语文与生涯教育的有机融合

根据舒伯的生涯发展阶段理论，15～24 岁的人处于探索期，在学校、休闲、职业活动中，进行自我试探、角色探索与职业探索。15～18 岁的高中阶段，学生正在不断地探索，通过偶然事件、兴趣、能力等作出初步的决定。[①] 在此过程中，语文对学生生涯发展的影响不可小觑，因为语文越来越受重视，课时数多，是高考的必修科目，而且语文工具性与人文性统一的特点，也容易对学生的生涯规划产生潜移默化的影响。

生涯—学科融合教育倡导把生涯发展理念和内容融入现有的学习体系中，将学科学习延伸到工作和生活世界，将生涯发展与课程教学及学习活动相结合，以改善学校教育效果。然而生涯—学科融合要尊重学科本质，避免过度引申，语文学科要以学生语文核心素养为根本，培养学生"语言建构与运用""思维发展与提升""审美鉴赏与创造""文化传承与理解"语文学科核心素养。因此，实用性阅读与交流任务群应该以语文活动为主，达成语文学习目标，在此基础上，适当融入生涯教育，丰富学生对社会各个领域职业的体验，为学生将来升入高等学府或者职业发展奠定基础。

任务群教学打破了原来以单篇课文和课时为基本单位的模式，让学生在自主的语文实践中学会学习，构建核心素养。本书在综合两个单元进行任务群教学设计的基础上，探索融合生涯教育的道路。试举一例：

【任务一】

《喜看稻菽千重浪——记首届国家最高科技奖获得者袁隆平》《心有一团火，温暖众人心》《"探界者"钟扬》《青蒿素：人类征服疾病的一小步》《一名物理学家的教育历程》

这几篇课文旨在报道典型人物或团队，树立不同时代的楷模。在阅读课文后，引导学生在阅读任务的要求下自行梳理课文的主要内容，培

---

① 王一敏：《中学生生涯教育理论与实务》，广州，广东教育出版社，2016。

养学生抓住典型事件，探索职业必备的能力素养，辨析和把握报道的立场，提升媒介素养，从而加深对不同职业的认识。根据下面的两个示例，以表格的形式梳理文中的具体事件、人物精神和作者立场(表3-2)。

表3-2 课文主要内容

具体事件(细节)	人物精神	作者立场
袁隆平寻找并发现天然雄性不育株	尊重权威但不迷信权威	赞扬了袁隆平的创新精神
他(张秉贵)站在柜台里的那股精神劲儿，售货动作的迅速劲儿，接待顾客的热情劲儿，像一团火一样，把大家深深地吸引住了	工作热情，兢兢业业	赞扬了张秉贵的敬业精神

【任务二】

《以工匠精神雕琢时代品质》《中国建筑的特征》《说"木叶"》

第一篇是新闻评论，旨在引导大众舆论，强调工匠精神的重要意义，倡导人人做工匠精神的践行者。后两篇是说明性文章，条理分明、清晰易懂，为学生开启了了解建筑学、诗词文论的大门。学生阅读课文，在理解文中重要概念的基础上，整理文章写作思路，为每篇课文分别制作一张思维导图，并比较其特点。

《以工匠精神雕琢时代品质》开篇点题，即工匠精神是当今企业中的金字招牌，也是企业的极致追求；又进一步上升到国家层面，即工匠精神是一个国家深厚人文素养的最好体现。接下来在辩证分析中深化了坚守工匠精神的时代价值，并倡导人人做工匠精神的践行者。《中国建筑的特征》运用简明准确的语言，采用分列方式介绍了中国建筑的九个特征，并在更高的层次上总结出"文法""词汇"来象征建筑的结构、构件。《说"木叶"》由一个语言现象入手——"木叶"更受文人喜爱，通过大量古诗词句的分析辨别，不断层层深入，探讨"木叶"与"树叶"差异背后的深层次原因。

通过这两个任务，学生不仅掌握了课文主要内容、写作思路，对新闻的报道立场、说理的方式有了清晰的认识，而且对多个领域、行业也有了初步感知，对不同职业所需的素养和条件有了深入了解，从而点燃了对未来人生职业生涯的憧憬与进行职业生涯规划的热情。

【任务三】

生涯规划的意义是拓展渠道，让学生了解未来的职业、专业等，加深对不同领域和职业的体验和认识，更是帮助学生认识自己，了解自己，把自己的能力、兴趣等与社会需要联系起来，把未来的专业与安身立命的职业联系起来，从而更好地适应社会时代的发展。[①]

学生在走入文本之后，还要进一步深入文本，寻找自己的兴趣点，主动探索真实的职业世界。可以请学生根据新闻报道的模式，为自己职业生涯中最感兴趣的人物作报道，如《感动中国》中的人物，要求根据典型事件突出人物性格、精神等，并且表明自己的立场。喜欢学术的学生可以搜集资料探讨一些科学问题，如探究煮鸡蛋怎么不会破，"朝霞不出门，晚霞行千里"等；或者探讨人文问题，如探究"梅""柳""月"等形象的暗示性，借鉴《中国建筑的特征》《说"木叶"》的写作模式完成一篇说明性文章。

第三节　数学教学融合生涯教育的方法探讨

2019年6月19日，国务院办公厅印发《国务院办公厅关于新时代推进普通高中育人方式改革的指导意见》，其中第五条提出要"加强学生发展指导"并强调"注重指导实效"。《普通高中课程方案（2017年版2020年修订）》中，"课程内容确定的原则"之"关联性"提出要"增强课程内容与社会生活、高等教育和职业发展的内在联系"，"课程实施与评价"提出"切实加强学生发展指导"。这些文件相辅相成，聚焦学生发展指导。国家出台政策，是对前期教育现象的反思，对当下教育的充实，对未来教育的期许。学生发展指导教育有其内在规律和外在形式，二者有效结合才能发挥育人功能。学科课程无疑

---

① 闻娟、陈国鹏：《新高考背景下上海高中生生涯发展状况调研》，载《生涯发展教育研究》，2018(1)。

是学生发展指导教育最重要的资源，而数学课程在其中承担着重要的育人任务。

一、数学课程与学生发展指导的内在关联

(一)数学课程性质决定了数学学习的过程就是学生发展指导的过程

《普通高中数学课程标准(2017年版2020年修订)》(以下简称数学课标)指出，"数学与人类生活和社会发展紧密关联。数学不仅是运算和推理的工具，还是表达和交流的语言。数学承载着思想和文化，是人类文明的重要组成部分"。这充分表明数学课程的学习规划了学生发展的两条并行路径，即"学习—知识与方法—能力—素养""数学—生活—社会—职业—成长"。而在高中阶段，基于数学课程的学生发展的两条路径，应主要实现学生"三维一体"的成长(图3-3)。

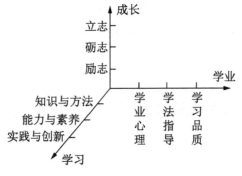

图3-3　学生"三维一体"的成长

(二)数学课程实施过程中对学生发展指导的建构

学生发展指导具体发生在数学课程实施过程中。因此，要实现数学学科学习促进学生的发展，应从学科建设层面进行设计与规划。

1. 整体认知

利用数学课程引导学生发展，需要按照学生发展指导的系统进行，即生涯唤醒、知己知彼、决策、计划、评估与调整。世界在变化，人在变化，学生发展指导应因势利导。学生发展指导的系统是一个周而复始、螺旋式上升的过程。在这个过程中，其内核在于"知情意行"由青涩走向成熟(图3-4)。

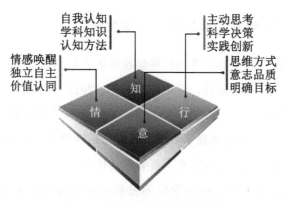

自我认知　　　　　　主动思考
学科知识　　　　　　科学决策
认知方法　　　　　　实践创新

情感唤醒　　　　　　思维方式
独立自主　　　　　　意志品质
价值认同　　　　　　明确目标

知

情　　行

意

图 3-4　学生发展指导的"知情意行"

2. 目标定向

融入数学课程的学生发展指导教育目标可以从三个维度界定：一是自我认知，首先是学生了解自我，包括学科兴趣、爱好、特长等；其次是学生了解数学学科的学习，系统规划、安排自己的学习；最后是学生规划自己未来的发展。二是生涯规划，学生根据自己的兴趣、能力，结合数学学科涉及的行业、职业、人才需求等信息，将学业与生涯衔接起来，初步规划未来。三是自我发展管理，学生根据学业发展、环境变化等因素调整成长路径和节奏，体现自我决策力。

3. 时间系列

数学教与学的时间就是学生发展指导教育的时间，其贯穿高中三年，在不同阶段教学侧重点不同，对学生发展指导的内容也不同，整体呈现"了解与启蒙—认识与辨析—决策与优化"螺旋上升状态。在高一年级，重点是适应，分析和认知自我，初步了解与数学相关的行业、职业和大学专业，奠定决策基础。在高二年级，应深度剖析自我，增强自主学习能力，提升数学学习质量；深度探索职业，明确方向，提出规划。在高三年级，重点是学习质量，要提升竞争力，作出个人发展决策。

4. 内容规划

利用数学课程指导学生发展，就是结合数学教学内容、教学过程、教学产出等对学生进行理想信念、学业发展、心理成长、职业规划、幸福生活等方面的教育。

二、利用数学的工具性能，厘清生涯

随着计算机、人工智能等现代科学技术的发展，数学作为工具直接应用于各个领域，参与社会建设，促进社会发展。2019 年科技部办公厅、教育部办公厅、中科院办公厅、自然科学基金委办公室联合印发的《关于加强数学科学研究工作方案》充分体现了数学工具性作用和数学在培养人的理性思维、科学精神和促进个人智力发展中不可替代的作用。

在高中阶段利用数学促进学生的发展，除了讲授数学知识、思想方法外，还需要向学生展示数学在生活中的工具性作用和广泛的应用。从学生的实际需求出发，引导学生厘清数学与未来生涯的关系，通过数学学习认识自我；通过数学学习将学生的视野延伸到学校之外，以帮助学生认识世界、关联自我与社会；通过数学学习将学生的学习动力、决策与自我管理和自我发展的动力关联起来，使其形成成长生态。

如何利用数学的工具性帮助学生厘清生涯呢？以下三条路径是常见的选择。

1. 常态课路径

常态课一般是以教材为蓝本的，教材中具有丰富的学生发展指导教育的素材。例如数学史料，其对数学知识发展的介绍，可以引导学生认识数学应用的范畴，了解行业与职业，了解行业的未来；又如对数学家的介绍，可以引导学生学习榜样，激发学生自主发展、规划生涯；等等。再如数学问题的背景隐含的育人素材，教材在函数应用中提供了利率问题、最优化问题等，在统计应用中提供了天气问题、国民经济问题等，这些都是以数学为工具解决不同行业的问题的，可以用于引导学生通过数学认识不同的行业及从业者应具备的素养等。通过常态课指导学生发展，一般可以从三个视角进行：一是章节起始课，在介绍章节知识的背景、内容、应用时，重点介绍章节知识学习目标、内容、方法以及学习所需的心理暗示，介绍与章节知识相关的行业、职业及其发展前景等；二是教学中的情境设计，尽量选取与知识、方法相关的社会各行各业中的案例，将知识学习融入社会生活中，既体现数学源自社会生活，又体现数学的工具性作用；三是教学中解决的具体问题背景，尽量从社会生活中具体的案例里选材，或者对其进行适当改编。常态课路径决定了其在学生发展指导教育中具有"集成"作用，在常态课中，通过上述视角开展学生发展指导教育，不仅能引导学生启蒙生涯，而且学生的自我分析与自我认知、学法指导、学习品格等都会伴随而行。

2.选修课路径

根据学生个性需求，选修课能将学生发展指导教育适度放大。数学课标中，数学课程内容分为必修课程、选择性必修课程和选修课程。其中选修课程分为 A（数理类课程）、B（经济、社会、部分理工类课程）、C（人文类课程）、D（体育、艺术类课程）、E（拓展、生活、地方、大学先修类课程）五大类，几乎囊括了数学与社会生活相关的方方面面。教师可以根据学生发展需求，以选修课为平台，引导学生自主、深入参与自我发展的探究中，充分利用选修课多样的授课形式（如学生分享、沙龙等），让学生在参与、互动、感悟中受到启发，他们的收获会呈几何级数增长。

3.学科实践路径

利用综合实践课程，学生可以走进社会，切身体验与数学相关的自己感兴趣的职业，在体验中实现自我教育。

三、利用数学育人在场，理性规划

数学课标界定了数学课程的性质："数学在形成人的理性思维、科学精神和促进个人智力发展的过程中发挥着不可替代的作用。数学素养是现代社会每一个人应该具备的基本素养。数学教育承载着落实立德树人根本任务、发展素质教育的功能。"数学课程的性质决定了它在学生发展中相对超然的地位。

(一)职业理想

无论是数学家的榜样引领还是数学应用的启发，都是利用数学课程引导学生树立个人职业理想，其改变了传统的"实用论"，从"人"出发，更多地将学生的兴趣与职业理想关联起来，启发学生深度发掘自身潜力，在充分认识自我的基础上进行决策。这样，学生就能自然产生自我管理的源动力和实际行动。高一年级的数学学习重在培养和强化兴趣，启发学生"励志"；高二年级重在稳固意志品质，坚定自己的行动，鼓励学生"砺志"；高三年级重在规划和选择，促成学生"立志"。

(二)学法指导

数学学习中，学生会经历不同的问题背景，体验各种解决问题的方法，形成思考问题的方式方法，这是由数学课程独特的育人功能所决定的。在高中三年的数学学习中，教师对学生学法指导的重点在以下四点：一是规划三年的学习方法。高一年级重在模仿、记忆、理解；高二年级重在利用数学方法独立解决问题；高三年级重在灵活运用方法，有创造性地解决综合问题，如一题多解、多题一解等。二是建构数学思想方法体系，并在三年学习中实现螺旋式提升。数学思想体系包括函数与方程、转化与化归、分类讨论、数形结合等，数学方法体系包括模型法、换元法、构造法等。三是形成数学思维体系，将数学与社会生活紧密结合起来。学生通过高中数学课程学习，将获得奠定他们发展的"四基"(数学基础知识、基本技能、基本思想、基本活动经验)和"四能"(发现和提出问题的能力、分析和解决问题的能力)，发展他们的数学学科核心素养，实现"三会"(会用数学的眼光观察世界，会用数学的思维思考世界，会用数学的语言表达世界)，其本质就是学生在数学学习过程中形成自己的数学思维体系。四是建立以"学"为中心的数学教与学的新生态。转变传统教师"主动"、学生"被动"的数学学习形态，变为学生"主动"、教师"参与"的新形态，充分体现学生主体地位，实现学生自主发展的新的数学育人新路径。

(三)职业认知

要实现学生对职业内部的了解，仅仅依靠学校内的数学学习是解决不了的。实践体验是学生获得真实认知的重要路径。为了引导学生在真实场景中获得真实认识，教师可以将课堂学习延伸到课外，让学生在真实的职业体验中去体会，去感悟，去获得。例如，学习"函数的应用"时，教师布置课外实践学习，要求学生采访超市商品定价经理并进行职业体验。学生在采访过程中可以采用如下问题：①你每天工作的主要内容是什么？你认为工作中最快乐的事情是什么？②你的工作是否会用到数学知识？需要用到哪些数学知识？③你认为数学对你的工作主要的帮助是什么？④你在学生阶段喜欢数学吗？假设让你恢复学生身份，什么因素会激发你对数学学习的兴趣？⑤假如我想从事和你类似的工作，你能提供一些从业建议吗？学生经历真实体验后，对超市商品定价经理这个职位（职业）所需的职业素养、职业精神等定会有清晰的认识。

（四）新型关系

基于数学育人的在场，需要引导学生重新认识如下几种关系，从而让学生理性观察世界、理性处理事务、理性决策生涯。一是师生关系。随着新课程改革不断深入，数学教育逐步从关注"分数"转向关注"成长"，教师眼中不仅有知识，更有"人"；教师从"控制"转向"指导"，从"燃烧的蜡烛"转变为"融入学习共同体"。学生从"被动接受"转向"积极主动参与"。师生形成以"学"为中心的共同体，将师生关系的方方面面融合于共同体中，目标指向学生的发展。二是理想与现实的关系。远大的理想与面临困难和挑战的现实存在较大的矛盾冲突是当下部分高中生发展现状的真实写照。引导学生将理想与现实联系和结合起来，数学教育在场要发挥作用。在数学学习中，教师在引导学生"励志"时，要充分利用数学学科的理性思维引导学生认真分析现实，脚踏实地，用自己的行动"砺志"。三是理论与应用的关系。高中数学新课程改革的目的之一就是增强数学的应用性，将"冰冷"的数学知识与生动的社会生活关联起来，这样的学习过程能启发学生建立理论与应用互动思维圈，有利于学生系统思考、规划自己的人生。

（五）幸福生活

幸福生活是学生发展指导教育的重要内容之一。数学课标指出，"数学与人类生活和社会发展紧密关联"。让数学教育在场，就要引导学生学会如何幸福生活。这类教育至少包括：正确认识数学学习，积极、健康的心理，自我发展规划的方法，主动认识世界，等等。帮助学生根据自己的实际和理想规划自己的生活是非常重要的，正如《礼记·中庸》所说，"凡事豫则立，不豫则废。言前定则不跲，事前定则不困，行前定则不疚，道前定则不穷"。

四、利用数学创新实践，全力发展

高中阶段的学生发展指导教育重在引领学生全面而有个性的成长，奠定学生未来发展的基础，让学生初步明确自身发展方向。数学课程能为学生的可持续发展和终身学习提供支持。在数学学习过程中，教师要引导学生"凝聚动力，闪亮思维，智行天下"，用数学创新实践全力启动学生的个性发展。

利用数学教材进行探究性学习是学生数学创新的主要形式。著名数学家波利亚把教会学生解题看作教会学生思考、培养学生独立探索能力的一条主要而有效的途径，他指出，掌握数学就是善于解题。源于教材的数学探究性课题主要包括教材上例题和习题的研究、解题思路的研究、教材提出的案例或背景材料的研究、开放题的研究、数学建模应用等方面。在学习中，教师要引导学生以研究的态度去认真观察、分析、归纳素材，不断提出新问题、新方法，发现事物的内在规律，使教与学的重心不再仅仅放在获取知识上，而转到学会思考、学会学习上，使被动的接受式学习转到主动的探索式学习，从而培养学生的探究能力、创新能力。具体可以从以下几个方面展开：①改变课前预习方式，用"研究"的方式预习；②充分利用教材中提供的问题；③改编教材中定理、例题、习题，形成研究性问题；④知识应用产生探究性问题；⑤学生对知识的"胡思乱想"及质疑提问。

在高中三年，若能采用渐进的方式将学生的发展指导深度植入数学探究性学习中，学生发展指导的各个因素也就会以不同的境界出现在学生成长过程中，如正确的价值观、成熟的心理、踏实的实践、最优的方法、科学的决策与管理等，这些将成为学生面向未来立志、规划未来发展的自信心之所在。

一生一成长，将学生发展指导教育融入数学教育中，以数学为育人载体，形成每一名学生个性化的数学学习过程及成长轨迹，充分利用数学教育指导学生成长，是我们的必然选择。

第四节　英语教学融合生涯教育的课程建构与实施

一、英语教学与生涯教育融合的课程建构背景

(一)学习英语的价值与必要性

根据《普通高中英语课程标准(2017 年版 2020 年修订)》(以下简称英语

课标），普通高中英语课程是高中阶段全面贯彻党的教育方针、落实立德树人根本任务、发展英语学科核心素养、培养社会主义建设者和接班人的基础文化课程。英语属于印欧语系，是当今世界广泛使用的国际通用语，是国际交流与合作的重要沟通工具，是思想与文化的重要载体。学习和使用英语对汲取人类优秀文明成果、借鉴外国先进科学技术、传播中华文化、增进中国与其他国家的相互理解与交流具有重要的意义和作用。

英语语言的学习具有举足轻重的作用，学生通过学习和运用英语基础知识和基本技能，发展跨文化交流能力，为学习其他学科知识、汲取世界文化精华、传播中华文化创造良好的条件，也为他们未来继续学习英语或选择就业提供更多机会。同时英语学习能够帮助学生发展健康的审美情趣和良好的鉴赏能力，学生通过文化对比，可以加深对祖国文化的理解，增强爱国情怀，坚定文化自信，树立正确的世界观、人生观和价值观，为未来参与知识创新和科技创新，更好地适应世界多极化、经济全球化和社会信息化奠定基础。

（二）英语学习助力生涯教育与发展

英语学科的学习在各个学段，尤其高中学段具有重要的地位。在英语学习过程中，学生通过体验、实践、讨论、合作与探究等方式，发展听、说、读、写等综合语言技能，能够获得语言知识、掌握语言技能、形成语言学习目标、提升发展与他人交流的自信和策略等。

近年来，随着新高考改革的实施与落地，最新招生改革的方向已经明确，学生可根据自身兴趣和特长自主选择高考科目的组合，因此对学生自主规划未来的生涯教育就显得尤为重要和及时。

在当今世界多极化、经济全球化、文化多样化的时代背景下，各个国家或社会团体之间的合作与交流日益广泛，跨文化的沟通发挥着重要的作用。英语作为一门国际通用的语言，是从事国际交流与合作、了解世界经济社会科技等方面发展的重要途径和工具。

在这样的高考改革背景和时代大背景下，在英语学科中融合生涯教育，不仅有利于提升学生的生涯规划意识，还有利于英语学科教学多维目标的实现，培植学生的英语核心素养。因此英语课程的育人目标，即"培养具有中国情怀、国际视野和跨文化沟通能力的社会主义建设者和接班人"，与新时代背景下生涯教育的目标是相互契合、相互促进与发展的。

英语课标提出，英语学科的核心素养是学生在接受相应学段英语课程教育的过程中，逐步形成的适应个人终身发展和社会发展需要的正确的价值观念、必备品格和关键能力。英语学科的核心素养框架突出了"立德树人"的育人理念，全面涵盖且融合了高中英语知识与技能、过程与方法、情感态度价值观教育。高中阶段的外语教育是培养公民外语素质的重要途径，既要培养学生的心智和情感态度发展，又要适应学生就业、升学和发展的需要，同时还要满足国家和社会对人才培养的需求。因此，高中阶段的外语教育担负着人文和社会双重责任。

高中英语课程是在初中课程基础上的延伸和拓展，仍属于基础教育的一部分，其为高中学生的升学、未来的就业以及终身学习和终身发展奠定坚实基础。因此，英语课程的设置应能满足学生的生理和心理发展的特点，有利于学生的个性和潜能的发展。同时更要通过不同的课程，如必修课程和选修课程，满足学生多样化的发展需求。让学生在多种课程的选择或者多种素材资源的学习中，探索自我认知、明确自主选择、学会规划人生，开启未来的人生之路。

因此，英语学科的学习具有与生涯教育融合的最佳切入点。师生可通过充分合理地发掘英语学科教材中的生涯规划教育素材，实现双重的教育目标和教学功效。这样一方面可以帮助学生充分感受到课程知识所蕴含的职业方向和素养，引发学生对未来职业的探索；另一方面可以引导学生深入了解自己的兴趣特长和潜能所在，从而推动学生自我探索意识的发展，提升学生规划未来的能力。

二、英语教学与生涯融合的课程建构模式与策略

(一)目标融合，实现双赢

2019年6月，国务院办公厅发布《国务院办公厅关于新时代推进普通高中育人方式改革的指导意见》，指出应加强对学生生涯规划的指导。生涯教育是在帮助学生正确剖析自我的基础上，所进行的一种自主规划人生的教

育。根据北京市生涯发展学科核心素养，学生生涯发展的核心素养主要体现在四个方面：①生涯意识与信念，包括生涯好奇、积极态度、机遇意识；②自我认知与发展，包括自我分析、多元发展、自尊自信；③社会适应与责任，包括信息收集、环境探索、责任担当；④生涯规划与行动，包括决策能力、生涯规划、自主学习等。英语课标的"课程性质"部分也明确指出，普通高中英语课程应为学生"未来继续学习英语或选择就业提供更多机会"，还应"帮助学生树立人类命运共同体意识和多元文化意识"。因此，英语课程的学习与学生生涯发展核心素养的有机融合，是具有共同的基础和目标的。英语学科素材被赋予了更多的内容和功能，让学生在语言学习的同时，探索自我与规划生涯。教师要根据英语教材内容或学习素材的不同进行资源分析，确定英语学科与生涯教育可融合的学科内容，挖掘融合背景，同时达成英语学科教学目标和生涯教育融合教学目标。

基于自我认知、职业探索、生涯规划的生涯教育目标，结合高中英语教学内容的实践性和可行性，融合目标可设置多个子目标，如：认识与探索自己的兴趣爱好与个性特征，探索自己喜欢的生活方式，回顾、梳理与反思自身的成长经历，认识与探索自己所扮演的生活角色，探讨对待人生经历的快乐与幸福、痛苦与挫折的态度，认识与探索积极的人生观和价值观；认识不同类型的工作角色，厘清职业分类，了解不同职业类型的从业者如何通过职业实现其人生价值，了解不同职业类型的从业者如何形成职业生涯历程；合理规划与利用闲暇时间从事拓展学习，认识目前学业生涯与未来人生发展的关系，制订长远目标与短期目标及对达成目标的行动方案进行规划，培养成熟的社会关系能力与人际交往能力，探索快速变迁的国际环境、社会环境与职业环境；等等。

(二)挖掘资源，整合素材

英语语篇素材涵盖面广，涉及社会、文化、经济、政治、科技等不同领域，这些跨学科的内容为学生提供了丰富的学科融合素材。教师可依托这些素材设计问题和活动，对英语语篇进行多层次、多视角的解读，借助语篇向学生传递有关生涯规划的内涵、途径及方法。学生可通过探究语篇意义及内容之间的联系，丰富个人的人生阅历和思维方式，帮助完善对自我的认识，激发对职业的兴趣，构建新的认知结构。这些鲜活的学习素材能够在潜移默化中影响学生的生涯规划认知与能力。随着多媒体技术和网络资源的日益丰富，线上与线下学习相结合已经成为教师教学和学生学习的重要方式。因此，网络资源也成为英语学科与生涯教育融合的有效资源，可加以合理应用。

（三）多重路径，形式多样

英语教学与生涯融合课程的实施路径主要有以下三种。

1. 常规教学资源路径

各个版本的高中英语教材多以单元话题为主，体现大单元教学设计的理念，分为人与自我、人与社会、人与自然三大主题语境。在这些常规的教学资源中，包含着很多与生涯教育和发展相关联的主题，如人际交往、榜样人物、志愿服务、职业探索、终身学习等。在教学过程中，教师要选取恰当的融合素材切入生涯融合点，以体现不同的生涯融合子目标。在具体的实施形式上，教师可通过个人或集体的形式开展课堂活动，同伴讨论分享、小组讨论、集体发言等方式都很常见。

2. 选修课程资源路径

通过英语教材的选修内容或者学校开展的英语选修课，教师可根据学情和学生发展的需求，以选修课为生涯融合的平台，引导学生深入探究英语学科的学科价值。选修课路径可利用恰当的授课方式和活动方式，引导学生体验英语学科带来的有趣的休闲方式、观察世界的另一种视角、自察内省的思考方式等。

3. 拓展类学科实践活动

英语作为一门基础学科，承担着思想交流和人际交往的重任。因此英语学科往往会开展丰富多彩的拓展类学科实践活动，如演讲比赛、辩论大赛、英文戏剧表演、访谈与写作、研究性学习等。在这些综合实践活动中，学生通过查阅资料、撰写论文、专题访谈等多种形式的体验，既展示出个人的语言能力与语言水平，激发了自身的英语学习兴趣，强化了学科优势，同时可以促使学生对自我探索、职业探索和生涯规划进行深度思考，将所学内容内化到自己对未来的探索中。

正所谓"教无定法"，教学的过程不应限定太多固定的模式，只要有利于学生的成长与发展，有利于满足学生的学习需要，教师的创新思路和融合设计都将在教学实践中成为最好的设计。

(四)语言为本，融合发展

生涯融合教学可通过学科绪论、生涯信息融合、职业体验、生涯选择指导和学法指导等方式体现。学生可先了解英语学科的学科内涵和学习价值、英语学习对个人未来发展的积极影响、英语学习的内容结构和要求以及英语学科未来的发展前景等。生涯信息融合是教学中最为常见的融合方式，主要介绍与英语学科相关的专业、职业及行业，同时引入职业榜样人物，介绍学科前沿发展，为学生展示学科的美好未来，引导学生思考个人发展与社会、国家发展之间的关系，从而帮助学生树立远大的理想信念和强烈的社会责任感。生涯选择指导、学法指导可协助学生综合自我认知，了解学业水平和专业职业信息；还可以让学生利用科学有效的学习方法学习语言，为现阶段的语言学习和今后相关的生涯发展奠定基础，为学生提供未来生涯规划的可能性。

三、英语学科融合的问题与展望

学科与生涯融合是生涯教育的主要阵地，也赋予了英语学科新的发展动力，希望能帮助学科教师解决学科融合的关键问题。例如，基于生涯融合理念的课堂教学设计中，教师如何发掘或整合有效的素材，突破常规教学流程进行生涯融合设计，培养学生的生涯认知意识；英语教学与生涯教育融合，如何立足于原有的教材，采用不同的设计方式和活动方案，创设生涯教育情境，帮助学生在学习知识的同时实现自我探索、职业探索以及生涯探索，从而引导学生定位自己的学业目标并进行生涯决策；融合后的教学设计，如何做到英语教学目标与生涯教育目标的有效结合，使课堂渗透生涯教育的流程自然、流畅；等等。

在教学实践中，英语学科融合课程设计的可操作性还需要教学实践的检验和师生的主客观评价。教学流程的科学性和教学环节的合理性还有待进一步改进和提高。希望师生共同努力，以英语语言发展为基础，使学生的终身教育成为发展的根本。

第五节 思想政治教学融合生涯教育的实践研究

一、问题的提出

新一轮考试招生制度改革为高中学生依据自己的学习兴趣、认知特长、专业方向自行选择学习科目提供了机会，尤其是为选择横跨不同学习范畴的科目组合提供了保障，有利于学生的多元化发展。考试评价改革在赋权给学生的同时，也更加凸显学校的指导功能，对学校的生涯教育提出了更高的要求。学科学习与学生未来的职业选择具有紧密的连接关系，同时，学生在学科学习中所遭遇的心理、方法、兴趣、擅长等方面的问题与困难，学生在精进学科学习中所需要的从学业到生活、从理想到现实等多方面的指导，都离不开学科教师的帮助。从这个意义上说，生涯指导不是额外安排的学科教学任务，而是天然融入学科教学中的学科启蒙与指导。

在对110名选考思想政治学科的高中生进行调查时发现，19.1％的学生（21人）选择思想政治学科是因为它与未来专业有直接联系；59.1％的学生（65人）选择思想政治学科是因为不想学理科，只能选择文科；38.2％的学生（42人）是因为目前思想政治成绩比较理想作出的选择；33.6％的学生（37人）认为自己真的喜爱思想政治这门学科；14.5％的学生（16人）认为思想政治是选考科目中选择人数最少的学科，未来高考竞争会小于其他热门学科。从调查结果中发现，部分学生对思想政治学科的认识更多是在与其他学科的比较中生成的，缺乏对思想政治学科本身的正确认识；同时，部分学生认为思想政治学科与未来所从事的专业和职业没有必然联系，选择思想政治学科只是基于比较优势，能够在高考中取得较好的成绩。调查结果有些令思想政治教师沮丧，同时也意味着作为一名思想政治教师肩负着更加重要的生涯教育责任。

就课程性质来看，高中思想政治课程是落实立德树人根本任务的关键课程，以培育社会主义核心价值观为目的，是帮助学生确立正确的政治方向、提高思想政治学科核心素养、增强社会理解和参与能力的综合性、活动型学科课程。思想政治学科的德育功能与生涯教育具有天然的联系与优势，为在思想政治课程教学中渗透生涯指导提供了诸多可能，探索在高中思想政治课程中实施生涯教育的有效路径具有重要意义。

二、高中思想政治融合生涯教育的意义

(一)促进学生全面、持续发展

高中思想政治围绕"发展中国特色社会主义"这一思想链条，从经济、政治、文化等方面具体阐述习近平新时代中国特色社会主义思想的要义，涉及范围广、领域跨度大，因此在融入生涯教育时，要根据高中思想政治学科的特点，站在学科教育的角度，指导学生将课程学习与个人发展建立联系；指导学生理解学科学习价值；指导学生将学科与专业、职业、行业建立联系，在学科探究中除探究知识与生活、知识与环境之外，还要探究学科学习与可能的发展方向、职业机会；指导学生在学科学习中提升自我认知，建立自信心，学会选择，发展积极的生涯信念，增强对世界的理解能力、适应能力和创新能力，增强责任意识。可见，高中思想政治融合生涯教育是以促进学生发展为目标的，切实着眼于学生的真实生活和长远发展。

(二)激发教师育人的责任意识

教师通过优化课程、改进教学方式等途径，研究在高中思想政治课程中实施生涯教育的路径方法，有利于促进教学行为的变化，提升育人观念，唤醒和激发职业使命与职业精神——悦纳改革、立德树人、关注学生的个性、以学生为主体、培养学生自主发展的意识和行为习惯，从而更加深刻地理解生涯教育的价值与意义，树立生涯教育的理念和情怀，将以生涯教育促进学生自主发展的理念内化于心，通过对学科本质的挖掘帮助学生认识自我、学会选择、培养责任、锤炼心智、发展智慧、建立志向、激发潜能、发展个人特长、看到更多可能性，指导学生以积极的态度迎接挑战，实现人生的价值。同时，教师通过加入生涯素材，增加生涯关注，加入学科相关专业、职业，能够激发学生的生涯好奇，更好地带领学生感受学科魅力，认同学科价值，获得学科学习效能感，让学生学得不仅有成就，而且有意义，从而在教学相长的过程中提升自身的教学水平和责任意识。

三、高中思想政治融合生涯教育的实践研究

(一)高中思想政治课与生涯教育的一致性

《普通高中思想政治课程标准(2017 年版 2020 年修订)》基于学科本质凝练了思想政治学科的核心素养，主要包括政治认同、科学精神、法治意识和公共参与。简而言之，政治认同关乎学生的成长方向和理想信念的确立；科学精神要求在认识世界和改造世界过程中，作出正确的价值判断和行为选择；法治意识体现当代中国公民依法行使权利、履行义务，捍卫法律尊严的必备品质；公共参与要求有序参与公共事务，勇于承担社会责任，积极行使人民当家作主的权利。

而北京市生涯发展学科核心素养从四个方面进行了概括(见前文)。从中可以看出，二者虽然有着各自显著的学科特色，但都关乎人与社会的关系，关乎人的态度和选择，关乎人的责任，有着明显的一致性。基于该一致性，可以将高中思想政治课渗透生涯教育的培养目标确定为：对学生进行人格塑造及品德培养，提高学生适应社会的能力，增强学生的社会责任感。

(二)高中思想政治课融入生涯教育的实施策略

1. 价值的引领性

在高中思想政治课中融入的生涯教育内容，要具有指导个人价值判断、行为选择和生涯决策的意义。高中思想政治课要着眼于学生素养的培养，助力学生的终身发展。例如，通过学习"中国特色社会主义"模块，理解和掌握党的思想理论，坚定中国特色社会主义道路自信、理论自信、制度自信、文化自信，从而引导学生了解国情、了解社会，增强社会责任感和使命感，将人生理想融入国家和民族的事业中，成为担当民族复兴大任的时代新人；通过学习"哲学与文化"，了解马克思主义哲学的基本原理，运用实践观、发展观、历史观等方法论分析现实情境，引导学生科学地看待社会发展，思考、规划未来，真正实现"批判地思考、创造地生活、自由地选择"；通过学习"政治与法治"，引导学生树立权责意识和法治观念，提高政治的判断力，理性解决问题。这样，学生可以在获得学科素养能力的过程中、在思想政治课学习中逐渐培育核心素养和综合素质，为未来发展打下坚实的基础。

2. 情境的真实性

高中思想政治课以学生的生活体验和已有的知识为出发点，为生涯教育创设了一个个生动有趣、充满思维张力的情境，让学生通过社会实践获得真实的生活体验，了解真实的社会生活，发现和解决现实生活的真实问题。例如，在探究社会治理时，教师可以设置"如何解决停车难问题""小区空地如何使用""如何打通社区微循环"等情境，让学生围绕真实情境开展观察、假设、推理、探究、交流、讨论等思维活动，充分自主学习、多元体验、合作交流，在真实问题解决中理解社会治理的共建共治共享；在探究新发展理念时，教师可以通过"动物园批发市场搬迁"引导学生理解首都发展如何处理"都"与"城"的关系，理解"疏解整治促提升"如何促进首都高质量发展，理解"京津冀协同发展"的战略意义。通过深入了解国家、社会，学生将思维更加开阔，认知更加深入，更加清醒理智地对待自己的生涯道路。

3. 探究的自主性

思想政治课中的理论思想或价值观不能为学生直接提供解释社会生活中实际问题的"模板"，学生应经过互动交往，开放自己的知识经验，敞开自己的内心世界，通过分享协作、思维冲突，在探究中生成认知与理解。例如，在探究"脱贫攻坚战取得全面胜利"的议题时，教师让学生搜集脱贫攻坚战中的真实案例，分析成功的原因，学生在自主合作学习中，可以通过分享观点，深刻感悟坚持党的领导的重大意义，增强政治认同；在探究"创新是引领发展的第一动力"的议题时，教师用华为的事例，引导学生分析中国企业如何在国际上闯出一片新天地，在中国故事中感悟我国经济建设快速发展取得的一系列成果，从而树立正确的生涯理想和信念。

(三)高中思想政治课融入生涯教育的实施方式

根据高中思想政治课的学科特点，以及渗透生涯教育的培养目标，基于"立足课程本质，渗透生涯教育"的原则，在实践中主要通过以下三种课型实施。

1. 学科绪论课

学科绪论课即学科的起始课，介绍学科的内容及学习目的、意义和方法，对这门学科的学习有着特殊的作用。学科绪论课是师生间的"教"与"学"

相互接触的开端，也是学科新的学习阶段的开端，具有"激发学习兴趣""展示学科特色""做好阶段衔接""介绍学习策略""提出规范要求""沟通师生情感"等多元功能。其中不论是学科的介绍还是学法的指导等，都与学生未来的职业选择和发展方向有着密切关系。

高中思想政治课能够帮助学生塑造道德观念和法治意识，让学生充分了解国情世情，加深对中国特色社会主义的理解，以辩证的思维和眼光去看待生活。教师在学科绪论课上，要通过模块内容的介绍、学习方法的指导，让学生了解学科特点；还要在其中渗透学科价值、学科核心素养以及学科关联的专业、职业，让学生更好地认同学科学习的价值，激发学生的内在学习动力。

2. 模拟体验课

在思想政治课渗透生涯教育中，可以找到很多融合点，如榜样人物、学科专业、学科价值等，但真正的生涯融合不是仅仅让学生了解学科、了解职业，而是教会学生学科、专业、职业所需要具备的能力和素养，以及将来走向社会所需要具备的社会适应能力和策略。这些都不是说教能够解决的。可以通过模拟体验，如"模拟政协""模拟联合国""模拟招聘会""模拟听证会""模拟法庭"等，可以通过实践活动，如"走进居委会""走进企业""走进养老院"等，也可以通过角色扮演，如"居委会主任""外交部新闻发言人""法官""企业经营者"等，在知识学习的同时创设生涯教育情境，让学生通过角色扮演、模拟活动更好地了解相关职业内容，接触到更多的社会信息，在提高学生运用所学知识分析问题、解决问题能力的同时，提高学生的自我认知能力，使其更加了解自我、了解社会，为学生的生涯决策提供支持，为学生的终身发展奠基。

3. 主题探究课

主题探究课以主题为统领，通过任务和问题的设计，培养学生的能力、品格与观念，使学习真正地发生。主题探究课一个重要的要求就是把课程与真实世界的做事、做人建立联系，把学生的目光引入生活世界，在与学生生活实际的视域融合的同时，赋予教育更多的现实意义和生涯意味。学生通过倾听、感受、思考、体证，可以消化、吸收各种教育影响，分享、感悟、建构自我内在的精神世界，收获积极态度，学会分析和选择、自主学习、信息收集、环境探索、责任担当等生涯教育的核心素养。

如在"国际关系"的主题探究课中，教师设置了"中国的朋友圈"活动，将学生分成不同的组，代表相应国家模拟国际交往，举行外交部记者会。中国组发布自己的朋友圈，其他国家组可以对关切问题进行提问，中国组答记者问。以模拟活动和问题串联的形式，引导学生感受和思考错综复杂的国际关系，并根据历史、思想政治、地理学科的知识作出科学的解释、正确的判断和合理的选择。该主题探究课的生涯渗透点定位在：通过活动与实例分析，帮助学生在感受国际关系的复杂多变中学会科学分析，拓展国际视野，把握发展机遇，应对各种挑战；同时引导学生理解自我与社会的联系，使学生明晰责任、敢于担当，培养学生的理想信念与家国情怀。这既是思想政治学科核心素养的要求，也是学生在进行生涯选择时所应具备的基本素养。

此外，还可以通过教学让学生对相关专业有初步、前置的了解。国际关系应该说是一个集历史、时政、理论乃至新闻于一体的学科，分析思辨是它的内核，可以给学生更开阔的全球视野，同时也可以给学生不一样的天下情怀、包容之心和理性思考。例如，在课堂中融入中美关系史、中美贸易摩擦、国际关系的基本理论等相关元素，能够让学生透过一节课初窥一个专业，为学生打开一扇大门。

高中思想政治融合生涯教育是大势所趋，也是现实需要。而且因为高中思想政治课"落实立德树人根本任务的关键课程"这一重要特点，其德育课程的性质更加凸显，也恰恰成就了融入生涯指导的应然性和必要性。但道与德的有机统一方能彰显课程本质和价值，加强学生的学习方法指导，让学生更好地掌握学科思维，方能回归和落位于学科本质。总之，不是为了融入而融入，而是要让融入水到渠成，真正指向理解学科价值，助力学生成长。

第六节　历史教学融合生涯教育的研究综述

高中历史教学与生涯教育相融合，彰显了历史学科的社会价值和人文关怀，实现了学科教学由知识本位向育人本位转变的根本要求，成为新高考改革的迫切需求。本节对国内外学者在高中历史教学与生涯教育相融合领域的研究成果进行了梳理，分析如何在二者融合下促进历史学科课程资源的开发和利用，拓展学科教学的宽度；如何在历史学习中帮助学生认识自我、定位自我和提高自我。研究认为，高中历史教学与生涯教育相融合，是顺应课程改革和教育理念更新的趋势，能够培养时代和社会发展需要的人才。

一、高中历史教学与生涯规划教育相融合的现实需求

高考综合改革中，打破文理科界限的选考模式凸显出生涯规划教育的重要地位，教育部相关文件提出"要加强学生生涯规划指导"，要求学生"正确认识自我，具有一定的生涯规划能力"。但仅凭学校开设几节生涯规划课程是无法满足社会、家庭和学生需求的，探讨学科教学与生涯规划教育相融合将成为高中学校教育教学的新热点。

一般学校以开设专门的职业生涯指导课、专题讲座、生涯教育系列班会，或以参观企业、选科指导和高三的志愿填报等形式开展生涯规划教育。以学科渗透的形式开展的生涯规划教育，在心理健康课、思想政治课中涉及较多，其他学科较少。而历史学科作为内涵丰富、与现实生活联系密切的人文学科，其育人价值往往被忽略。鉴于此，本节尝试梳理历史学科教育与生涯规划教育相融合的课堂，这样的课堂一方面促进了学科教学手段和教学内容的更新，另一方面拓展了生涯规划教育的途径，有利于学生的全面成长。

二、高中历史教学与生涯规划教育相融合的研究现状

2010—2020年，我国生涯规划教育研究相关文献达3001篇，不过多限于理论研究。在知网检索"学科"合并"生涯"，仅有199篇，总占比仅6.6%；同时搜索"高中历史教学"与"生涯规划教育"两个关键词，实践性研究文献更是少之又少。教学策略也多处于"偶尔渗透、部分体现"生涯规划教育知识或理念的表层，缺乏科学系统性、实践探究性。学科教学与生涯规划教育融合的课程体系尚未真正建立起来。

(一)历史教学与生涯规划教育融合背景

生涯规划教育在不同时期、不同国家曾分别被称为"职业指导""生涯辅导""生涯规划指导"或"生涯发展教育",经历了从最初帮助受指导者"找一个好的工作"到"引导学生过一个好的人生"的转变。从生涯规划教育的国际发展趋势来看,高中生涯规划教育的目标不仅是培养学生的学科选择能力与职业规划能力,而是在"对个体的生命历程也有宽广而深远的透视"的基础上,教给学生适应未来社会发展所需要的关键知识、技能与态度,使之在人生的任何阶段都能主动、智慧、持久地适应社会,实现自我发展与终身发展。

《普通高中历史课程标准(2017 年版 2020 年修订)》的"学科核心素养"部分也提出,通过历史学科的学习,逐步形成正确价值观、必备品格和关键能力,通过诸素养的培育,达到立德树人的要求。[1]

理论上讲,每一门学科、每一门课程都具有生涯规划教育的价值与功能,从现代生涯规划教育的视角看,传统上被看作为进入大学作准备的语言、数学、科学课程内容,在新的社会形势下却包含了职业准备和国际竞争的长远含义。当然,这绝不是向传统教学内容的简单回归,而是针对新的要求所承担的新使命,顺应经济和科技的发展要求。[2] 将生涯规划教育融入各学科课程之中是教育发展的趋势与必然要求,但在实际教学中如何凸显学科教学融合生涯规划教育的价值,尚处于探索阶段,也没有形成一个成熟的操作范式供参考。

(二)历史教学与生涯规划教育融合实践

1. 深挖历史教材资源,帮助学生完成自我认知和职业认同

(1)从历史人物所处时代背景分析来挖掘

王波的研究认为,历史学科是与"人"有关的学科,而历史人物涉及古今中外不同时空,跨越政治、经济、思想文化、科技等不同领域。这些历史人物有些处在相同时代而选择方向不同,有些处在不同时代而选择方向相同。

---

① 中华人民共和国教育部:《普通高中历史课程标准(2017 年版 2020 年修订)》,北京,人民教育出版社,2020。

② 阎凤桥:《高中教育定位有哪些准则》,载《中国教育报》,2012-04-20。

但他们都有自己的职业身份，能够为学生在个人特征(性格、兴趣、能力、价值观)与职业的关联上提供参照，因为他们对职业的选择与当时的时代、环境密切相连，甚至可以推动时代的发展。① 吴迪则引导学生书写"我与时代"，从个人的小家庭历史出发，将个人境遇融入时代背景，引导学生在大时代下书写和创造人生，也是一次不错的尝试。②

(2)从历史人物的嘉言懿行中挖掘

江子磐的研究认为，历史人物是重要的课程资源，教师可以把这些历史杰出人物作为生涯规划教育的课程资源，引导学生从这些人物的嘉言懿行中汲取历史智慧和人生经验，客观理性地认识、评价自己，增强历史使命感和社会责任感，从而确立积极进取的人生态度和人生选择。③

2. 精心设计历史课堂，培育学生家国情怀，唤醒其责任与担当

在生涯规划教育中，引导学生选择很容易，教会学生坚持也不难，难在帮助学生寻找选择的归宿，即思考生命的价值所在。故高中生涯规划教育更重要的是使学生实现自我发展与终身发展，而这种发展有助于学生确立积极的人生态度、主动作出正确的人生选择。

历史是一门探究人类社会发展规律的学科，具有较强的人文属性和社会属性。这一特点与生涯规划教育正好相辅相成。通过学习历史，帮助学生认识社会发展规律，以传承人类文明、提升人文素质，是高中历史教学的重要任务。人类和社会发展的历史蕴含着丰富的人文教育素材，在学习人类社会发展历史和发展规律的基础上，引导学生关注国家和历史命运、关注世界发展，能够帮助学生掌握生涯规划的相关信息，思考个人、社会与国家之间的关系，培养责任担当意识和家国情怀。

(1)创设历史学科主题活动，帮助学生认识自我

历史素养是"通过日常教化和自我积累而获得的历史知识、能力、意识

---

① 王波：《高中历史教学与生涯规划教育相融合的实践探索》，载《中小学心理健康教育》，2020(3)。

② 吴迪：《历史教学与生涯教育融合初探》，载《中学历史教学》，2019(3)。

③ 江子磐：《生涯规划教育离不开学科阵地——以高中历史学科为例》，载《基础教育课程》，2019(13)。

以及情感价值观的有机构成与综合反映"①。因此，创设各种主题活动，挖掘历史教材中的历史人物等教学资源并提供平台，有利于达成"立德树人"目标，实现历史课堂的延伸。

高中历史教材中有很多杰出的历史人物，他们在一定程度上是社会发展的推动者，是社会文明的缔造者，更是当下的青少年学习的模范和榜样。历史教师要善于挖掘这样的教学资源，引导学生学习杰出历史人物的人生品格，从他们身上汲取精神力量，同时丰富学生的生涯规划知识，提升学生对于自己人生规划的能力。例如，张謇是中国近代实业家、教育家，他一生创办了20多个企业，370多所学校，为中国近代民族工业的兴起和教育事业的发展作出了宝贵贡献，被称为状元实业家。他的故事可以作为生涯规划教育的典型案例。教师可以根据当时甲午战败、列强掀起瓜分中国的狂潮的时代环境下的实业救国的企业家群像，突出张謇弃官从商、实业救国的重大抉择，引导学生理解时代为个人的成功提供了背景机会，个人也必须抓住机会，并且个人成功也推动时代进步，教育学生将自身发展与社会发展相结合，顺应时代潮流，通过自身的职业选择为国家和社会作出更大贡献。

（2）开展历史实践体验活动，深化学生对生涯教育的认知

历史实践体验活动的展开形式包括问题探索、情境表演、历史重现、诗歌朗诵等，还可以开设历史学科相关校本课程，只要是历史课堂出现的人物，都可以将内容细化，将事件延展，探索历史人物的内心独白，这样的实践体验活动不仅将学生带入了历史，更是将历史人物的精神和思想带进了学生的思维。以选择性必修二"经济与社会生活"的学习为例，可以采用对分课堂教学法，将全班分成五个小组（衣、食、住、行、医），每个小组选择一项内容开展调查，了解这些行业的发展历史及发展前景，在实践活动过程中自评、互评。通过小组合作与竞争模式，学生既体验到了同伴互助的重要性，也明白了竞争的现实性，更重要的是对这些行业有了进一步的了解，从而帮助学生正确认识自己，了解职业，为未来奠基。

笔者所在学校由于生源基础限制，通过普通高考考上本科的学生是少

---

① 吴伟：《历史学科能力与历史素养》，载《历史教学》，2012(21)。

数。针对这一校情，教师鼓励学生另辟蹊径——走"人文见长，分类培养，多元发展"的特色发展路径。在历史教学中，可以利用三本选择性必修历史教材，通过哲学艺术、科学技术内容的教学，培养学生对音乐、美术、书法、体育的兴趣，了解这些方向今后可能从事的行业，进而选择适合自己的职业。

三、问题与展望

(一)教师转变观念，有意识地融入生涯教育

部分学生喜欢历史却不喜欢历史学科，其原因就在于我们的一些历史课堂只限于传授"知识性"历史，脱离了学生生活实际，大大降低了学生的学习兴趣。所以在历史教学中，教师要明确认识到生涯教育不仅仅是心理教师的职责，同时也是自己的职责，教学中不能只传授学科知识，而要把教会学生生存、促进学生发展作为自己的教育目标。教师只有转变观念，才可能在日常教学中有意识地融入生涯教育，挖掘生涯教育素材，激发学生的职业兴趣，帮助学生树立生涯规划意识，为未来人生奠基。

(二)教师提升能力，有规划地指导生涯教育

从目前大多数学校的实践来看，生涯规划指导教师多由班主任或心理辅导教师兼任，学科教师并没有投入生涯规划指导教师的队伍中。不过，不少学校已经成功实验"导师制"，全面关注学生的思想、心理、生活等方面，做学生的知心人，为学生解疑释惑，"促使不同层次的学生在理想信念、学业发展、生涯规划和心理健康等方面都得到不同程度的发展"[1]。部分地区要求所有的高中教师都要作为学生的职业发展导师，不管是班主任还是任课教师，都被赋予一定的责任指导若干名学生，指导他们怎么发现自己的特长、兴趣和爱好，培育学生的兴趣，帮助和指导他们怎么去选择。[2]

因此，注重培养每一名学科教师的生涯规划指导能力成为高中教师培训

---

[1] 徐斌忠：《七宝中学学生有了 137 名成长导师——将在学业发展、生涯规划、心理健康方面做引航人》，载《新闻晨报》，2014-09-26。

[2] 贾丽莉、冷默：《推行走班制：新高考倡导学生学会选择》，载《新闻晨报》，2014-11-11。

的新课题。比如，教师需要具备哪些知识、技能、方法才能胜任对学生的生涯规划指导，尤其是学科教师如何在教学中适时地对学生进行恰当的指导等问题。

综上所述，历史学科与生涯规划教育的融合不仅能够体现历史学科的社会价值和人文关怀，有助于历史学科课程资源的开发和利用，拓展学科教学的空间，而且有助于学生在学科学习过程中认识自我、定位自我和提高自我，逐渐成长为适应时代发展和社会需要的人才。目前，我国高中生涯规划教育与历史教学融合的实践仍处于实验和探索阶段，需要更多的历史教育工作者行动起来。

第七节　地理教学融合生涯教育的探究

随着经济的发展，科技和人才的重要性不言而喻，国家也出台了相关政策，明确要求教师在教学过程中，唤醒学生职业规划意识，让学生自主探索并进行职业生涯规划，所以开展职业生涯教育势在必行。现阶段，很多学校已经将生涯教育融入各学科中，形成了自己学校的特色。学科教学成为开展生涯教育最重要的资源，而地理学科在其中也承担了重要的作用。

地理学科是自然与人文的交叉学科，具有综合性和区域性等特点。地理学科所教授的内容和生活息息相关，学生对地理也有相当强的好奇心和探索欲。地理的学科属性决定了它在融合职业生涯教育中有着得天独厚的优势。同时，地理课堂多元化的教学方式也为生涯教育提供了多样、有效的融合路径。本节旨在探究在地理教学中融入生涯教育规划的意义和策略。

一、地理教学中融入生涯教育的意义

(一)明确目标，立德树人

党的十八大报告将"立德树人"确立为教育的根本任务。高中地理课程的总目标是通过地理学科核心素养的培养，从地理教育的角度落实立德树人根本任务。学生是教学活动的主体，要想落实"立德树人"，就必须坚持以学生为中心。而生涯教育充分体现了以人为本的教育理念，它是学生从学校走向社会现实的桥梁，关系着学生未来的发展。因此地理学科要融合生涯教育，切实将地理学科核心素养的培养贯穿在地理课程的设计和实施中，要密切联系学生的生活经验，让学生在自然和社会的大课堂中学习对其终身发展有用的地理知识与技能。

(二)了然于胸，自主选择

现在的高考模式给学生提供了广阔的选择空间，然而学生由于对学科特点、专业以及未来的职业不够了解，因而可能出现选择困难甚至选择失误的情况。这是因为目前基础教育阶段基本上没有专门的职业生涯规划课程，学科课堂上也几乎没有涉及与生涯教育的融合。因此，在地理教学中，地理教师渗透生涯教育可有效弥补专门的职业生涯教育在中学阶段的缺失。

(三)拓展深化，凸显内涵

学科的教学目标不只是在于向学生传授知识，更重要的是使学生在学习过程中了解社会的发展趋势，将个人发展与国家发展结合起来。将地理学科和生涯教育联系起来可以激发学生学习地理的动机与兴趣，有利于学生构建和巩固地理知识体系。地理学科关注人类与环境的协调发展，通过地理核心素养的培养，还可以使学生具备家国情怀和世界眼光，学会关注地方、国家和全球的地理问题及可持续发展问题。

二、地理教学中融入生涯教育的策略

(一)教学做合一

在现实生活中，和地理学科相关的职业有很多，涉及旅游、公园、环境、地质、交通、制图、信息采集、地理规划、教育等多个领域。教师若要将这些与职业相关的内容融入地理教学中，最直接的方式就是在地理教学知识中找到与职业生涯相关的内容并实施教学。但需注意的是，职业生涯教育出现在地理课堂上并不是生搬硬套，而是以一种隐性的方式潜移默化。教师在教授地理知识的同时，可引入与此相关的地理职业知识并强调对学生未来发展的重要性，激发高中生的兴趣，让学生主动地探索职业，再由教师引导他们制订生涯规划，并形成相关的地理学科素养。

结合"教学做合一"理念，教师可以以学生为中心，引导他们自主地了解相关的地理职业。比如，在第一节地理课上，教师可以在引导学生梳理教材框架的同时，建立起地理学习内容与相关职业的联系，让学生选择自己感兴趣的职业，然后课下通过多种途径搜集相关的职业信息。最后，学生在课堂上展示自己搜集并整理的资料。这样，地理学科教师就可以根据学生不同的个性特点及其对地理学科不同方面展现出来的兴趣特点，指导学生作出不同的职业生涯规划，并以此作为突破点，探究如何将生涯教育融入地理学科中。

(二)生活即教育

地理是一门与生活密切相关的学科，课堂上的设计尤为重要。教师可以融入"生活即教育"的理念，结合教学中的内容，设计生活情境，把学生带入情境中。再与地理相关职业的内容相联系，引导学生思考地理相关职业与自身的契合度，完成对地理学科职业生涯的初步探索与选择。以"区域工业化与城市化"为例，可以将珠江三角洲的工业分布图、人口统计表、交通枢纽图、资源分布图以及周边区域的资源图提供给学生，让学生分别扮演居民、工厂厂长、政府工作人员、环境保护协会专员等，以他们各自的立场分别考虑珠江三角洲区域该如何规划。如果在课堂上为学生提供了这样的情境，他们就会深刻地体会到不同的职业需要面临不同的任务与责任，同时组员之间的交流也会产生思维的碰撞，学生对自己在团队合作中扮演的角色有了初步的认识，对自己擅长和欠缺的方面也有了一定的了解，在未来的生活中就可以强化训练，取长补短，逐步找到目标并为之努力。如果再细分，可以将创建的企业类型、内容、资金等资料提供给学生，放手让学生在这片区域上设计自己的城市蓝图，这样就引出了"城乡规划师"这一职业。教师在学生自由发挥作好规划后，再进行评价，学生就可以充分体验"城乡规划师"这一职业，体会到这个职业对人民生产生活、城市发展建设的影响。

通过在教学中的角色扮演、情境设计，可以激发学生对地理学习的兴趣，这也是地理教学融合生涯教育的有效方式。

(三)社会即学校

实践是落实生涯教育不可缺少的环节，也是学生生涯教育最好的课堂。学生如果一直处在学校这所象牙塔里，他们就依旧对职业没有足够的认识。

只有走出去了解不同岗位对人才素质的要求，认识自己能力与真实社会之间的差距，才会领悟到生活与各行各业工作的艰苦不易和丰富多彩。比如可以直接带领学生去到环保局、气象局、城市规划局等与地理学科相关的单位进行参观甚至职业体验。这样，学生就能把理论与实践结合起来，实现对知识的深度理解，获得职业体验，意识到学习相关地理知识对今后职业发展的重要性，形成正确的人生观与价值观。

实际上，地理学科的核心素养本身就与学生的生涯发展密切相关。当然，在实际教学中，地理学科核心素养的培育常常是显性的，而生涯教育往往是需要把握住教育时机的。每一次学科核心素养培育的机会，都是开展生涯教育的机会，这就是融合的核心意义所在。

总之，生涯教育在我国还处于探索阶段，可无论是从对学生眼前的高考还是对他们未来的发展来看，都要求尽早在中学阶段开展职业生涯规划教育，地理学科的独特学科属性也使地理教学在生涯教育中扮演着不可或缺的角色。因此，地理学科教学中要充分渗透生涯教育，培育祖国发展需要的人才。

第八节　物理教学融合生涯教育的方法探讨①

生涯教育作为一种综合性的教育计划，具有连续性和系统性的特点，生涯教育目标的达成需要一个系统的实施体系。高中的生涯教育主要通过四个途径实现，分别是独立的生涯课程、生涯—学科融合课程、生涯指导与生涯实践活动。生涯教育与物理教育融合是实施体系的一个必备部分。

一、学生物理选科调查结果分析和存在的问题

北京实施新高考选科后，笔者所在中学在高一年级开设了生涯教育课程。课程开设两个月之后，学校组织了一次预选，在 381 名高考班的学生

---

① 张成斌：《在新高考背景下物理教学渗透生涯教育的方法探讨》，见上海市学生事务中心：《生涯发展教育研究》第 16 卷，上海，上海交通大学出版社，2019。

中，311 人选择了物理学科。为了进一步了解学生选科背后的原因，我们进行了问卷调查。

(一)对学生物理选科方面的调查内容和结果

第一组调查问卷是针对选择了物理的学生，提出的问题是"选择物理的原因是什么?"结果如下：

A. 我已经明确了自己将来的专业方向，它们对物理学科有明确的要求。(19.4%的人选择)

B. 我没有确定我将来的专业走向，但是我知道选择物理以后，可选择的专业的范围会比较大。(64.2%的人选择)

C. 我一直以来都对物理这门学科有非常浓厚的兴趣。(24.1%的人选择)

D. 我现在的物理成绩非常好，考试的分数高。(9.4%的人选择)

E. 我对任何学科的兴趣程度都差不多，只是我放弃的另外几门学科我更不想选。(26.2%的人选择)

F. 我参考了父母的意见。(24.2%的人选择)

G. 我是因为老师的因素选择了物理。(19.1%的人选择)

H. 我周围很多同学都选择了物理，不选会失去学习的伙伴。(6.4%的人选择)

I. 我到现在为止还举棋不定，先选上再说。(8.0%的人选择)

第二组调查问卷是针对未选物理的学生，提出的问题是"我没有选择物理的原因是什么?"结果如下：

A. 我已经明确了我将来的专业或职业方向，它们和物理学科没有关系。(42.2%的人选择)

B. 我一直以来都对物理这门学科没有兴趣。(38.8%的人选择)

C. 这门学科对我来说实在是太难了，我的成绩一直比较差。(72.5%的人选择)

D. 我对物理学科不排斥，但是我更喜欢我选的其他三门学科。(52.1%的人选择)

E. 我参考了父母的意见。(9.4%的人选择)

F. 我是因为老师的因素放弃了物理。（7.4%的人选择）

G. 我对学好物理没有信心，不想把有限的时间用在没有把握的事情上。（82.5%的人选择）

H. 我到现在为止还举棋不定，先弃了再说。（9.1%的人选择）

（二）调查数据分析

第一组的调查结果分析：选择了B选项的学生占64.2%，说明在高一阶段，虽然经过生涯课上关于专业和职业的介绍，但是很多学生并没有明确自己可能选择的专业和职业方向，只是出于选择了物理之后，将来会有90%的专业可以选择，所以选择了物理。第二组的调查结果分析：不少学生并不把高一阶段的物理成绩作为选择物理的重要依据。另外一个值得注意的问题是，两组均有近10%的学生仍然处于举棋不定的状态。

在后续的访谈中，我们发现高一学生主要存在以下三个问题：第一，选科出发点随意，不了解物理学科的内涵。第二，学习目标不明确，对学科对应的专业、职业和未来发展不了解，不知道物理学科的学科价值及其对社会发展的重大作用，而简单地理解为会做题就可以了。第三，学习过程中有畏难情绪，没有信心，效能感不强。上述问题的存在，使得学生在学习物理时缺乏内在动力。内在动力对于学生学习物理的影响非常大，它是一种强有力的驱动力，内在动力越强，学生的学习积极性也就越高，对物理问题的探讨和实验探究更加充满热情，遇到困难时就可以做到迎难而上。通过学习和研究发现，物理教学中融合生涯教育是提升内在动力，解决上述问题的好方法。

二、物理学科融合生涯教育的必要性

（一）使学生更加深入地了解学科和相关专业、职业的关联，确定生涯目标

调查发现，学生普遍渴望了解与学科相关的更多、更深入的专业和职业信息。生涯教师可以帮助学生构建学职群的轮廓以及学会用何种途径查找资料等[1]，但学科教师对本专业和相关职业的理解更有深度，在准确地把握本

---

① 徐国民、杜淑贤、钱静峰：《中小学生涯教育理论与实务》，上海，上海交通大学出版社，2017。

学科的未来发展方向和内涵方面更有优势。例如，在物理课讲到传感器、半导体、自动控制电路、微观统计知识时渗透 2019 年全国 96 所高校新增本科专业"智能科学与技术"、35 所高校增加"人工智能"专业、101 所高校设置"机器人工程"专业，另外近些年新增的专业还有"数据科学与大数据技术"和"大数据管理与应用"等信息。这些信息会对未来的学生的选择有所帮助。

(二)凸显学科的真正内涵以及对社会和未来的价值

学科教学不仅仅是知识教学，还要使学生了解国家的发展方向和趋势，树立为国家发展贡献力量的远大理想，将个人发展与国家发展结合起来。据《普通高校本科招生专业选考科目要求指引（通用版）》，多数专业类必考物理，这与国家科技强国的需求密切相关。例如，在物理教学中，讲授电学、磁学、卫星发射与接收、能源和能量守恒等知识时，可以渗透以下产业发展信息：中国教育研究院的研究表明，未来 10 年，从技术和产业发展的角度来说，我国将大力发展 6 大领域——生物技术、信息技术、新材料技术、新能源技术、空间技术、海洋技术。通过这种教学内容重新设计，可以生成教书育人的新视角。

(三)可以解决学时和课程资源相对不足的问题

高中的课程压力是很大的，独立进行生涯教育的时间和空间都非常有限。高一年级一入学就要面对语数外、理化生、史地政、信息技术这十门课，满满的课表很难挤出充足的课时专门用于生涯规划教育。现阶段的生涯规划课只能满足生涯唤醒和准备、自我认知以及学职群的初步探索，这还远远不够。物理学科融合生涯教育能够在一定程度上解决以上问题。

三、物理学科融合生涯教育的目标

(一)通过生涯教育提升物理学科核心素养

《普通高中物理课程标准（2017 年版 2020 年修订）》将物理课程目标中的具体目标（三维目标）深化为"物理核心素养"，它包含"物理观念""科学思维""科学探究""科学态度与责任"四个方面，物理核心素养的部分内涵和生涯教育紧密相关。例如，"物理观念"中的解决实际问题；"科学思维"中的基于证据大胆质疑，从不同角度思考问题，追求科技创新；"科学探究"中的使用各种科技手段和方法收集信息、合作与交流的意愿和能力;"科学态度与责任"中的具有学习和研究物理的好奇心与求知欲,理解科学·技术·社会·环境关系,对科学和技术应有的正确态度以及责任感。

(二)通过在物理教学中融入生涯教育,提升学生生涯核心素养

通过在物理教学中融入生涯教育,可以帮助学生了解物理知识与生涯选择及发展之间的关系,促进学生的生涯发展与成熟,使学生了解到物理学科与未来升学、职业发展、梦想实现等方面的联系,有助于促使学生积极追求生涯目标,主动培养相应知识和技能,唤醒生涯意识,提高生涯核心素养。物理学科是一门实验学科,学生通过动手实践,可以提升寻找解决问题的能力、与他人沟通合作的能力、主动寻求资源的能力,了解自己所长,作好生涯准备。

四、生涯—学科融合的视角和基本原则

(一)融合视角

1. 生涯选择视角

生涯选择视角包括帮助学生了解物理最典型的专业和职业,自己的兴趣、性格和潜能是否适合相关职业的要求等。

以应用物理学专业为例。目前,我国很多高校提出建设一流的综合性大学,在这种背景之下,很多高校恢复了应用物理学专业。一大批理工结合的人才从应用物理学专业中涌现出来,近 10 年来应用物理学专业又大力加强了电子技术和计算机技术方面的基础研究,如现在我国的北京大学物理系、中国科学技术大学的应用物理学专业、上海交通大学应用物理系、西安交通大学理学院的应用物理专业、北京科技大学应用物理学专业、中国科学院物理研究所等。主要研究的课题包括核技术,宇航技术,固体物理,凝聚态物理,声、光、电学的基础开发和应用等。

应用物理学专业的毕业生主要在物理学或相关的科学技术领域中从事科研、教学、技术开发和相关的管理工作。科研工作包括物理前沿问题的研究和应用,技术开发工作包括研制新特性物理应用材料如半导体等,研制应用仪器如医学仪器、生物仪器、科研仪器等。应用物理学专业的就业范围涵盖了整个物理和工程领域,融物理理论和实践于一体,并与多门学科相互融

合。应用物理学专业的学生如果具有扎实的物理理论的功底和应用方面的经验，就能够在很多工程技术领域成为专家。就人才需求方面而言，我国应用物理学专业的人才仍旧是供不应求，就业前景非常好。

2.生涯意义视角

生涯意义视角包括物理学科对个人、社会的价值，结合国家需求和科学发展探究物理学科可以发挥的作用等。

例如，通过物理学科的学习，学生可以更加深刻地了解到科技革命总是能够深刻改变世界发展格局。16、17世纪的科学革命标志着人类知识增长的重大转折。18世纪出现了蒸汽机等重大发明，成就了第一次工业革命，开启了人类社会现代化历程。19世纪，科学技术突飞猛进，催生了由机械化转向电气化的第二次工业革命。20世纪前期，量子论、相对论的诞生形成了第三次科技革命，继而发生了信息科学、生命科学变革，基于新科学知识的重大技术突破层出不穷，引发了以航空、电子技术、核能、航天、计算机、互联网等为里程碑的技术革命，极大提高了人类认识自然、利用自然的能力和社会生产力水平。一些国家抓住科技革命的难得机遇，经济实力、科技实力、国防实力迅速增强，综合国力快速提升。

我国已经建成惠及十几亿人口的更高水平的小康社会，进入了创新型国家行列，我们的发展目标是到2030年时使我国进入创新型国家前列，到新中国成立100年时使我国成为世界科技强国。到了那个时候，现在的学生正是中国的中流砥柱，国家的发展的重任是落在他们身上的。

3.生涯素养视角

生涯素养视角包括物理学科所对应的职业素养是什么，如何提升这些方面的职业素养等。

职业素养是指职业内在的规范和要求，是在职业过程中表现出来的综合品质，包含职业道德、职业技能、职业行为、职业作风和职业意识等方面。就物理而言，在中学阶段以提升物理核心素养为主要方向。例如，核心素养中的"科学思维"是一个重要的维度，物理学科的科学思维能力是强调透过现象看本质，在知识表象中探寻出知识的发展规律、知识之间的关系、物理原理等各项内容。平时的物理教学中注重利用"构建物理模型、推理物理模型、质疑物理结论"等诸多手段，能够引导学生了解并且揭示出不同规律之间的内在联系，从多个层次清晰地对物理现象进行推理和分析，进而使学生学会自主思考、自主解决问题。这样，不仅能让学生在现阶段不会总觉得物理很难，还能为其将来的终身学习和发展打下基础。

4. 生涯信念视角

生涯信念视角包括物理学科发展的艰难历程、榜样人物的生涯故事，以及在物理学科的未来发展趋势中如何培养自己的乐观、坚毅、抗挫折、开放的品格等。

例如，很多中国物理学家在进行生涯选择时都是把祖国的发展放在第一位的，我们可以让学生们了解他们的生涯故事。在学习"牛顿力学"时可以让学生了解土木工程学家茅以升，他 30 余年来积极倡导力学学科在工程中应用，主持修建了中国人自己设计并建造的第一座现代化大型桥梁；在学习"光和光谱分析"时可以让学生了解中国光学研究的奠基人严济慈，他克服重重困难，在压电晶体学、光谱学、应用光学等方面作出重要贡献；在学习"电磁波"时可以让学生了解南仁东的故事，他坚持自主创新，历时 22 年实现了中国拥有世界一流水平的 500 米口径球面射电望远镜（FAST）的梦想，推动了经济发展和社会进步，爱国情怀、科学精神和勇于担当让他堪称时代楷模；在讲解"原子和原子核"时候可以让学生了解钱学森、邓稼先等科学家，他们放弃国外优厚条件，毅然决然地投入中国两弹一星的研制，为中国核武器、原子武器的研发奉献一生；等等。

(二)基本原则

辅助性原则。由于高一阶段物理学科本身的知识内容比较多，课时也比较紧张，所以应将生涯教育以专栏或活动形式镶嵌在学科教材和教学过程中，不能占用太多的时间。

多样性原则。物理学科融合生涯教育的内容可以包括生涯人物故事，职业人物访谈，物理学科相关的专业、职业信息介绍等生涯信息，形式应多样化，采用学生感兴趣、易于理解的方式切入。

系统性原则。物理教育和生涯教育应是一个教育系统，在进行生涯融合时要加强研究、整体规划，不能割裂开而进行碎片式渗透。

五、物理学科融合生涯教育的具体实施方法

物理学科与生涯教育的融合，要科学规划、有步骤地实施。可以从下面三个步骤进行。

第一步，以教材为载体，挖掘知识点中的生涯融合素材，确定融入的生涯内容。生涯融合素材包含职业、行业、专业、人物、生活应用、科技前沿、时事热点等方面。以人民教育出版社教材为例，其很多章节的知识点都包含生涯教育的入口和素材，如人教版普通高中物理教科书必修第一册（表 3-3）：

表 3-3　物理教科书必修第一册中的生涯融合点

教材章节	物理知识点	专业和职业	科技前沿
第一章 运动的描述	1. 平均速度、瞬时速度和加速度 2. 实验：借助传感器与计算机测速度	1. 交通运输 2. 物流管理 3. 城市道路规划 4. 高速运输工程 5. 铁路设计 6. 自动控制 7. 信息与计算科学	1. 全球导航卫星系统（GNSS） 2. 遥感和光感技术
第二章 匀变速直线运动的研究	1. 匀变速直线运动速度和时间关系 2. 匀变速直线运动位移和时间关系	1. 交通运输 2. 港口航道与海岸工程 3. 桥梁工程	1. 动车、磁悬浮列车，C919飞机 2. 探月工程 3. 载人飞船 4. ETC收费通道
第三章 相互作用——力	1. 力的合成和分解 2. 牛顿第三定律 3. 力的平衡	1. 土木工程 2. 力学专业 3. 汽车工程 4. 航天工程 5. 桥梁工程	1. 航天器返回舱流线型设计 2. 港珠澳大桥设计
第四章 运动和力的关系	1. 牛顿第一定律 2. 牛顿第二定律 3. 超重和失重	1. 导弹工程 2. 建筑学 3. 材料工程 4. 交通运输专业 5. 机械制造	1. 天宫一号太空授课系列质量测定等实验 2. 原子钟 3. 天宫二号水球实验 4. 火箭发射

第二步，结合知识内涵和物理教学的特点，确定适合的融合形式，明确设计意图，将物理和生涯教育进行深度融合。课堂的教学形式包括课堂讲解、课堂讨论、展示报告、视频播放、角色体验、课后作业、课后思考和扩展阅读等。[1] 例如，在讲到共点力平衡的时候可以引入材料力学这个专业，带领学生讨论各种力学模型的原理，观看《超级工程——港珠澳大桥》的视频节选，通过布置作业的方式让学生了解材料研究的重要性，带领学生外出考察空调支架的力学构建，课外查阅材料力学这个专业的内涵以及未来的职业走向，推荐通俗易懂的材料学科普书籍，等等。融合的形式可以是多种多样的，所谓深度融合指的是教学目标、教学内容、教学过程和教学评价的全方位融合。一节好的生涯融合课也必须是一节好的物理课。

第三步，进一步丰富物理学科融合生涯教育的方式，如邀请航天专家进行科学讲座，请从事科技研究的家长到校园为学生讲解职业需求，以及利用学校科技小组、翱翔计划、走进大学等方式，让学生走出校园，打造全方位的立体生涯和物理融合的体系。

总之，现阶段的物理和生涯的融合还处于初步探索阶段，在后续的实践中还需要不断积累，总结经验教训，逐步修订完善，形成适合本校学生的物理学科融合生涯教育的模式，为学生未来实现人生价值打下良好的基础。

第九节　化学教学融合生涯教育的方法探析

我国普通高中教育是在义务教育基础上进一步提高国民素质，面向大众的基础教育，其任务是促进学生全面而有个性的发展，为学生适应社会生活、高等教育和职业发展作准备，为学生的终身发展奠定基础。普通高中的培养目标是进一步提升学生综合素质，着力发展核心素养，使学生具有理想信念和社会责任感，具有科学文化素养和终身学习能力。[2] 通过终身学习，

---

[1]　韩秀梅：《高中学科教学渗透生涯教育的策略——以物理学科为例》，载《中小学心理健康教育》，2020(2)。

[2]　中华人民共和国教育部：《普通高中化学课程标准(2017年版2020年修订)》，北京，人民教育出版社，2020。

学生能够更好地适应社会发展的基本需求，也能够满足个体自身发展的各项需求，这也是贯穿人一生的持续学习过程。所以在高中阶段需要开设满足学生自身发展的课程——生涯教育。学科教学不仅是知识的教育，也要从学科发展角度不断与生涯教育进行融合，这也是新时代对高中学科教学提出的新要求。其中化学核心素养的提出，为化学教学与生涯规划的融合提供了思想依据。落实化学核心素养，不仅能使教学过程中有情境、有方法，也能为生涯教育的落地提供角度。

在新高考、新课程背景下，积极倡导核心素养教学引领高中化学教学进入了变革阶段，导引的核心是学生的发展。在这场变革下，从生涯发展的角度将化学课程与生涯教育有效融合，并且指向学生的职业能力生成，是有意义的教学选择。[①] 这样的选择不仅实现了教学中学科素养的培养，也让学生能够适应未来的学习和生活。基于上述理念，如何将化学教学、化学核心素养与生涯规划教育融合起来，成为当前的重要课题。在化学教学中尝试生涯教育的融合，即基于化学知识寻找与生涯发展相关的内容，基于化学发展史中的事件理解成功生涯的要素等，是有效的融合途径。通过这些方法可以让学生加深对职业生涯发展的理解，也能促使我们的教学方法不断革新，从而提升学生的化学素养。

一、化学学科融合生涯教育的必要性

在现行的高中学生选科中，很多学生对自己的将来虽有初步定向，但还比较模糊，对自我还缺乏深入了解，其能力也不足以达到作好生涯选择的要求。在教学中利用化学学科中所包含的有关职业方面的知识，一是可以使学生在学习中逐渐形成职业意识，深化对职业的认识，积极学习和发展知识技能以胜任将来的工作；二是可以激发学生学习化学的动机与兴趣，有利于学生构建和巩固化学知识体系。

生涯—学科融合教育一方面有助于凸显学科内涵以及学科对社会的价

---

① 沈晓强：《指向职业能力的生涯发展与课程融合教学反思——以高中化学学科为例》，载《名师在线》，2018(12)。

值，使学科教学不仅仅是知识教学，还能帮助学生了解社会的发展方向和趋势，将个人发展与社会发展结合起来，树立为社会发展贡献力量的远大理想；另一方面有助于学科教师更全面地理解本学科相关专业、职业，更准确地把握本学科的内涵和发展趋势，从而帮助学生构建学科生涯的基本框架，为学生提供查找资料的常用途径和方法，鼓励学生深入探索学科，以及了解学科与相关专业、职业的关联，从而建立起个性化的学科生涯发展地图。

二、化学学科融合生涯教育的策略

(一)基于化学知识寻找职业生涯相关内容并实施教学

生涯教育不是硬插到化学课堂上的，生涯教育更适合以隐性的方式在教学中潜移默化，对学生的教育也应当在适当的时机顺势而为。其中，最直接的方式就是在化学教学知识中寻找与职业生涯相关的内容实施教学。

比如，我们认为高中学生在面临职业选择的时候需要基本的判断力，而这种能力在化学知识的教学中是可以得到有效培养的。以"沉淀溶解平衡原理的应用"这一内容的教学为例，可以发现这一隶属"化学反应原理"的内容中涉及一些具体的实例，如教材对此知识有这样的描述：除去 $CuSO_4$ 溶液中混有的少量铁离子的方法，可以向该溶液中加入适量的 $Cu(OH)_2$，以将溶液的 pH 值调至 $3\sim4$，这个时候铁离子就会转化为氢氧化铁沉淀……根据我们的教学经验，学生在理解这一段内容的含义时，起初是没有什么问题的（这说明学生的新知识在原有知识基础上被同化了），但随后就会生出新的问题：如果溶液的 pH 值在 $3\sim4$ 范围内的话，那这个溶液就是酸性溶液，在这种情境下怎么可能生成氢氧化物并且还是沉淀的呢？对于这个问题的解决需要引导学生进行判断：这里涉及氢氧化铁与氢氧化铜的溶解度问题（前者比后者要小），控制溶液的 pH 值就可以去除铁离子而保留铜离子。当然，如果时间足够，还可以让学生以计算的方式去作进一步的判断。但不论哪一种方式，有一点都很重要，那就是学生思维中的判断与辨别方法的运用。学生有了这种能力，就可以将之迁移到对职业生涯问题的思考中，譬如引导学生讨论："在自己的职业生涯规划中，如何从众多的爱好中选择真正适合自己的爱好以确定职业方向呢？"事实证明，这样的问题常常可以引发学生的深度思考，从而使他们对自己的生涯发展产生理性判断。

（二）基于化学发展史中的事件理解成功生涯的要素

化学是一门自然学科，在化学发展的过程中曾经出现过许多有意义的历史事件，利用这些事件去帮助学生建立对成功生涯的认识，可以让学生更好地理解成功生涯的必备要素，从而真正地让自己的生涯认识指向职业能力。

例如，高中化学中的"阿伏伽德罗常数"的知识就反映了一段化学史。阿伏伽德罗早年获得法学学士及博士学位，成为一名律师，但后来他发现他自己最喜欢的工作并不是律师，于是转向进行化学、物理研究，并当选为科学院院士，被聘为大学的物理学教授。在化学家道尔顿发表原子学说之后，盖-吕萨克提出气体化合体积定律并将自己所做的化学实验的结果与原子学说相对照，然后提出了新的假说，但这个假说与道尔顿的观点完全相悖。在他们争论的同时，阿伏伽德罗进行了深度思考，并基于新建立的分子学说提出了一个常数，这就是后来的"阿伏伽德罗常数"。基于这段历史可以发现，化学上的一个伟大贡献是由律师出身的阿伏伽德罗作出的，这说明基于自己的兴趣与爱好孜孜以求，往往是科学突破的关键。

当下的高中学生职业选择的重要前提，就是弄清自己真正的兴趣点与爱好在哪里，然后进行钻研，才有可能取得很好的职业生涯发展。事实也证明，在化学史的讲授中，学生听讲认真，对教师关于生涯教育的观点也是高度认同的。当然，教师在呈现化学史之后，也可以设置问题让学生去思考，这对学生的思维拓展与生涯发展认知也有很好的促进作用。因为这样的延伸容易让学生进入反思人生的情境中，而反思人生实际上就是他们面向自己的未来、面向职业、面向生涯的机会。

（三）利用化学学科课程知识丰富学生对职业的了解

阐述化学知识在生活和部分职业中的应用，如通过学习人体必需的微量元素，学生会发现药品检验员是一个关系到人类健康的重要职业，而药品检验员需要考取职业资格证书。此外，食品检验员、纤维检验员、水质检验员等都需要具备相关的化学知识并持证上岗。即使是不需要职业资格证的仓库保管员，也应具备一些关于物质化学性质的常识，如农资供应单位的仓库保管员必须知道哪些物质不能混合存放以免失效。

（四）利用参加社会实践和参观企业的机会帮助学生了解各种职业的特性和发展前景

例如，组织学生参观企业，了解不同岗位对人才素质的要求；指导学生对化学领域不同职业的从业者进行访谈，记录他们的职业感受。对于一些有机会实践的工作，也可以让学生自己动手体验。让学生在接触真实职业的过程中，明白学习和工作的关系，了解相关职业的发展路径。

（五）立足教学方法的不断革新以提升学生的化学素养

核心素养与学生的生涯发展是密切相关的，某种程度上，化学核心素养的培育就是最好的生涯教育。每一个化学学科核心素养培育的机会，都是生涯教育的机会。但在实际教学中，学科核心素养的培育常常是显性的，而生涯教育则需要把握教育时机，以恰当的方式融入化学教学过程中，这也是生涯—学科融合教学的关键所在。

总之，现阶段化学和生涯的融合教学还处于初步探索阶段，在后续的实践中还需要不断积累。高中化学教学中基于生涯发展的课程融合，可以很好地实现生涯教育的目标，可以让学生对自己的生涯发展与职业能力提升有更深刻的理解。

第十节　生物学教学融合生涯教育的探究

《普通高中生物学课程标准（2017 年版 2020 年修订）》（以下简称生物学课标）中关于生物学的课程性质部分明确指出，生物学是自然科学中的一门基础学科，是研究生命现象和生命活动规律的科学。同时也指明，高中生物学课程是以提高学生生物学学科核心素养为宗旨的科学课程，是树立社会主义核心价值观、落实立德树人根本任务的重要载体。根据课程性质和宗旨设计的生物学课程结构及内容，将高中生涯规划推向了教书育人的突出位置。

生物学核心素养主要包括生命观念、科学思维、科学探究和社会责任。教育过程中，要将学科核心素养由理论转化为学生融入社会、胜任职业所需，让学生具备能够适应终身发展和社会发展需要的必备品格和关键能力，因而在学科教学中融入生涯规划显得尤为必要。

一、生物学教学融合生涯教育的理论依据

生涯教育的内容应依托学科的知识和内容进行。生物学课标根据高中课程方案规定，设置了生物学必修、选择性必修和选修课程，并以发展学生生物学学科核心素养为宗旨，构建了课程内容，以满足学生多元需求，突出课程基础性和选择性。

必修课程选择的是现代生物学的核心内容，其与社会和个人生活关系密切，是后续学习发展所必需的基础，是面向全体学生而设计的。选择性必修课程所选的内容是学生未来职业与专业发展的基础，选修课程是为学生进一步学习和职业规划奠定基础。

从图 3-5 可以看出三类课程的关系，同时也能体会到生物学课程内容的联系及其与生产、生活的联系。

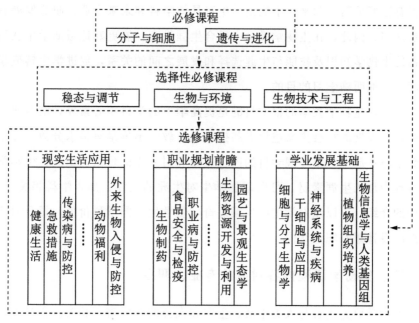

图 3-5　高中生物学三类课程结构

可见，生物学必备的核心知识与关键能力是未来相关职业必需的，与职业选择有着紧密的内在逻辑联系。生物学课标的课程结构设计为教学中融合生涯教育提供了依据。

二、生物学教学中融合生涯教育的必要性

课堂教学是人才培养的主渠道，在某种程度上，课堂教学的模式基本决定了人才的培养模式。目前在逐步实施生物学课标指导下的学科教学，学生基于兴趣和能力的分层走班上课，带来的选择是推动教学改变的动力。

在依据生物学课标进行教学，学生学习完必修内容后，可以选择是否继续学习生物学课程。在已经实施新课程教学的地区进行调查发现，学生选择生物学学习的动机有多种，只有少数学生是将兴趣与未来职业结合在一起选择的生物学学习，更多的学生选择生物学是"搭配"式，即与"物理、化学"的习惯性搭配，或是觉得生物学是理科中最容易的，选择与"历史和思想政治"搭配；有部分学生是因为对某位教师的喜欢而选择生物学。由此可以看出，学生选择性学习某一学科具有较大的盲目性，学科教学与专门的职业生涯课程没有很好地衔接起来，不能使学生对具体学科和未来专业、职业发展有进一步认识。因此，在生物学教学中融合生涯教育，能更好地帮助学生认识到必备的生物学知识及技能与生涯选择和发展之间的关系，促进学生转变学习态度，更加明确学习的目的。

另外，生物学教学的根本目的是提高学生的学科核心素养，培养德智体美劳全面发展的社会主义建设者和接班人。教学不再是只追求分数，而是回归到学习本源上，要体现学科的内在魅力和对未来的价值。因此，生物学教学过程中加入生涯素材，可以增加学生对生涯的关注；加入学科相关专业、职业的介绍，可以激发学生的生涯好奇，使学生认同学科价值，提升对职业生涯的设计感和职业认同。

三、生物学课程内容对应的专业、职业

生物学研究内容与人类生活、生产和人类的发展密切相关。它是农业科学、医药科学、环境科学及其他有关科学和技术的基础。当今，它在微观和宏观两个方向的发展都非常迅速，并且与信息技术和工程技术的结合日益紧密，正在对社会、经济和人类生活产生越来越大的影响。例如，DNA 分子结构和功能的揭示、体细胞克隆哺乳动物技术的突破、人类基因组计划的实

施、干细胞研究的进展、脑科学的深入发展、生物工程产业的兴起等，都正在改变人类的生活，尤其是生物科学技术和信息科学技术正在逐渐融合并显示出强大的经济力量，已成为科学发展和技术革命的世纪标志。生物科学和技术不仅影响着人类的生活、社会文明和经济活动，还深刻影响着人们的思想观念和思维方式。

生物学研究的热点及其未来的发展趋势，展现了与生物学课程内容对应的职业范围。根据职业特点，可以大致分为三大类：人类生活应用类职业、生物学科研类职业及跨学科发展类职业（表3-4）。

表3-4 与生物学内容相关的职业

职业分类	具体职业与专业	对应生物学课程内容
人类生活应用类	人类健康：医学、公共卫生、职业病防控、计划免疫、遗传病的预防等	分子与细胞：构成细胞的分子、细胞的结构与功能 遗传与进化：遗传规律、变异原理及其应用 稳态与调节：激素调节、免疫调节 生物与环境：生态系统的结构与功能、生态系统的稳态、生态工程的原理及应用 生物技术与工程：发酵工程、细胞工程原理及应用
	生物制药	
	食品加工：发酵食品生产等	
	食品安全及检疫	
	动物检疫	
	农业生产、畜牧业、牲畜养殖等	
	生物资源开发利用	
	园艺景观、生态安全等	
	动、植物遗传育种	
生物学科研类	干细胞研究	分子与细胞：生物大分子结构与功能、细胞的分裂与分化 生物技术与工程：基因工程、蛋白质工程、细胞工程
	单克隆抗体制备、疫苗研发	
	基因工程：基因测序、转基因植物、疾病的基因诊断及治疗、转基因药物研发等	
	蛋白质工程：蛋白质结构及其功能研究	
跨学科发展类	基因芯片	稳态与调节：神经调节机制、大脑的结构与功能、记忆的形成机制 生物技术与工程：PCR（聚合酶链式反应，一种DNA体外扩增技术）
	人工智能（AI）、仿生学研究	
	刑侦：DNA鉴定	
	与制造（物理、化学）工程相关的领域	

在今后的高中毕业生中，直接进入社会就业的人数和比例可能有所变化，这就要求高中生物学教育不仅要满足进入高校学习的部分学生的需求，也要充分考虑直接就业的部分学生的需要。在教学中融合生涯教育，可以为不同学生的发展提供有选择性的帮助。

四、生物学教学中融合生涯教育的策略

高中新课程的实施给予了学生更多的选择。教师在教学中进行生涯—学科融合教育，可以帮助学生学会选择，学会结合自己的兴趣、优势和未来发展方向，科学决策，合理规划中学阶段的学业以及未来的人生。

(一)挖掘教学资源，渗透生涯教育

高中新课程方案中的生涯教育包括：独立的生涯指导及课程、生涯实践活动、生涯—学科融合教学。生涯教育与高中生物学教学融合(渗透)是实施生涯教育体系中的一部分(参见表 3-4 所示生物学课程内容与相关职业的联系)，在教学设计中，教师可以选择与学科知识联系密切的实例，引发学生对相关职业的好奇与兴趣。如在学习细胞结构及功能的内容时，可结合生物膜结构的流动性决定的功能上的选择透过性，分析物质出入膜的方式和意义，由此分析肾透析仪器的工作原理、体外膜氧合(ECMO)的工作原理等，体现的职业与医疗仪器制造有关。还可以联系有关职业病的防控问题，如硅肺的防控，涉及公共卫生安全及防护相关的职业。再如，生物体内的酶可以催化细胞内的化学反应，酶在体内细胞和体外环境中适宜条件下，均有催化作用，且其催化作用具有专一性，据此原理生产的加酶洗衣粉，提高了衣物去污(油污)效果，体现了与化工合成有关的职业。学习癌细胞出现的原因及癌细胞的特点时，可以联系免疫治疗、抗癌药物的研发与医疗、制药等多种职业。

类似的实例还有很多，不一一赘述。生物学内容涉及的职业类型和范围非常广泛，教师在设计教学时，要构建学科的内容体系，在知识体系基础上，挖掘与职业生涯相关的内容，结合教学内容，提前规划学习内容与可能渗透的职业；在教学过程中精心设计渗透生涯教育的环节，要将其融入教学过程中，而非"穿鞋戴帽"式的强行介入。

(二)以学科教学为本，联系实际引领职业认同

在生物学教学中融合生涯教育，是把生涯发展理念和内容融入现有的学习体系中，将生物学的学习延伸到工作和生活中，让学生体会到生物学知识的实践价值和现实意义，让知识引领学生对相关职业的认同。学生通过生物学课程的学习，不仅能学到知识，还能把生物学对人类社会的价值说清楚，并从中了解个人成长和未来发展的价值。

(三)以生物学研究发展为线索，融入生涯体验

生物学的研究经历了从现象到本质、从定性到定量的发展过程。生物学有着与其他自然科学相同的性质。它不仅是一个结论丰富的知识体系，也包括了人类认识自然现象和规律的一些特有的思维方式和探究过程。在科学技术不断改变我们生活、改变我们周围世界的今天，科学素养是每个公民必不可少的。一名具有科学素养的毕业生不一定要以科学研究或工程技术为职业，而面对日常生活中的科学现象、事件和观点时，他应当能够运用科学原理和科学方法进行判断和作出决策。

因此，以生物学研究为线索设计的生涯融合课程，在分析研究思路、方法及过程中应凸显与研究相关的职业要求，让学生学会应用研究方法和学科知识基础，进行逻辑推理获得相应结论。即通过体验科学探究过程（职业生涯研究体验）开发学生学习的潜力，从而帮助学生构建科学研究的基本逻辑，为学生今后的职业选择奠定基础。

生涯教育内容可以用多种形式渗透，如以具体职业为教学素材，通过引入环节与教学内容融合；以具体职业作为体验，在实践过程中感受学科学习与职业生涯的关系；或者将职业介绍作为拓展资料，结合学习内容进行深入分析或研究，也可以作为学习线索，贯穿知识学习过程等。但生物学本身的学习内容是教学的重点，渗透生涯教育，强调的是"渗透"，并不是强行加入新内容，因此生涯教育的内容不能抢占正常教学时间。

总之，生物学教学与生涯教育相互融合，是课程改革和教育理念更新的必然趋势，是实现学科教学从知识本位向育人本位转变的根本要求。

第十一节　信息技术融合生涯教育的初步实践研究

一、问题提出的背景

"生涯教育"一词是由时任美国联邦教育署署长的马兰博士于 1971 年正式提出的。美国教育总署对生涯教育下的定义是：生涯教育是一种综合性的教育计划，其重点放在人的全部生涯，即从幼儿园到成年，按照生涯认知、生涯探索、生涯定向、生涯准备、生涯熟练等步骤逐一实施，使学生获得谋生技能的生涯形态。在长期研究中，美国、英国、加拿大、日本、澳大利亚等国均在中学实行生涯教育并逐渐发展完善，所形成的一套较为完整的生涯教育理论和较为科学的生涯教育模式，对学生的生涯发展具有极大的促进作用。

相对而言，我国的生涯教育研究还比较滞后，但随着高考改革方案的出台，高中生涯教育被推到了教育改革的前台。《国家中长期教育改革和发展规划纲要(2010—2020 年)》《教育部关于普通高中学业水平考试的实施意见》《普通高中课程方案(实验)》等一系列与之直接或间接相关的文件纷纷对高中开展生涯教育提出明确要求。在此背景下，高中生涯教育研究逐渐兴起并成为研究热点，但实际的实施情况却不尽如人意，究其原因，除了缺乏顶层设计、课程资源、师资外，还有一个重要原因是高考压力大、课时紧张导致缺乏有效的实施途径。所以最理想的状态是，生涯教育的目标"融于"学科课程目标之中，生涯课程"融于"整个学校课程之中。

每一门学科、每一门课程都具有生涯教育的价值与功能，各科教材的内容既是未来职业必需的基础知识，又是进行生涯教育的好材料，而任课教师也具有从事本学科相关职业的丰富知识。因此，在学科教学的过程中渗透生涯教育、融生涯教育于学科课程中是最可行与有效的，也是最符合生涯发展理论的。

二、生涯教育与信息技术学科教学深度融合的独特性

将生涯教育融入各学科课程之中是教育发展的趋势与必然要求，但在实际教学中如何突显学科教学中生涯教育的价值，尤其是如何将生涯教育的目标化为课程标准融入各门课程的教学中，尚处于探索阶段。常规的融入式生涯课程由科任教师实施，挖掘在各学科领域和学科教科书中蕴藏的丰富的生涯教育素材并进行职业信息拓展，通常在相关学科课程中增加诸如生涯报告、求职角色扮演、阅读名人传记等活动，采用课堂中适时渗透与课下材料阅读巩固相结合的组织方式。

生涯教育与信息技术学科教学"深度融合"，可以在项目教学探索的基础上，把生涯教育作为一个大项目、大主题，连接以不同软件学习为抓手的小项目，并且将之贯穿信息技术学科整个学段教学。高中生涯教育的目标绝不仅仅是培养学生的生涯选择与职业规划能力，而是要培养学生适应未来社会发展的能力与态度，促进其终身发展。而信息技术无疑是当今社会最为重要的技能之一，这是生涯教育与信息技术教学深度融合的前提。

三、生涯教育与信息技术学科教学深度融合的实施策略

(一)信息技术学科项目教学整合策略

《普通高中信息技术课程标准(2017年版2020年修订)》(以下简称信息技术课标)倡导信息技术课程基于项目的学习方式，将知识建构、技能培养与思维发展融入运用数字化工具解决问题和完成任务的过程中。项目教学强调以学生为主体，以教师为主导，以实际为背景，以项目为媒介，通过项目的实施与目标的达成来提高学生的综合能力。在信息技术学科的项目教学探索过程中，首先要梳理信息技术教材中涉及的学科大概念，接着根据学生原有认知结构及认知水平与课程的内在逻辑关系，以项目为依托，以程序设计为抓手，以网络环境下的学习习惯与能力提升为目的，对教材内容进行重构，形成独立型项目体系。

例如，人教中图版必修模块"数据与计算"对数据与大数据的概念进行了详细的探究，并用Python语言进行了数据的计算与分析。学生在学习这部

分内容时，可能并不了解其对未来职业道路所起的基础作用，如果通过教师引导，设计并参与同职业有关的项目活动，就可以很好地了解程序员、系统工程师、数据分析师等职业。教师通过对不同层次学生的规划，可以唤醒学生的生涯意识，激发其学习积极性，并促使其开始架构个人职业规划。随着研究的深入，可再引导学生探索不同项目主题的纵向联系，形成阶梯型项目体系。项目间的纵向联系让学习更有延续性，更能有效激发学生的学习兴趣，提升其成就感。

(二)与生涯教育的深度融合策略

在阶梯型项目研究的基础上，探索用生涯教育这个大主题来贯穿整个教学过程。为更好地培养学生适应未来社会发展所需要的关键的知识与技能、情感态度和价值观，在项目实施过程中，一般以生涯教育为经，以生涯教育同信息技术学科相关的知识与技能为纬，侧重学生在实际考察下学习意识、学习习惯以及分析问题、解决问题能力的培养。实施策略就是将知识与技能的学习融合在学生对未来发展方向的各种体验与学习活动中，让学生在知识与技能学习过程中明晰前行方向，在规划未来的过程中学习知识与技能。

教师可开展并实践多样化的、新颖的教学方式，丰富和完善基础型课程教学。在学习的过程中，改变学生对传统编程学习的排斥、畏难心理，从而使学生爱学、会学、自主地学、合作地学、有目标地学。

1. 课堂教学融合学生的"自我认知"项目，提高学生的自我认知水平

高一刚入校的学生，会在学习初始阶段花费更多的时间进行适应，其中师生教与学的适应、学业任务的适应、同伴关系的适应等要求尤为迫切。而在这一阶段中，学生的兴趣和自信的提升能帮助他们更好地适应。在信息技术教学中，可以通过融合生涯自我认知，激发学生学习信息技术的兴趣，提升学生的生涯素养。

为了保证生涯规划的适切性，学生必须了解自己，只有深入了解自己，才能找准生涯规划的出发点。例如，信息技术课堂中，学生可以通过性格测试、职业兴趣测试等获得个人性格特征与职业建议的信息，通过对信息数据的整理，利用图表对获得的信息进行整合、分析，形成个人性格特征与职业方向的分析报告。在"自我认识"项目实施过程中，教师可以把教材中对数据

处理一般过程的基本要求融合到对"自我认识分析报告"的具体要求中去，让学生通过实践活动对自我进行剖析，并解决数据处理过程中遇到的疑难问题。

2. 课堂融合专业、职业介绍，增加学生的社会认知范畴

从生涯发展的意义上来讲，高中阶段属于舒伯理论的"探索期"。舒伯认为，处于"探索期"的人一般是 15～24 岁，这一时期的人能够建立个人生活方式，确立人生理想目标，选择适合自己生存发展的职业，并创造实现自身价值的条件。因此，高中的生涯规划教育必须发挥好指导功能，使学生在高中时就能够树立人生理想，拥有自主选择未来职业发展的意识并为此作好准备，避免在选科以及高考选专业时出现迷茫。

社会认知是学生生涯素养的短板，在信息技术课堂教学中，增加计算机相关专业、职业的介绍，可以引导学生在学习信息技术的过程中了解社会，增强社会认知。例如，在第一单元"信息与信息技术"中融入对信息技术专业的介绍，让学生了解信息技术相关职业。教师可以尝试多种手段，包括让学生在网上搜索国内外优秀科技公司的创始人，了解他们的奋斗历程；播放一些有关计算机科学家的专题纪录片；邀请该专业的在校大学生讲述他们学习该专业的体验，包括信息技术专业是什么样的专业，大学里要学习哪些内容，毕业后的就业形势以及就业方向，不同大学中该专业有何区别等；甚至可以让学生走进科技公司，实地体验程序员一天的工作生活。经过这些课程，学生对该专业就能有一些基本的了解，有兴趣的同学还可以浏览各大学网站以了解该专业的相关信息。

教师还可以充分利用本土社会教育资源，精心设计和组织开展形式新颖、感悟深刻的体验信息科技工作的社会实践活动，引导和帮助学生主动将学习与生活密切联系起来，推进学生对社会和职业的整体认识与体验，发展学生的创新精神和职业意识。

如此一来，这些课程的价值就不是仅仅帮助学生了解一个专业，而是给学生种下一颗社会认知的种子，促使学生主动去接触社会、了解社会，进而更好地认识社会。这些教学资源对学生的生涯规划将会起到至关重要的作用。

3. 充分利用信息技术，让学生"展示自我"

信息技术是一门以动手实践为基础的学科，重视的是实践探究能力的培养、科学研究方法的提炼。生涯规划同样需要通过实践来评估和修正，二者可以结合起来。利用信息技术课堂中所学的知识，指导学生探索有关生涯规划的项目、制作电子作品，让学生将之前对生涯规划的感性认识转变为理性思考。

例如，学生以小组为单位，在职业体验活动后制作一件电子作品并进行小组汇报。学生可以选择不同主题，如"相约未来的自己""画一道我的生涯彩虹""今天！职业日！""我的青春不迷茫""假如我是系统工程师"等。

以学生生涯项目研究为载体的实践体验活动，有效融合了学科知识的运用和生涯活动实践，二者的结合使学科教学的基础更扎实、视野更宽广，有效提高了学生运用学科知识解决现实问题的能力。在活动与实践反思中，让学生体会对自身生涯规划的评估与修正，提高学生的生涯规划能力。

四、总结与反思

生涯规划教育旨在使学生认识到个体的差异性，探索多样化的个人发展之路。这种教育的本质在于尊重学生在自身发展中的主体地位，体现了教育的个性化和人性化特征。学生在认清自身特质的基础上，在新高考多元录取机制的推动下，或努力学习科学文化知识，或积极参与实践活动，在探索中提升自身的综合素质。在不同的阶段、不同的学科、不同的途径，生涯教育的实施策略都会有所不同，这需要我们从学生的发展出发，不断探索，更好地帮助学生形成自我引导的能力，对人生作出科学的规划。

第四章　生涯—学科融合的教学设计示例

第一节　生涯—学科融合教学设计模板与说明

一、生涯—学科融合教学设计模板

在开展生涯—学科融合教学的实践过程中，教学设计的模板和设计原则为一线学科教师进行生涯—学科融合教学设计提供了有力的抓手。生涯—学科融合教学设计包括基本信息、学科融合背景、生涯融合内容、教学目标、教学思路与流程、教学过程与方法、作业与拓展学习、学习效果评价几个部分。教学设计模板如图 4-1 所示，以下将对教案的设计原则和教案各部分的写作要求进行说明。

二、生涯—学科融合教学的设计说明

(一)整体要求

思想性。符合高中教育改革要求，符合学科课程标准要求，渗透社会主义核心价值观教育，指导学生形成正确的世界观、人生观、价值观。

发展性。通过生涯—学科融合，让学生将学习与发展、自我与社会、现在与未来建立联系，促进学生理想、学业、生涯的发展，培养学生的健全人格、社会适应力和家国情怀。

适切性。融合设计内容适切，符合学生认知特点，加强学生个性化发展指导。

(二)写作要求

1. 学科融合背景

(1)明确该课程授课年级、教材版本、所属章节。

(2)对教材内容和所选择的生涯融合点进行分析，体现融合教学的可行性。融合点的选择要符合学科课程标准，能够进行自然合理的融合设计，有利于拓宽学生视野，提升学生思辨能力，促进学生生涯发展。

（生涯—学科融合教学设计名称）				
教师姓名		学校		学科	

学科融合背景	年级：　　　　　　　　　教材版本： 所属章节： 教材和融合点分析：
生涯融合内容	**生涯融合素材类型** ☐职业行业　☐专业　☐生涯人物　☐学科价值　☐学科应用 ☐学科前沿　☐时事　☐学习方法　☐生涯选择　☐其他 生涯融合素材：
教学目标	**生涯发展核心素养目标** 生涯意识与信念　自我认知与发展　社会适应与责任　生涯规划与行动 ☐生涯好奇　☐自我分析　☐信息收集　☐决策能力 ☐积极态度　☐多元发展　☐环境探索　☐生涯规划 ☐机遇意识　☐自尊自信　☐责任担当　☐自主学习 融合教学目标：
教学思路与流程	融合教学思路： 教学流程：
教学过程与方法	**融合教学方式** ☐提供学案手册　☐自我评估　☐建构成就经验　☐实作探索 ☐角色体验　☐提供生涯信息　☐榜样示范　☐提供个体反馈 ☐展示报告　☐小组协作　☐个人意义建构　☐其他 教学过程：
作业与拓展学习	
学习效果评价	

图 4-1　生涯—学科融合教学设计模板

2. 生涯融合内容

(1)生涯融合素材类型。包括职业行业、专业、生涯人物、学科价值、学科应用、学科前沿、时事、学习方法、生涯选择，如果为其他类型亦可进行说明。

(2)生涯融合素材选用。选取的案例或者榜样人物优先考虑国内的事例、人物，选用的国外素材应是有代表性的经典案例；侧重介绍我国学科领域的发展前沿；不使用有争议的素材，不出现价值导向模糊的案例；图片素材注意版权，引用教材图片应说明出处，建议自制流程图。

(3)生涯融合素材写作。每条素材不超过 200 字，包含素材内容或核心信息、指导意图等，能够体现教学设计核心思想。

3. 教学目标

(1)生涯发展核心素养目标包括生涯意识与信念、自我认知与发展、社会适应与责任、生涯规划与行动四个方面 12 项素养，每次融合教学选取 2~3 项为宜。

(2)融合教学目标为学科素养与生涯素养两方面结合之后的教学目标，要符合学生认知特点，能够落实到位，促进学生发展。

4. 教学思路与流程

(1)融合教学思路要表述清晰，有利于其他教师参考借鉴、创新使用。

(2)教学流程要体现出整节课完整的教学流程，包括教学环节、主要教学内容、设计意图和教学时间①，符合教学改革理念，流程设计合理清晰，使用教学语言阐述。

5. 教学过程与方法

(1)融合教学方式

·提供学案手册：提供用于记录学生个人生成内容、自我评估结果等的课堂学案。

·自我评估：通过独立思考、纸笔测验、对话等方式帮助学生进行自我认知的评估。

---

① 北京部分高中一节课是 40 分钟，也有部分高中一节课是 50 分钟。

·建构成就经验：让学生回顾与当前学习内容相关的个人经验，或者让学生参与课堂活动形成成就经验。

·实作探索：让学生通过实验、动手操作探究知识，形成操作类的成就经验。

·角色体验：通过角色扮演、行为模拟等方式让学生体验与学科相关的职业或工作任务。

·提供生涯信息：为学生提供与学科发展相关的生涯信息，如职业、专业等。

·榜样示范：通过榜样人物故事，展示与学科相关的生涯发展路径或生涯选择示范。

·提供个体反馈：提供对自我评估、生涯目标、学习计划等进行个体反馈的机会。

·展示报告：个人或小组通过各种形式报告与学科生涯探索、选择和规划相关的成果。

·个人意义建构：让学生有机会将学科内容与自身发展相关联，建立起学科学习的个人意义，并通过书面或口头向同伴、小组成员或全体师生表达出来。

·小组协作：通过小组研讨、动手操作的方式合作完成教学活动。

(2)教学过程要使用描述性语言介绍活动内容和活动意图，教学立意要高，体现对中华优秀传统文化、社会主义核心价值观的渗透。

(3)没有融合设计的教学环节仅作概述；有融合设计的环节要说明教学活动流程、介绍教学内容关键信息，有教师总结，明确生涯指导方向。

6. 作业与拓展学习

(1)布置的课后作业要能够与课堂融合教学内容相衔接，通常为学科生涯信息收集，个人生涯选择、思考与决策，学业规划或改进等相关内容，明确作业的输出形式。

(2)拓展学习资源的写作要求语言简明流畅，每条不超过 200 字，简述资源内容及其学习价值，可提供链接，要符合国家要求，提供权威网站内容，如教育部学信网、阳光高考网、高校官网等；引用文献要注明出处。

7. 学习效果评价

(1)基于本次教学的融合教学目标,对学生的学习效果进行评价,包括学生对学科知识的掌握程度和生涯发展水平的评价。

(2)评价形式要符合学科特点,适当引入与生涯发展相关的评价方式。常见的评价方法包括以下两种。

·定量评价:课堂测验、课后作业的成绩评价,教师自编评定问卷,使用专业量表。

·定性评价:作文、开放式问题、成果报告、课程反馈问卷等。

(3)学习效果评价可以在教学中间环节、最后环节或者课后作业环节进行,也可以在课程前、后进行重复测量。

第二节 生涯—学科融合教学设计·语文

课例 学中思悟,指导生涯——《论语》之孔子论学专题①

本节课为《论语》中的论学专题,阐释了孔子的为学之道。学生通过学习《论语》中与为学相关的语句,梳理出孔子的为学思想核心和学习方法体系,为建立个人终身学习的机制提供参照。在指导学生探究自我学习方法体系的同时,引导他们联系实际学习生活,探讨如何借鉴古之大家的智慧,将其应用到个人的生涯发展中。

一、学科融合背景

本课为高二年级语文课,内容选自杨伯峻《论语译注》(简体字本),中华书局出版。

语文课标中对整本书阅读与研讨教学提出要求:通过阅读整本书,建构阅读整本书的经验,加深对中华优秀传统文化的深入学习和思考,逐步形成正确的世界观、人生观和价值观。而《论语》作为初高中必读的经典名著,包

---

① 本教学设计由荆翠翠(北京市中关村中学)提供。

含了儒家"诚意，正心，格物，致知，修身，齐家，治国，平天下"的核心观点。在教学过程中如何融合人生观、价值观建设指导，如何融合生涯发展指导，是《论语》阅读课程的重要目标。

高二学生已初步建立了自己独立的世界观、人生观，并已经开始对个人生涯发展的探索。当今时代，知识信息体系庞大无比且更新迅速，获取途径也非常丰富和便捷。这样的体系给人们获取知识带来极大便利，而知识洪流的冲击也给人们带来新的学习困惑，即如何从海量且快速更新的信息中高效获取所需知识，这就需要我们保持终身学习的习惯，同时还需要构建出有效的学习方法，方能让我们在职业生涯中不断提升和进步。

本节课为《论语》课程中的论学专题，对孔子的为学之道进行了阐释，学生通过深度学习孔子为学之道中蕴含的智慧，可以为个人构建终身学习的机制框架提供借鉴与参照。

二、生涯融合内容

(一)生涯融合素材类型

☐职业行业　☐专业　☑生涯人物　☑学科价值　☐学科应用

☐学科前沿　☐时事　☑学习方法　☐生涯选择　☐其他

(二)生涯融合素材

1.《论语》文本素材

选取《论语》中反映孔子为学言论的 15 则语句，分为 3 组，内容详见教学过程。

【指导意义】引导学生通过感悟语句含义并建立三组选文之间的内在联系，提升对孔子为学的思想和方法的理解；进而引发学生对孔子为学观现实意义的深入思考——如何做到从书本上获取知识，在实践中验证并进一步丰富知识。

2.《高中生学习力体系构建》[①]第二部分——高中生学习力体系的确立及内在关系

【摘要】学习力，是学习的内在力量。高中生学习力体系各级要素包括：

---

① 刘艾清：《高中生学习力体系构建》，载《现代基础教育研究》，2019(1)。

学习动力(学习兴趣、学习动机、学习态度),学习能力(学习认知、学习技能、学习能力倾向),学习习惯(内在处理、过程运行、时间管理)。

【指导意义】使学生提升对学习力的理解,增强学习的主动性,把握人生发展方向和努力目标。

3.《与王庠五首(其五)》(北宋 苏轼)

【摘要】故愿学者,每次作一意求之。如欲求古人兴亡治乱圣贤作用,但作此意求之,勿生余念。又别作一次求事迹故实典章文物之类,亦如之。他皆仿此。此虽迂钝,而他日学成,八面受敌,与涉猎者不可同日而语也。

【指导意义】读书学习,要做到每次集中精力深究一点,逐点攻克,最后达到融会贯通、全局掌握的学习结果。这不仅仅是学习的精要,对未来的工作、生活也有很好的借鉴意义。

4.《高中生生涯适应力的发展特点及其与职业成熟度的关系——生命意义感的作用》[①]第五部分研究 2——生涯适应力和职业成熟度的关系:生命意义感的作用

【摘要】高中生除了可以提高自己的职业成熟度以外,还可以通过提高生命意义感来促进自身生涯适应力的发展。

【指导意义】了解生命意义感在职业成熟度和生涯适应力之间起到部分中介作用。意识到正确的为学观、道德观是作好终身学习规划、提升生涯适应力、立足未来社会的必备品格。

5.《〈论语〉智慧与大学生生涯规划》[②]第四部分——"游于艺":大学生应对自如

【摘要】子曰:"志于道,据于德,依于仁,游于艺。"孔子的这四句话对当代大学生的生涯规划具有重要的借鉴与参照作用。"志于道",是说应当首先树立追求真理的远大志向,超越眼前的利益得失;"据于德",要求行不离德,坚守做人的基本原则与道德操守;"依于仁",要求通过慎独自省,实现道德生活的真诚、自由,以及生命境界的提升;"游于艺",是说应该广泛融

---

① 王子妃:《高中生生涯适应力的发展特点及其与职业成熟度的关系——生命意义感的作用》,硕士学位论文,西南大学,2020。

② 余亚斐:《〈论语〉智慧与大学生生涯规划》,载《高校辅导员学刊》,2016(2)。

入与应对当下的社会生活，掌握其所要求的知识和技能，从而应对自如。

【指导意义】《论语》的智慧对高中生生涯规划具有重要的借鉴和参照作用。

三、教学目标

(一)生涯发展核心素养目标

生涯意识与信念	自我认知与发展	社会适应与责任	生涯规划与行动
☐生涯好奇	☑自我分析	☐信息收集	☐决策能力
☑积极态度	☐多元发展	☐环境探索	☑生涯规划
☐机遇意识	☐自尊自信	☐责任担当	☐自主学习

(二)融合教学目标

1. 通过理解所节选的《论语》中与为学相关语句的深刻含义，建立选文之间的内在联系，梳理出孔子的为学思想核心和学习方法体系，激发学生对自我学习方法体系进行规划探究的意识。

2. 通过组间交流及针对辅助素材的进一步研讨，强调学习力体系构建的重要性，并以引文为例讲解学习方法。

3. 通过联系现实的思考，探讨如何借鉴古之大家的智慧，将其应用到自己未来生涯发展规划当中。

四、教学思路与流程

(一)融合教学思路

首先，运用原文互证的阅读方法，发现材料的相关性，准确概括各组材料蕴含的观点，并结合相关依据进行合理的阐释分析，加深对孔子的为学思想和方法的理解与领悟。然后，将这些思想和方法放在当今终身学习的时代，结合自身的特点，体悟这些语句所蕴含的为学智慧对于一名高中生在生涯规划的借鉴和参照作用方面的现实意义。

(二)教学流程

本节课教学流程安排如表 4-1 所示。

表 4-1　孔子论学专题的教学流程

教学环节	主要任务（活动）及问题	设计意图	教学时间
环节一：调研反馈情境导入	1. 反馈关于学习内容、意义和目的认识的调研结果 2. 基于调研反馈学生对学习的内容、意义和目的的认识，勾连《论语》作品特点，明确本节课学习主要任务	明确《论语》的体例特点及阅读难点，引出本课主题——用"主题分类""原文互证"的阅读方法体悟孔子的为学之道，指导个人的学习发展	2分钟
环节二：文本研读学中思悟	节选15则语句，按主题分为三组，明确要求，组织学生运用提供的两种方法进行研读	引导学生使用"主题分类"和"原文互证"的阅读方法进行分析，找出材料间的共同主题，结合依据进行阐释，激发学生继续思考和表达	20分钟
环节三：规划生涯交流展示	孔子的为学之道对你的终身学习和生涯规划有着怎样的参照与借鉴作用	让学生结合自身实际，体悟选句在学业生涯规划方面的时代意义和现实意义	15分钟
环节四：总结归纳指导生涯	子曰："志于道，据于德，依于仁，游于艺。"道在志、德、仁、艺中	融合生涯规划的理念对课程主题进行升华	2分钟
环节五：作业拓展思悟践行	化用语句，写座右铭	立学之志，规划生涯，学中求道，思悟践行	1分钟

五、教学过程与方法

（一）融合教学方式

☑提供学案手册　☑自我评估　☐建构成就经验　☐实作探索

☐角色体验　☐提供生涯信息　☐榜样示范　☑提供个体反馈

☐展示报告　☑小组协作　☐个人意义建构　☐其他

（二）课前作业

学生完成关于学习内容、意义和目的认识的调研。

(三)教学过程

环节一：调研反馈　情境导入

1. 教师反馈课前班级学生关于学习内容、意义和目的认识的调研结果（PPT 展示，可参照表 4-2）

表 4-2　孔子论学专题的课前调研表

调研内容	学生反馈
你认为学习的内容是什么？	
对你而言，学习的意义和目的是什么？	
你对个人的生涯有过规划吗？如果有，是怎样的？	
你了解学习力吗？你有过相关方面的刻意训练吗？如果有，是怎样进行的？	

2. 教师小结过渡

从调研反馈可以看到同学们对学习的理解与高考紧密相关，主要集中在高考知识与技巧、学位与就业等方面。我们都知道，孔子是一个十分重视学习的人，他说"吾十有五而志于学"（《论语·为政》）。此外，《论语》提到"学"字 64 次，提到"好学" 15 次，显示了关于学习的讨论在整部《论语》中的突出地位。这节课，我们以教材选读的 12 则语句中所聚焦的一个角度——为学为切入点，聆听孔子教给我们的士人的为学之道，从经典中汲取智慧，指导个人的学业生涯规划。

3. 教师讲解阅读方法

学习支架 1：《论语》的体例特点及阅读路径

结合教学素材内容 3，讲解阅读《论语》的两个主要方法：主题分类，原文互证。即重新组合文本顺序的横纵阅读。同时参阅教学素材内容 2，同步帮助学生构建学习力体系建设的概念。

主题分类：把孔子关于某一观点的论述，如论学、修身等，从阅读材料中筛选出来，重新组合文本顺序，在不同主题之下可以再细化。

原文互证：梳理分类后的语录并进行求证。梳理会产生质疑，质疑后就会再去求证，从而促进认识的螺旋式上升，最终形成发现—质疑—求证—思考的良性研读过程。

横纵阅读：以人物为线索，重新组合文本顺序，横读《论语》；以概念为线索，归纳若干主题，纵读《论语》。两者结合，本节课侧重后者。

【教师总结】课前首先要作学情调研，了解学生对学习内容、意义和目的的认识，将调研结果在课前通过 PPT 反馈，使学生清晰地看到自身认识是否更多趋向"知识技能"和"利"的选择。然后提出孔子对该问题又是如何理解和阐释的，以及研究和解读路径——对比阅读有利于吸引学生注意力，激发阅读兴趣。再结合《又答王庠书》，以《论语》学习为触发点，引申出学习方法和学习力体系建设在生涯发展中的重要性。

环节二：文本研读　学中思悟

1. 教师引领学生研读第 1 组材料

第 1 组材料

◇ 子所雅言，《诗》《书》，执礼，皆雅言也。(《论语·述而》)

◇ 子曰："兴于《诗》，立于礼，成于乐。"(《论语·泰伯》)

◇ 子曰："诵《诗》三百，授之以政，不达；使于四方，不能专对；虽多，亦奚以为？"(《论语·子路》)

◇ 子曰："加我数年，五十以学《易》，可以无大过矣。"(《论语·述而》)

◇ 子曰："君子博学于文，约之以礼，亦可以弗畔(同"叛")矣夫。"(《论语·雍也》)

(1)明确要求：①阅读材料，找出各组内材料之间共同的主题，概括各组材料蕴含的观点。②原文互证，从材料中找到相关依据，证明观点并进行合理的阐释。

(2)学生朗读第 1 组材料。

(3)这组材料围绕"君子为学"侧重谈了什么问题？请结合材料中的相关依据进行合理的阐释分析。

学生回答。

学习支架 2：课堂学习交流阐释评价量规(表 4-3)。

表 4-3　课堂学习交流阐释评价量规

标准等级	优秀	良好	合格
理解	能结合注释准确地理解全部语句的含义	能结合注释比较准确地理解大部分语句的含义	能结合注释基本理解大部分语句的含义
发现	能准确概括各组材料蕴含的观点并发现三组材料间的关系	能比较准确地概括各组材料蕴含的观点并发现三组材料间的关系	能基本概括各组材料蕴含的观点并发现两组材料间的联系
阐释	能结合材料中的相关依据并联系自身对为学观之于生涯规划的作用进行合理的阐释分析	能结合材料中的相关依据并联系自身对为学观之于生涯规划的作用进行比较合理的阐释分析	能结合材料中的相关依据并联系自身对为学观之于生涯规划的作用进行阐释分析

2. 学生分组研读 2、3 组材料

第 2 组材料

◇子曰："君子食无求饱，居无求安，敏于事而慎于言，就有道而正焉，可谓好学也已。"(《论语·学而》)

◇子曰："君子欲讷(nè)于言而敏于行。"(《论语·里仁》)

◇子曰："君子耻其言而过其行。"(《论语·宪问》)

◇子曰："古者言之不出，耻躬之不逮也。"(《论语·里仁》)

◇宰予(yú)昼寝，子曰："朽木不可雕也，粪土之墙不可圬(wū)也！于予与(yú)何诛?"子曰："始吾于人也，听其言而信其行；今吾于人也，听其言而观其行。于予与(yú)改是。"(《论语·公冶长》)

第 3 组材料

◇子曰："学而时习之，不亦说乎？有朋自远方来，不亦乐乎？人不知而不愠，不亦君子乎？(《论语·学而》)

◇子曰："不患人之不己知，患其不能也。"(《论语·宪问》)

◇子曰："君子病无能焉，不病人之不己知也。"(《论语·卫灵公》)

◇子曰："不患无位，患所以立；不患莫己知，求为可知也。"(《论语·里仁》)

◇子曰："君子求诸己，小人求诸人。"(《论语·卫灵公》)

(1)小组讨论 3~5 分钟。

讨论主题：这两组材料围绕"君子为学"分别侧重谈了什么问题？请结合材料中的相关依据进行合理的阐释分析。

(2)走入小组中倾听、交流。

3. 学生交流研读结果

要求：每个小组选派 1 名成员代表小组进行交流，交流内容用思维导图形式呈现。

4. 教师点评并小结

研读这三组材料后，我们会发现第 1 组材料重在讲学习的内容和意义，第 2、3 组材料重在讲学习的方法和态度。从中我们可以看到，孔子在讲为学时强调重在求己、重在行动，可见"为学"不仅包括典籍知识的学习，还包括大量的践行。孔子在教导我们不断增益德行的同时，也从学习与实践方法上给出了很好的启示。

【教师总结】第 1 组材料主要用于引导学生体验"原文互证"的分析过程，是一个指导阅读的过程；之后第 2 组则是学习运用已知方法和经验，依据驱动性任务让学生进行自主阅读的过程，是一个学—思—用的研读过程。然后在此基础上对比学前调研的认知，扩展出读书方法、学习力体系建设方法，进而扩展到学生的职业能力生成、为人处世态度修养等生涯规划层面。

环节三：规划生涯　交流展示(含环节四：总结归纳　指导生涯)

1. 引入材料，组织学生分组讨论研读感受，结合素材内容 4 和素材内容 5，帮助学生从《论语》的论学篇章中提炼出职业能力生成、为人处世态度修养等生涯规划相关要素。

(1)明确任务：孔子十五志于学，三十而立，可以看出 15~30 岁是治学修身的关键时期，在当今知识快速更迭、行业发展日新月异的新时代背景下，《论语》中的哪一则(不限于本专题所选)对你的学业修习、生涯发展启发最大？请结合时代背景和自身实际，谈谈你的理解和认识。

(2)走入小组中倾听、交流。

2. 组织小组分享交流并点评

(1)明确要求：每个小组推举代表按要求进行交流发言(侧重学习者的身份)。

(2)教师引导方向和重点：

①文化经典《论语》的为学之道中蕴含的诸如终身学习观(如孔子十五岁就志于学)、博文习礼学以致用观(君子博学于文，约之以礼；诵《诗》三百，授之以政；使于四方)、知言行合一学习观(古者言之不出，耻躬之不逮也)、主动学习观(知之者不如好之者，好之者不如乐之者；学而时习之，不亦说乎？君子求诸己，小人求诸人)等，对我们个人的学习生涯仍具有重要的借鉴与参照作用。

②也可以给出一些方法。如"生涯幻游"的方法，先确定时间长度(比如 5 年或 10 年)，在生涯幻游引导词的带领下，让自己的愿景变得清晰。经过一段时间的历练和探索，我们会找到自己希望终身从事的事业和毕生追求的梦想。

【教师总结】在这个环节，联系时代与人生，让学生结合自身，体悟以上《论语》选句在学业生涯规划方面的时代意义和现实意义，并融合生涯规划的理念对课程主题进行升华，最终达成课程目标。

环节五：作业拓展　思悟践行

见"作业与拓展学习"和"学习效果评价"部分。

六、作业与拓展学习

"座右铭"本指古人写出来放在座位右边的格言，后泛指人们激励、警诫自己，作为行动指南的格言。请化用《论语》"孔子论学"专题(可拓展到整本书)中的一则语句，给现在作为一名高中生的你写一则座右铭，并阐述它对你终身学习生涯的意义。

七、学习效果评价

学生化用"孔子论学"专题中的一则作为自己座右铭，指导自己学习修业、能力建设，是一个诊断巩固教学，将内化的思考感悟通过文字表达外显出来的过程。座右铭的形式要求也有助于提升学生多样化地表达自己的思想和情感，追求表达的准确性、深刻性和灵活性的意识和能力。

教师通过课上学生的发言和课后作业的反馈，与课前调研对比——对学习生涯的规划是否仍更多趋向"知识技能"和"利"的选择，评价学生是否开始修正并提高自己的道德修养，确定是否达到融合教学目标。

第三节　生涯—学科融合教学设计·数学

课例一　椭圆的标准方程①

本节课旨在让学生通过探究椭圆标准方程，深刻理解方程之简洁性，体会到探究的乐趣。同时还介绍了北斗卫星导航系统（以下简称北斗系统）的应用，以强调数学这门基础学科的应用价值。课程融合了北斗系统产业链的相关信息，鼓励学生课后查阅资料和展示交流，以了解更多相关职业和行业信息，激发学生的生涯好奇。

一、学科融合背景

本节课为高二年级数学课，内容选自人教 B 版数学教材（2020 年版）选修一第二章。

数学课标要求：能够掌握平面解析几何解决问题的基本过程，即根据具体问题情境的特点，建立平面直角坐标系；根据几何问题和图形的特点，用代数语言把几何问题转化成代数问题。本节课重点借助实际应用和实践操作，引导学生发现椭圆的定义、探究椭圆的标准方程，让学生对椭圆有概念化、符号化的认识，培养学生的数学抽象、直观想象、数学运算的核心素养。

我国自主研发的北斗系统的空间段部分由几十颗人造卫星构成，而人造卫星的轨道大多是椭圆，所以本节课从北斗系统引入，让学生感受到北斗系统的重要应用价值，同时让学生认识到本节课学习内容的价值，感悟到数学作为基础学科的应用价值。通过对椭圆标准方程的探究，让学生体会到，简洁的方程是通过复杂的计算得到的，不同的建系方式，计算的复杂程度也不同，得到的方程也不一定是最简洁的，但又可以通过平移转化成简单方程，

---

① 本教学设计由杨新跃（北京市第七中学）提供。

让学生感受到探究的乐趣，同时明白遇到困难时要有积极的态度，想办法去进一步解决问题。在经历了复杂的运算之后，本节课最后给学生展示了椭圆的艺术价值，让学生在放松之余感受到椭圆的美学意义。

二、生涯融合内容

(一)生涯融合素材类型

☑职业行业　☑专业　☐生涯人物　☐学科价值　☑学科应用

☐学科前沿　☐时事　☐学习方法　☐生涯选择　☐其他

(二)生涯融合素材

1. 北斗系统。北斗系统是我国自主研发的全球卫星定位系统，是全球第三个成熟的卫星导航系统。北斗系统与其他卫星导航系统相比具有以下三个优势：一是抗遮挡能力强，尤其低纬度地区性能优势更为明显；二是能够通过多频信号组合使用等方式提高服务精度；三是创新融合了导航与通信能力，具备定位导航授时、星基增强、地基增强、精密单点定位、短报文通信和国际搜救等多种服务能力。因此北斗系统可以在多个领域进行应用。

【指导意义】介绍北斗系统上下游产业链，让学生了解围绕北斗系统所创造出的就业岗位，体会北斗系统的重要价值。

2. 艺术作品。在建筑、美术及其他艺术创作等方面，椭圆是很好的素材。

【指导意义】让学生感受椭圆更广的应用范围，将数学学科知识与社会生活相关联。

三、教学目标

(一)生涯发展核心素养目标

生涯意识与信念	自我认知与发展	社会适应与责任	生涯规划与行动
☑生涯好奇	☐自我分析	☑信息收集	☐决策能力
☑积极态度	☐多元发展	☐环境探索	☑生涯规划
☐机遇意识	☐自尊自信	☐责任担当	☐自主学习

(二)融合教学目标

1. 理解椭圆的定义。会将定义翻译成数学符号，理解推导方程的过程，在探究椭圆方程过程中经历复杂的运算，提升面对困难和挫折的勇气，培养积极解决问题的态度。感受并记住椭圆的标准方程，能初步感受方程的简洁与图形的对称的关系。

2. 通过课前搜集资料以及课上了解北斗导航系统及其产业链，感受北斗系统的强大，增强爱国情怀，提升民族自豪感。通过了解北斗系统相关产业链以及课后有针对性地查阅资料和展示交流，了解更多生涯信息，产生生涯好奇。

3. 了解椭圆在生活实际中的应用价值和艺术价值，开阔视野。

四、教学思路与流程

(一)融合教学思路

通过展示北斗系统，介绍北斗系统的相关产业链和应用市场，让学生了解职业知识，体会数学知识的应用价值；通过卫星的运行轨迹引入本节课研究内容；通过实际操作发现椭圆的定义，在探究椭圆标准方程过程中感受方程的简洁与几何的对称的关系；以推导方程中所遇到的困难类比感受在生涯发展过程中可能会遇到困难和曲折，认识到只要肯努力，稍作调整也能步入正轨，渗透积极解决问题的态度。

(二)教学流程

本节课教学流程安排如表 4-4 所示。

表 4-4　椭圆标准方程的教学流程

教学环节	主要任务(活动)及问题	设计意图	教学时间
环节一：联系实际感知职业	了解北斗系统上下游产业链，知道卫星的运动轨迹是椭圆	了解职业，产生生涯好奇	约8分钟
环节二：演示引入合理定义	演示如何用绳子和笔绘制椭圆，合理为椭圆下定义	理解并记住椭圆的定义	约10分钟

续表

教学环节	主要任务(活动)及问题	设计意图	教学时间
环节三：合理建系推导方程	结合椭圆的对称性，自主选择建系方式，并尝试用坐标法推导椭圆方程(不同建系方式的计算难度有所不同)	让学生在想办法解决困难的过程中锻炼自己的抗挫折能力，培养积极向上的态度	约22分钟
环节四：归纳总结延伸拓展	归纳本节课所学知识，延伸椭圆在其他领域的应用	总结提升，开阔视野	约5分钟

五、教学过程与方法

(一)融合教学方式

☐提供学案手册　☐自我评估　☐建构成就经验　☑实作探索

☐角色体验　☑提供生涯信息　☐榜样示范　☐提供个体反馈

☑展示报告　☑小组协作　☐个人意义建构　☐其他

(二)教学过程

环节一：联系实际　感知职业

学生整理好课下搜索的北斗系统的相关材料，在课上汇报展示，共同分享。

(资料参考：北斗卫星导航系统官网，http://www.beidou.gov.cn/)

教师小结过渡：北斗卫星导航系统是中国正在实施的自主发展、独立运行的全球卫星导航系统。系统建设目标是：建成独立自主、开放兼容、技术先进、稳定可靠的覆盖全球的北斗卫星导航系统，促进卫星导航产业链(图4-2)形成，形成完善的国家卫星导航应用产业支撑、推广和保障体系(图4-3)，推动卫星导航在国民经济社会各行业的广泛应用。

教师介绍：北斗导航产业链、北斗产业三大应用市场。

教师提问：问题1.这些职业中是否有你向往的呢？

学生回答。

【教师总结】北斗系统的建成，是我们祖国强大的一种表现，只有祖国

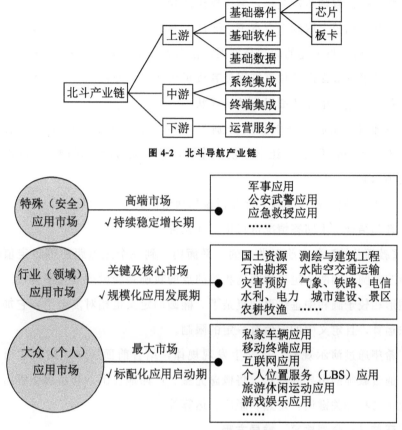

图 4-2　北斗导航产业链

图 4-3　北斗产业三大应用市场

更强大，每个人才能有更广阔的发展空间。可以预见，北斗卫星将会在各行各业发挥重要的作用，将会使我们未来的生活更加便捷，创造出更多的就业岗位。同学们在了解了更多的职业的同时，肯定对其中一些工作产生了兴趣。无论是从事航天工作，还是从事北斗导航的相关基础器件设计、软件开发等工作，作为理论基础的数学知识是必须掌握的。

环节二：演示引入　合理定义

教师导入：我们知道，大部分的卫星运行轨道都是椭圆形，图片所展示的是部分北斗导航卫星的运行轨迹（出示课件）。那么，我们怎么画出椭圆形，如何给椭圆下定义，能否像圆一样用方程表达椭圆呢？今天我们就一起来研究椭圆的定义和标准方程。

活动一：教师示范演示，学生模仿试验。

教师在画板上取两个定点 F_1 和 F_2，使 $|F_1F_2|=5$cm，取一段细绳（长度大于 5cm），将细绳的两端分别固定在点 F_1，F_2 处，用一支笔的笔尖挑着细绳，并沿画板面向外拉直细绳使其成折线状，随即移动笔在画板上画出曲线，移动的过程中要让细绳保持折线状。

教师演示完后，提供长度分别为 4cm、5cm、6cm、8cm 的四根细绳（$|F_1F_2|=5$cm 不变），让学生模仿作画，看看能否画出椭圆，所画出的椭圆大小如何。

问题 2. 通过操作实验，你觉得该如何给椭圆下定义？

教师结合学生回答情况进行提示和完善。

【教师总结】类比前面学过的：平面内，到一个定点距离等于定值的点的轨迹是圆；到两个定点的距离相等的点的轨迹是线段的垂直平分线。椭圆的图形相较于圆和中垂线更加复杂了，椭圆的定义也相对复杂了，它加入了加法运算，且定义中的定值有一定的限制。

希望通过演示观察，让学生发现规律，结合前面所学，用数学语言表达，通过教师的引导和提示，将概念完整、严谨地提出。初步感受解析几何概念中的核心关键词：定点、距离、运算等。

环节三：合理建系　推导方程

问题 3. 解析几何的核心思想是用代数方法研究几何问题，所以我们要用方程来表示椭圆，大家还记得求轨迹方程的基本步骤吗？

通过教师提问和学生回答，总结出研究问题的基本步骤。

求轨迹方程基本步骤：建系、设动点、限制动点几何条件、代入坐标、化简。

活动二：请同学们自主建立平面直角坐标系，并按照求轨迹方程的基本步骤，推导出椭圆的方程。

学生先独立探究，再互助讨论，最后展示。教师结合课堂实际情况，适时对学生的计算进行指导。

预案 1：以左焦点为坐标系原点，线段 F_1F_2 所在直线为 x 轴，推出的

椭圆方程为 $\dfrac{(x-c)^2}{a^2}+\dfrac{y^2}{b^2}=1$，其中，$b^2=a^2-c^2$。

预案 2：以两个焦点所在直线为 x 轴、线段 F_1F_2 的垂直平分线为 y 轴，推导出椭圆的方程为 $\dfrac{x^2}{a^2}+\dfrac{y^2}{b^2}=1(a>b>0)$。

问题 4. 哪个方程的推导过程和形式更简单？

可以引导学生类比圆心在原点的圆的方程最简单。让学生明白，图形在坐标系中的位置越对称，方程越简单，从中体会几何和代数的统一性，引导学生通过平移变化，将不标准的方程变换成标准方程。

【教师总结】在推导椭圆方程的过程中，由于选择的坐标系位置不同，计算的难易程度和方程的简洁程度也不同，但我们可以通过平移将不标准的方程变成标准方程，殊途同归。在很多事情上，包括自己的职业发展道路上的道理也是相通的，如果事先未能充分规划，就可能走弯路，经历更多的困难和挫折，但只要我们能够根据实际情况及时调整自己的规划，能够积极地去努力和改变，也一样能找到适合自己的职业方向。

问题 5. 如果焦点在 y 轴上，能不能得到椭圆的另一个标准方程？

给出椭圆焦点在纵坐标轴上的标准方程，并将两个方程加以对比，找到异同。

环节四：归纳总结　延伸拓展

1. 椭圆的定义、标准方程。

2. 感受数的简洁与图形的对称的一致性。

3. 希望同学们在学习数学的过程中发现数学与生活的关联，感悟数学、感受职业、提前规划。

4. 除了在卫星等科学研究中需要用到椭圆的相关知识，其实椭圆在建筑、设计、艺术创作等很多地方都有很好的应用价值，如椭圆形高层住宅、椭圆造型腕表、椭圆造型艺术设计等（可配图展示）。

六、作业与拓展学习

1. 根据下列椭圆方程判断焦点位置，指出 a，b，c 的值，并求出焦点坐标。

(1) $\dfrac{x^2}{36} + \dfrac{y^2}{24} = 1$

(2) $\dfrac{x^2}{4} + \dfrac{y^2}{9} = 1$

(3) $8x^2 + 3y^2 = 24$

2. 根据下列条件写出椭圆的标准方程。

(1)两个焦点坐标为$(-3,0)$和$(3,0)$，椭圆上一点 P 与两个焦点的距离的和等于 8。

(2)$a = \sqrt{3}$，$b = 1$，焦点在 x 轴上。

(3)$b = 3$，经过点$(0,-4)$，焦点在 y 轴上。

(4)焦点在 y 轴上，焦距为 4，并且椭圆经过点$(\sqrt{3}, -\sqrt{5})$。

3. 请以北斗卫星产业链、椭圆应用、艺术创作等角度为出发点，查询相关资料，写出一个自己喜欢的职业并说明原因，与同学们分享交流。

七、学习效果评价

1. 根据表 4-5，学生进行自我评价。

表 4-5　椭圆标准方程的学习评价表

项目	非常不符合	比较不符合	一般	比较符合	非常符合
1. 课前我认真查阅了北斗系统的相关资料					
2. 我了解了北斗系统的价值，了解了和北斗导航相关的职业信息					
3. 我理解了椭圆的定义，知道如何推导椭圆方程					
4. 我能准确推导出椭圆方程					
5. 今后面对困难时，我会积极努力地想办法来解决					

2. 教师对学生作业第 3 题的完成情况进行评价。

教师根据学生是否查阅资料，是否详细说明原因，是否分享交流进行评价。

课例二　指数函数的概念①

本节课介绍了指数函数的概念和应用，通过实际生活案例让学生了解指数函数在现实中的应用，提升学习数学的兴趣和信心。课前设置投资问题，学生经过资料分析、实地考察银行和证券公司以及小组协商，提出投资方案，提升了数学分析和解决问题的能力。通过引入当代数学家的成就和贡献、名人的投资故事，鼓励学生探索大学数学和金融领域的专业设置、发展现状、就业前景和职业通道，以增强生涯规划意识。

一、学科融合背景

本课为高一年级数学课，内容选自人教 A 版数学教材（2019 年版）必修第一册第四章"指数函数与对数函数"。

本章通过数学建模引入指数函数的概念，进一步学习指数函数的概念及简单应用，为后续指数函数图像性质的学习打好基础。在高中数学新课程中，函数内容展开的线路与顺序是：第一步，学习函数的概念（三要素）、表示方法；第二步，研究函数的性质，从数和形两个角度研究并相互印证，以求让学生初步形成研究函数的一般方法；第三步，学习具体的重要的函数模型，包括幂函数、指数函数、对数函数、三角函数、数列（离散型的函数）等；第四步，了解函数的知识与方法在学习其他内容过程中的渗透与应用。在这一过程中，学生对函数的理解也在一直不断地得以强化和深入。指数函数是高中阶段在学习函数概念和函数的一般性质的基础上，具体研究的一个重要的函数模型，是应用研究函数性质的一般方法去研究函数的一次实践。学好指数函数有利于接下来对数函数的顺利理解和掌握。

为了更好地发展学生的生涯能力，课前设置了一个投资问题，让学生分组，通过查阅资料、实地调研、小组协商等方式给出投资方案，并阐述方案优势，以锻炼学生分析问题、解决问题的能力。教师根据学生查阅文献的分组整理情况适时给予评价指导，旨在培养学生数学抽象、逻辑推理、数学建

---

① 本教学设计由赵亚利（北京市通州区潞河中学）提供。

模、数学运算和数据分析的核心素养。

二、生涯融合内容

(一)生涯融合素材类型

☑职业行业　☐专业　☑生涯人物　☑学科价值　☑学科应用

☐学科前沿　☐时事　☐学习方法　☑生涯选择　☐其他

(二)生涯融合素材

1. 当代著名数学家及其成就简介：陈景润、丘成桐的故事。

2. 数学家的投资理财小故事。爱因斯坦认为，金钱只能用于满足私欲，并且常常被其拥有者滥用。所以他曾在普林斯顿大学要求 3000 美元的超低薪水——后被校方以"太低"为由拒绝，在财务顾问劝说下，才终以 17000 美元"妥协"。不过，如果你就此认为爱因斯坦不善理财，那就大错特错了，他在不到 20 年的时间内，让几千美元的股票升值到 25 万美元。虽然他自己对理财并不擅长，但他知人善任，聘请了一位财务顾问替他打理财产，才取得了这样优异的业绩。

3. 大学数学及相关专业设置、发展现状与就业前景。数学专业毕业的研究生早已是金融界、IT 界、科研界的"香饽饽"，数学专业的就业前景有你看不见的"前途似锦"。大学的数学学院除了基础数学专业外，大多数还设置了应用数学、信息与计算科学、概率与统计精算、数学与控制科学等专业。这些现代数学的分支超越了传统数学的范畴，延伸到了社会各个领域，以数学为工具探讨和解决非数学问题，为人类社会发展作出了巨大的贡献。

【指导意义】通过引入当代数学家的成就和贡献，以及名人的投资故事，了解数学及相关专业在生产生活中的使用情况，增强学生学以致用的信心。鼓励学生探索大学数学和金融领域的专业设置、发展现状、就业前景和职业通道，增强生涯规划意识。

三、教学目标

(一)生涯发展核心素养目标

生涯意识与信念	自我认知与发展	社会适应与责任	生涯规划与行动
☑生涯好奇	☐自我分析	☑信息收集	☐决策能力
☐积极态度	☐多元发展	☐环境探索	☐生涯规划
☐机遇意识	☑自尊自信	☑责任担当	☐自主学习

(二)融合教学目标

1. 以指数函数的学习过程和方法为载体，渗透高中数学中函数学习的一般过程和方法。让学生通过分析指数函数模型与实际生活的联系，在学习过程中建立对高考选科及大学专业选择的初步认知，感受数学学科的基础性工具作用和学科贡献，提升学好数学的信心与希望；通过整个学习过程中不断遇到问题解决问题积累的成就感，逐步增强与坚定迎难而上、自我超越的勇气和决心，强化自尊自信。

2. 课前任务的完成过程中，需要实地考察银行、证券公司，了解银行储蓄、理财常识，初步了解投资知识，引导投资意识。

3. 团队协作，在遇到困难共同解决困难的过程中，激发学习动力，学会用长远的眼光看待现阶段的学习，提升生涯意识。

4. 了解当代数学家的成就及贡献，了解名人投资故事，进而认识人与社会的关系、萌发生涯意识。通过查阅资料，了解大学里的数学及金融相关专业设置、发展现状、就业前景及职业通道。

四、教学思路与流程

(一)融合教学思路

1. 通过课前任务了解储蓄及投资、还贷等。学生借助查阅资料、咨询工作人员、发动家长资源等，利用课外时间到银行、证券公司现场采集数据，通过数学建模解决问题的方式来融合指数函数概念的应用。

2. 指数函数概念的学习及简单应用，进一步体会数学与实际生活的联系，以及数学的工具性作用，了解数学的学习对将来大学专业选择的影响，认识到学好数学对将来的学习和生活都会产生积极正向的影响。

3. 介绍名人投资故事（了解人与社会的关系、萌发生涯意识）、大学里的数学及金融相关专业设置、数学及金融相关专业的就业前景及职业通道。

4. 渗透立德树人观念。引导学生开始理解个人选择与社会发展之间的关系，激发学生开始思考自己将来的专业方向、培养相应理想信念与社会责任感。知行合一，促使学生思考未来的职业规划并引导学生开始考虑选科（六选三）。

（二）教学流程

本节课教学流程安排如表 4-6 所示。

表 4-6　指数函数概念的教学流程

教学环节	主要任务（活动）及问题	设计意图	教学时间
环节一： 分享投资方案	小组展示，交流课前作业	问题创设，数学建模	15 分钟
环节二： 指数函数	1. 指数函数概念 2. 指数函数图像性质 3. 指数函数应用	1. 概念教学 2. 总结、归纳 3. 生涯渗透	20 分钟
环节三： 专业现状及 前景介绍	学生分享，教师介绍	1. 职业规划意识引导 2. 六选三选科思考	10 分钟

五、教学过程与方法

（一）融合教学方式

☑提供学案手册　□自我评估　☑建构成就经验　□实作探索

□角色体验　☑提供生涯信息　☑榜样示范　□提供个体反馈

☑展示报告　☑小组协作　☑个人意义建构　□其他

（二）教学过程

环节一：分享投资方案

第一步：任务导入——基金投资管理。

假设你是一名基金经理，为某公司管理着 1 亿元资金，公司要求资金的年增长率为 2%，10 年后一次性兑付。请问，你如何投资管理这 1 亿元资金？

第二步：初步交流草案，自由组合，可以保持独立，目的是使收益最大化，合作或独立形成可行性报告。

第三步：教师整理学生报告并加以理论指导(学科方面 & 生涯方面)。

第四步：分享学生的投资方案。

【教师总结】显而易见，利率越大差距越明显，时间越长变化越明显。

环节二：指数函数

1. 指数函数概念教学、图像性质简单总结归纳

形成概念：形如 $y=a^x(a>0$ 且 $a\neq1)$ 的函数称为指数函数，定义域为 $x\in R$。

提出问题：为什么要限制 $a>0$ 且 $a\neq1$？(这一点让学生分析，互相补充，分 $a<0$，$a=0$，$0<a<1$，$a=1$，$a>1$ 五部分讨论。)

【设计意图】对 a 的范围的具体分析，有利于学生掌握指数函数的一般形式，同时为后面研究函数的图像和性质埋下伏笔。

2. 指数函数应用，继续生涯渗透

例 1：如果你每天进步一点点(1%)，那么一年后的结果会是怎样？后退一点点呢？

$1^{365}=1$

(如果你原地踏步，一年后你还是那个"1"。)

$1.01^{365}=37.8$

(每天进步一点点，一年后你的进步会很大，远远大于"1"。)

$0.99^{365}=0.03$

(每天退步一点点，一年后你会远远小于"1"，将会"1"事无成。)

【设计意图】1. 展示坚持脚踏实地的重要性；2. 让学生展开经验感受分享。

【教师总结】"指数函数"的感悟暨忠告 1：只要脚踏实地、点滴积累，就能实现从量到质的变化。

例 2：我国国内生产总值(GDP)从 2006 年至 2018 年翻了两番，求年平均增长率 x。

【设计意图】1. 展示改革开放以来国家发展形势，进一步提升学生对国家繁荣富强、我们享受现在的美好生活的认识和感受；2. 让学生充分分享经验感受；3. 进一步进行大学专业选择的生涯教育。

【教师总结】"指数函数"的感悟暨忠告 2：祖国的未来寄托在大家身上，所以请在身心健康条件允许的青春时光里坚持不懈地努力拼搏吧！

环节三：专业现状及前景介绍

1. 讲述历史名人的理财小故事（见融合素材 2）

2. 介绍数学专业现状（见融合素材 3）

3. 介绍相关生涯资料

(1)大学对数学要求比较高的专业：数学与应用数学类、计算机类、物理学、软件工程、工程力学、遥感科学与技术、土木工程、金融类、大数据、建筑学、通信工程、物联网、统计学、自动化、密码学、逻辑学、微波工程等。

(2)大学数学系专业结构介绍：数学与应用数学、信息与计算科学、数理基础科学。

(3)数学与应用数学就业方向及前景介绍：教师、金融保险、高新科技行业。数学与应用数学专业属于基础专业，是其他相关专业的"母专业"。无论是进行科研数据分析、软件开发、三维动画制作还是从事金融保险、国际经济与贸易、工商管理、化工制药、通信工程、建筑设计等，都离不开相关的数学专业知识。数学专业与其他相关专业的联系将会更加紧密，数学专业知识将会得到更广泛的应用。

4. 提出问题

你对未来六选三及大学专业的选择有没有新的想法？（学生分享、交流。）

5. 教师介绍

(1)数学家陈景润

陈景润主要从事解析数论方面的研究，并在哥德巴赫猜想研究方面取得国际领先的成果。20 世纪 50 年代对圆内格点问题、球内格点问题、塔里问题与华林问题作了重要改进，60 年代以来对筛法及其有关重要问题作了深入研究，1966 年 5 月证明了命题"1＋2"，将 200 多年来人们未能解决的哥德巴赫猜想的证明大大推进了一步，这一结果被国际上誉为"陈氏定理"，其后他又对此作了改进。

1957 年，陈景润被调到中国科学院研究所工作，作为新的起点，他更加刻苦钻研。经过 10 多年的推算，他在 1966 年 5 月发表了论文《表大偶数为一个素数及一个不超过二个素数的乘积之和》。该论文受到世界数学界和著名数学家的高度重视和称赞，英国数学家哈伯斯坦和德国数学家黎希特把陈景润的论文写进数学书中。

(2)首位华人菲尔兹奖得主丘成桐

丘成桐是数学家陈省身的学生，因解决微分几何的许多重大难题而获得菲尔兹奖。丘成桐的第一项重要研究成果是解决了微分几何的著名难题——卡拉比猜想，从此声名鹊起。他把微分方程应用于复变函数、代数几何等领域，取得了非凡成果，比如解决了高维闵考夫斯基问题，证明了塞凡利猜想等。这一系列的出色工作终于使他成为菲尔兹奖得主。

【教师总结】学好数学的意义，以及建立家国情怀。

六、作业与拓展学习

1. 完成教材规定的课后作业。

2. 查阅数学家们(例如：华罗庚、苏步青)的生平及贡献，建立自己的国家情怀，进一步审视自己的兴趣爱好，思索自己肩上的责任，思考自己的生涯规划方向，整理成小报或论文，在班级内展示。

七、学习效果评价

根据表 4-7，学生进行课堂自我评价。

表 4-7　指数函数学习的自我评价表

学生自我评价	非常不符合	比较不符合	一般	比较符合	非常符合
1. 我理解并掌握了指数函数的概念					
2. 我理解并掌握了指数函数的图像性质					

续表

学生自我评价	非常 不符合	比较 不符合	一般	比较 符合	非常 符合
3. 我能够应用指数函数解决简单应用问题					
4. 我学会了用数学建模的方法解决实际问题					
5. 我了解了大学数学专业设置及相关专业之间的联系					
6. 我对高中选科(六选三)开始有了自己的想法					
7. 我认为个人发展与社会发展是紧密相关的					
8. 我相信未来能够通过所学的专业、所从事的职业报效祖国					
9. 我为祖国的发展感到骄傲、自豪					

第四节　生涯—学科融合教学设计·英语

课例一　高中英语学法指导①

本节课通过视频、图片和文字让学生直观了解专业翻译人员准确翻译语言和思想的技巧,旨在让学生了解英语在跨文化交流中的作用。同时通过介绍生涯人物的英语学习方法,提高学生的学习兴趣,帮助学生掌握适合自己的英语学习方法。此外,课程还介绍了英语口译的职业及就业前景,以激发学生的生涯意识。

---

① 本教学设计由王盛岷(北京市海淀区教师进修学校附属实验学校)提供。

一、学科融合背景

本课为高二年级英语学法指导课，内容选自北师大版英语教材（2009年版）选修7第19单元第1课"Language Learning"。

高中阶段的英语学习在词汇、语法、语篇难度等方面相对于初中阶段明显提升。这就要求学生在学习语言的过程中利用有效的方法和策略，达到事半功倍的效果。英语课标指出："发展学生运用学习策略的能力是提高学生学习能力的主要途径，是教学的重要内容，也是英语学科核心素养的重要组成部分。教师在教学中应重视对学生学习策略的培养，有意识地引导学生学习并尝试使用各种不同的学习策略，逐步形成适合自己的学习方法。"

基于课标及学生的成长需求，结合北师大版高中英语教材选修7第19单元第1课"Language Learning"介绍的语言学习的方法，本课融合了2021年3月18日（美国当地时间）中美高层战略对话会议上我国外交部翻译司高级翻译张京的现场翻译视频片段。学生通过视频、图片、文字，可以更直观地了解在跨文化交流中，作为专业翻译人员，张京是如何准确翻译语言和思想的。那么，她在高中和大学阶段是如何学习语言的呢？学生通过学习，可以在实践中借鉴和运用这些学习方法，逐步形成适合自己的学习方法。

2021年5月31日，习近平总书记在主持十九届中央政治局第三十次集体学习时强调，讲好中国故事，传播好中国声音，展示真实、立体、全面的中国，是加强我国国际传播能力建设的重要任务。英语作为全球性语言，在国际交流中占有重要地位。选修7第19单元"Language"的主题聚焦语言学习和文化。第1课为阅读语篇，介绍语言学习的方法；第2课介绍语言的多样性；第3课介绍肢体语言；写作部分是写给语言培训中心询问课程的一封信；文化角介绍了美式英语、英式英语、加拿大英语、澳大利亚英语和新西兰英语。第1课"Language Learning"介绍了英语作为全球性的语言的重要性及学好英语的方法。本课作为阅读课，聚焦语言的学习，指导学生运用好的学习方法学习语言，为学生的语言学习和今后的生涯发展奠定基础。

二、生涯融合内容

(一)生涯融合素材类型

☐职业行业　☐专业　☑生涯人物　☐学科价值　☑学科应用

☐学科前沿　☐时事　☑学习方法　☐生涯选择　☐其他

(二)生涯融合素材

为了深化本课关于语言学习方法的教学，开阔学生的视野，学习在跨文化沟通中将语言及思维完美融合，融合素材选取了在 2021 年 3 月 18 日(美国当地时间)举行的中美高层战略对话会议上中方代表的现场翻译片段，外交部翻译司高级翻译张京以沉稳大气、完整准确的翻译表达，充分地展现了新时代中国外交人员的风采。

1. 张京简介

张京，毕业于外交学院，外交部翻译司高级翻译。在小学，她就开始模仿电影里的人说英语。父母带她出国旅游，陪她看英语动画，给她创造了更多的语言环境。她在学校积极参加英语演讲比赛，生活中主动和外国人交流沟通，锻炼自己的口语。在大学，为了锻炼自己的思辨能力。她还和同学们模拟在联合国记者会上代表国家进行发言，大家随机提问，她来作答。2007年，张京被外交部录用后，每天依然保持强度很大的口译和笔译训练量。

2. 中美高层战略对话视频简介

2021 年 3 月 18 日，中共中央政治局委员、中央外事工作委员会办公室主任杨洁篪、国务委员兼外交部部长王毅在阿拉斯加州安克雷奇同美国国务卿布林肯、总统国家安全事务助理沙利文举行中美高层战略对话。杨洁篪在中美高层战略对话开场白中阐明中方有关立场。在美方代表严重超时，还率先"发难"、挑起争端后，杨洁篪也作出了 16 分钟的临场讲话回应，严正阐明我方立场，驳斥美方的无理指责。发言结束后，张京有条不紊、流畅准确地完成了翻译任务，表现得沉稳又专业。

【指导意义】①学习优秀的专业翻译人员张京在学生时代是如何学习英语的。②初步了解英语口译的职业及前景，唤醒学生的生涯意识。

三、教学目标

(一)生涯发展核心素养目标

生涯意识与信念	自我认知与发展	社会适应与责任	生涯规划与行动
☑生涯好奇	☐自我分析	☑信息收集	☐决策能力
☐积极态度	☐多元发展	☐环境探索	☐生涯规划
☐机遇意识	☐自尊自信	☐责任担当	☑自主学习

(二)融合教学目标

1. 意识到英语学习的重要性，为将来的继续学习和职业生涯奠定语言基础。

2. 总结课文及融合素材中优秀语言学习者的学习方法，为借鉴运用这些方法作准备。

3. 初步了解英语口译职业及前景，唤醒学生的生涯意识。

四、教学思路与流程

(一)融合教学思路

在"Language Learning"大的语篇阅读背景下，学生阅读文本，了解英语作为国际通用语在跨文化交流中的重要作用。教材文本中提供了一些好的学习语言的方法，现实生活中，优秀的语言学习者是如何运用语言进行交流的呢？他们有哪些鲜活的学习方法呢？外交部翻译司张京在中美高层战略对话中担任翻译，其地道的英语发音和流畅的表达，给人留下深刻的印象。她是如何学习英语的呢？

本课将课文内容与融合素材整合输入，旨在提升学生的学习兴趣，开阔学生视野，使学生对语言的工具性和人文性有更深入的了解。学生通过小组讨论，进一步梳理英语学习方法，并通过海报制作的形式进行呈现汇报、交流评价、语言输出，为今后借鉴运用这些学习方法作好准备。

(二)教学流程

本节课教学流程安排如表 4-8 所示。

表 4-8　高中英语学法指导的教学流程

教学环节	主要任务(活动)及问题	设计意图	教学时间
导入	通过对某种语言的描述,学生猜测本节课的学习内容	引起学生对本节课学习内容的关注	1分钟
环节一	阅读文章,回答问题	提取文本信息,为后边总结语言学习方法作铺垫	4分钟
环节二	阅读文章,判断正误	提取文本信息,进行分析判断	3分钟
环节三	阅读文章,梳理、归纳文本信息	总结有效的学习英语的方法	2分钟
环节四	介绍中美高层战略对话,张京作为翻译的出色表现及其成长历程	感悟语言表达的思想性,了解张京的成长历程	15分钟
环节五	介绍口译职业及其前景	学生初步了解口译的职业,初步唤醒生涯意识	3分钟
环节六	小组讨论,根据课文及融合素材,制作英语学习方法海报	在探讨和制作海报的过程中内化语言知识及学习方法	8分钟
环节七	汇报,分享小组海报	相互学习、借鉴英语学习方法	6分钟
环节八	课程总结:学生总结英语作为交流工具的重要性、好的学习方法、关于口译职业的初步了解等	学生认识到好的学习英语的方法可以为将来从事英语相关的工作及研究学习等提供无限可能	3分钟

五、教学过程与方法

(一)融合教学方式

☑提供学案手册　☐自我评估　☐建构成就经验　☐实作探索

☐角色体验　☑提供生涯信息　☑榜样示范　☐提供个体反馈

☑展示报告　☑小组协作　☐个人意义建构　☐其他

(二)教学过程

导入

Teacher：It was predicted as early as the 1700s that a language would one day be the global language and that has proved to be the case in the last few decades. Which language is it?

【设计意图】学生猜测教师所描述的是哪种语言,教师总结并引出本节课的学习内容，引起学生对学习内容的关注。

环节一：Students read the text for the first time and answer the following questions.

1. What has made more and more people decide to learn English in recent years?

2. According to some theories, what is the best way to learn a foreign language?

3. How can teachers create a rich language environment in the classroom?

4. What extra work can you do outside of the classroom?

Teacher checks the answers with the students.

【设计意图】学生阅读文章，提取文本信息，了解英语作为国际通用语的重要地位，意识到学习英语的重要性并了解一些专家介绍的有效的学习英语的方法。

环节二：Students read the text for the second time and judge if the following statements are true or false. Then explain the reasons.

1. Experts recommend doing 2 hours of extra work once a week.

2. Listening to an English song several times can help you revise your vocabulary.

3. There's no point reading the news in English if you've already watched it in your own language.

4. Watching your favorite DVD in English will improve your listening skills.

Teacher checks the answers with the students.

【设计意图】学生再次阅读文章，提取文本信息，进行分析判断。

环节三：Students read the text for the third time and list some effective ways of learning English.

Students share the effective ways of learning English they listed with the whole class.

【设计意图】学生通过阅读，梳理、归纳文本信息，总结出有效的学习英语的方法。

环节四：Teacher introduces the bilateral high-level strategic dialogue in Anchorage，Alaska on March 18th，2021.

The delegates includes Yang Jiechi，Wang Yi，Cui Tiankai，Lu Kang and the interpreter Zhang Jing. They are all amazing English learners.

Then teacher assigns students a translation task.

Students translate some of Yang Jiechi's words into English.

1. 你们没有资格在中国面前说，你们从实力的地位出发与中国讲话。

(Zhang Jing's translation：The United States does not have the qualification to say that it wants to speak to China from a position of strength.）

2. 中国人是不吃这一套的。

(Zhang Jing's translation：That's not the way to deal with China.）

Students watch a part of Zhang Jing's translation at the bilateral high-level strategic dialogue in Anchorage，Alaska.

Students give comments on Zhang Jing's performance.

Teacher asks what the students have learned from the video clip.

Teacher introduces Zhang Jing's ways of learning English and her career growing process. When she was a senior high school student，her dream was to be a diplomat and she stuck to her dream even though her excellent result of College Entrance Exam could enroll her in Peking University or Tsinghua University. She chose China Foreign Affairs University and fulfilled her dream.

【设计意图】教师请学生尝试翻译中美高层论坛时杨洁篪、王毅的部分发言并播放张京当时的翻译视频。通过呈现视频、图片、文字激发学生的学习兴趣，帮助学生更直观、深入地了解英语作为交流工具在跨文化交流中的重要性，以及口译人员出色的语言运用能力和临场应变能力。教师顺势介绍张京从小到大学习英语的方法及其职业成长经历。学生可以学习、借鉴她的英语学习方法和理念。张京在高中时期就树立了当一名外交官的梦想，她高考成绩优异，达到了清华大学、北京大学的录取线，但是她坚定地选报了专业对口性更强的外交学院，说明了人生目标的重要性和梦想的力量，以此引导学生树立自己的人生目标和职业梦想。

环节五： Teacher introduces the income of an interpreter.

There is a great difference in the level of English translation. The ordinary level of simultaneous translation may take about three or four thousand yuan a day, but some authoritative translation of international conferences takes at least about ten thousand yuan a day, so the price gap is still very large.

More importantly, teacher emphasizes on the work content and the required work ability and literacy of the occupation of interpretation.

Teacher：Some people hold the opinion that one day interpreters will be disappearing in the future due to the development of new technology, for example, some translation softwares are popular now. What do you think about it?

Then teacher asks students why we need to learn English and what to learn, how to learn it well.

(language, culture, way of thinking…)

Students discuss and answer the above questions.

【设计意图】通过教师介绍，学生初步了解英语口译的职业薪金收入，更为重要的是，了解口译职业的工作内容和口译工作人员所需要具备的工作能力、素养等。帮助学生了解口译这一职业，唤醒学生初步生涯的意识，并引导学生进一步深入思考：将来机器翻译会不会取代人？引导学生学会思辨。机器进行的翻译是文字上的翻译，而人翻译和传递的是思想、思维方式、价值观等。教师通过提问引导学生思考：为什么要学英语？英语学什么？如何学好英语？进一步引导学生关注英语学习的重要性，学习英语不仅要学习语言知识，还要学习不同的思维方式，从而讲好中国故事，发出中国声音，介绍中国的发展理念、发展道路、发展成就，更好地展示真实、立体、全面的中国，不断提高中国国际影响力，为促进中国和世界交流沟通作出新的贡献。

环节六：Students work as a group.

Discuss and make a poster of ways of learning English based on what they've learned. Teacher introduces what makes a good poster first.

1. Language

  * simple and clear

  * sentence variety

  * present tense

2. Content

  * imperative sentences

  * pictures and captions

3. Design

  * bright colors and bold words

  * well-organized

【设计意图】学生通过讨论来整合所学内容，在小组探讨和制作海报的过程中内化语言知识及学习方法。

环节七：Students make group presentations. Students comment on each other's presentation and vote for the most popular one.

【设计意图】学生在汇报、分享英语学习方法的过程中，相互评价、学习、借鉴。投票选出最受欢迎的海报。

环节八：Students make a summary of what they've learned.

Students summarize things they have learned in this lesson: the importance of English learning; good learning methods; a preliminary understanding of the interpreting profession, etc.

Teacher encourages students to apply good learning methods to learn languages and lay a foundation for their future career development.

【设计意图】学生总结本节课所学到的主要内容：英语学习的重要性、好的学习方法、对于口译职业的初步了解等。教师通过点拨，引导学生运用好的学习方法学习语言，为学生今后的生涯发展奠定基础。

六、作业与拓展学习

Option 1：Integrate materials about ways of learning English and write an article on how to learn English well. Get ahead with learning English.

Option 2：Integrate materials about ways of learning English and make a list of things you can do outside the classroom that might help improve your English. Effective ways of learning English.

七、学习效果评价

学生在课后完成以下两项作业，教师根据学生完成情况及完成内容进行评价，判断是否达成了本节课的融合教学目标。

1. 你是如何看待英语这门学科的？你认为学习英语的方法有哪些？什么样的学习方法是适合你的？未来你将怎样学习英语？（请用英文进行描述）

2. 通过本节课的学习，你认为英语口译是一个什么样的职业？你认为自己适合成为一名口译工作者吗？为什么？（请用英文进行描述）

课例二　火山学家的工作①

本节课通过阅读"An Exciting Job"，了解火山学家的工作及其第一次目睹火山爆发时的事实性信息，让学生看到火山学家对工作的热爱和不畏艰难帮助他人的精神，帮助学生推断出火山科学家应具备的素质，激发学生对职业生活的好奇，反思自我的职业兴趣和价值观。同时通过作业设计，要求学生运用所学描述出自己的理想工作，初步规划自己的职业道路。

一、学科融合背景

本课为高二年级英语课，内容选自人教版英语教材(2007 年版)，所属章节为选修 6 第 5 单元阅读课部分。

学生在第一课时中已经了解并讨论了火山、地震、飓风等自然灾害及其

---

① 本教学设计由江珂珂(北京市和平街第一中学)提供。

对人类的危害。已引导他们交流有关火山方面的知识，并让他们想出减少自然灾害带来的损失的方法。虽然学生对火山有了一定程度的了解，但关于火山和火山学家相关的知识结构并不系统，对火山的破坏性和火山学家的工作内容与工作性质等缺乏深层的理解。

英语课标规定，普通高中英语课程作为一门学习及运用英语语言的课程，与义务教育阶段的课程相衔接，旨在为学生继续学习英语和终身发展打下良好基础，为他们未来继续学习英语或选择就业提供更多机会。人教版教材中有不少语篇素材适合开展生涯教育，充分利用这些素材可以帮助学生认清自我，增强自信，深化自我激励，明确未来职业方向。

本文是一篇题名为"An Exciting Job"的阅读课，文中一位火山学家以第一人称的形式讲述了自己的工作及第一次目睹火山爆发时的情景和心情，表达了自己对工作的高度热情，20年后，火山对他的吸引力依然不减。通过对文章的学习，学生能够进一步了解火山爆发和火山学家的工作及其意义，感受火山学家对自己工作的热爱及不畏艰难帮助他人的精神信念；基于文本，学生可以总结火山学家应具备的良好品质，反思自己的职业兴趣和价值观，了解自己是否适合成为一名火山学家，并通过作业描述自己的理想工作，初步规划自己的职业道路。

二、生涯融合内容

(一)生涯融合素材类型

☑职业行业　☑专业　☑生涯人物　☐学科价值　☐学科应用

☐学科前沿　☐时事　☐学习方法　☑生涯选择　☐其他

(二)生涯融合素材

展现火山学家的工作以及火山喷发的壮观景象，作者首先介绍了他的工作内容和工作性质，他热爱该项工作的主要原因是能够帮助人们免遭火山袭击。作者通过讲述自己的经历，成功地让我们认识到火山是美丽的，但同时极具破坏力，而火山学家的工作可以减少由火山引发的损失。

【指导意义】引导学生了解火山学家的工作内容和工作性质，感受作者对自己工作的热爱，感受火山学家不畏艰难帮助他人的责任与信念和精益求精的职业素养；在此基础上，引导学生思考自己是否想成为一名火山学家并描述自己理想中的职业，以提高学生的自我认知、生涯规划和行动能力。

三、融合教学目标

（一）生涯发展核心素养目标

生涯意识与信念	自我认知与发展	社会适应与责任	生涯规划与行动
☑生涯好奇	☑自我分析	☐信息收集	☐决策能力
☐积极态度	☐多元发展	☐环境探索	☑生涯规划
☐机遇意识	☐自尊自信	☐责任担当	☐自主学习

（二）融合教学目标

1. 梳理文中有关火山学家的工作及其第一次目睹火山爆发时的事实性信息，形成结构化知识，全面而又深刻地认识火山学家这一职业。

2. 总结火山科学家应具备的品质，激发学生对于职业生活的好奇，唤醒学生的生涯意识。

3. 反思自身，进行自我分析，谈论自己是否想成为一名火山学家。在客观认识自己、评价自己和分析自己的基础上，初步建立个人发展计划，规划自己的职业道路。

四、教学思路与流程

（一）融合教学思路

通过思维导图的形式梳理信息，获取文本内容并深切感受作者对自己工作的热爱。在此基础上总结火山学家应具备的良好品质，反思自己的性格倾向和职业兴趣，初步规划自己的职业道路。

（二）教学流程

本节课教学流程安排如表 4-9 所示。

表 4-9　火山学家的工作的教学流程

教学环节	主要任务(活动)及问题	设计意图	教学时间
环节一：Lead in	Look at the pictures and answer the question：What do you know about volcanoes and volcanologists?	激活已知，导入话题	3 分钟
环节二：Fast reading	Skim to get the main idea. The writer's job as a _____ and his first experience of _____.	快速阅读，获取大意	5 分钟
环节三：Careful reading	Draw a mind map to get the detailed information.	利用图示，提取并梳理信息	25 分钟
环节四：Post-reading	Infer the good qualities that a volcanologist should have.	整合评价，挖掘深层含义	6 分钟
环节五：Voice your opinion	Group discussion：Having learned a little more about the work of a volcanologist, do you think it is an occupation you would enjoy? Give your reasons.	联系自我，反思内容	6 分钟

五、教学过程与方法

(一)融合教学方式

☐提供学案手册　　☑自我评估　　☐建构成就经验　　☐实作探索

☑角色体验　　☐提供生涯信息　　☑榜样示范　　☐提供个体反馈

☐展示报告　　☑小组协作　　☑个人意义建构　　☐其他

(二)教学过程

环节一：Lead in

Answer the questions：

1. What is the exciting job in the passage?

2. What do you know about volcanoes and volcanologists?

3. Do you want to be a volcanologist? And why?

【设计意图】通过展示文章题目"An Exciting Job"和相关图片引导学生预

测课文内容，激发学生的阅读兴趣，形成阅读期待。在问题 2 的回答过程中，教师将 dangerous，powerful forces，eruption，lava，helmet，protective suits，special equipment 等与火山喷发和火山学家相关的词汇呈现给学生，扫清词汇障碍，同时有效激活学生已有的关于火山和火山学家的认知和经验。问题 3 引导学生结合自己的兴趣和能力，分享他们未来的职业期许，初步激发学生的生涯好奇，使学生萌发对自己职业的期待与规划的意识。

环节二：**Fast reading**

Read quickly and get the main idea of the passage.

The writer's job as a _____ and his first experience of _____.

【设计意图】通过略读（skimming），让学生弄清基本信息，抓住文章中心，把握文本的框架结构，为下一个教学环节作好充分准备。

环节三：**Careful reading**

Read quickly and draw a mind map to get the detailed information.

Based on the information from the text，Teatcher asks students to answer the following questions：

1. Why does the writer think his job is the exiting?

（His daily work：sometimes working outdoors，sometimes in an office，sometimes using scientific equipment and sometimes meeting local people and tourists；help protect ordinary people from the volcano；witness/see the fantastic sight of volcanic eruption…）

2. What method did the writer employ while writing his job?

（parallelism，from general to specific…）

3. How does the writer describe the volcano eruption?

（By using the detailed description of sense，including sound，sight；form far to near…）

【设计意图】通过细读（scanning），以画思维导图的方式，进一步梳理细节信息，在描述阐释的过程中实现语言和知识的内化；并基于找到的细节信息去思考推断深层含义，提炼写作意图；感受排比、比喻、对比等写作技巧和由一般到具体、由远及近的写作手法。同时，主要从"what…do""why…

exciting"和"how…feel"三方面入手，让学生在认识火山学家的工作内容，为什么令人兴奋（兴趣）以及作者对这份工作的感受的同时，感受作者对工作的热爱和精益求精的专业精神，进而激发自己对未来职业的期待和好奇心，思考自己的生涯规划。

环节四：Post-reading

Group discussion：What qualities do you think a volcanologist should have? Find evidence in the passage to support your opinion.

adventurous（Although my job is occasionally dangerous，I don't mind because danger excites me.）

sympathetic（However，the most important thing about my job is that I help protect ordinary people from one of the most powerful forces on earth——the volcano.）

professional（collect and evaluate information；quick-reacted after the eruption and proper dressed in the research on the spot；have studied for many years…）

cautious/cooperative（This being my first experience I stayed at the top and watched them.）

enthusiastic（Today，I am just as enthusiastic about my job as the day I first started.）

…

【设计意图】通过文本解读，让学生进行讨论，引导学生根据课堂所学的内容，结合自己的认识和思考，学会从文本中寻找依据来归纳火山学家的品质，并且感受到火山学家对自己工作的热爱和"Enjoy our jobs，enjoy our life"的生活真谛。

环节五：Voice your opinion

Group discussion：Having learned a little more about the work of a volcanologist，do you think it is an occupation you would enjoy? Give your reasons.

Students' answers：

① No，I wouldn't enjoy the job because I don't like being in dangerous situations and meeting different people. What is more，I am not good at science and I have no interest in studying volcanoes.

② Yes，I'd love to do the job because I would enjoy the adventures. It would be exciting to meet people from different countries and I would feel good about helping people avoid danger.

【设计意图】在推测出一名优秀的火山学家应该具有的良好品质的基础上，反思这份工作是不是也适合自己。这种真切的角色体验有助于学生进行自我评估，分析自己的性格和爱好，进而思考自己的职业兴趣。

六、作业与拓展学习

Decide on your exciting job，search on the Internet for some necessary information and write an essay about it(at least 100 words). Your essay should include：

1. What is your exciting job and what is the daily routine of the job?

2. What qualities should you have if you want to do your job well?

3. How would you feel doing your exciting job and why?

【设计意图】作为课堂内容的延伸，此项作业可以引导学生更好地关注自身的生涯发展和职业兴趣，基于所学描述出自己的理想工作，规划自己的职业道路，展望自己的职业前景。

七、学习效果评价

(一)学生自评

1. 对英文文本的理解程度

·真正了解课文内容，能够用思维导图的方式提取梳理信息，深刻了解火山学家及其工作，深刻体会文章的写作手法。

·基本了解文章内容，基本了解火山学家及其工作，识别文章的基本写作手法。

·了解文章的主要内容，但是细节不够具体深入。

2. 对火山学家职业的了解程度

·能够归纳火山学家具备的良好品质并能够从文章中找到依据，最少说出 3 条。

·基本能够归纳出 1～2 条火山学家的良好品质。

·不能基于文本作出合理归纳。

3. 对自我未来发展的规划程度

·能够分析自我，思考并确定未来职业发展的初步方向，能够从性格、兴趣、学习能力等方面阐释原因，对这一方向有较多了解。

·能够明确自己感兴趣的职业发展方向，对这一方向有初步了解。

·对该问题不能作出有效思考和回答。

(二)学生写作

学生以"My Exciting Job"为主题进行写作(100 词左右)，运用所学语言知识描述自己理想的工作。教师对学生习作进行分析讲评，了解学生对自己未来工作的期待，确定是否达成学科融合教学目标。

第五节 生涯—学科融合教学设计·思想政治

课例一 人工智能时代的人才供需版图[①]

本节课以人工智能产业发展和人才发展为融合点，学生通过经济数据和情境问题，分析人工智能产业和人才发展现状和影响因素，完成小组作业"人工智能时代的中国人才供需版图"并提出政策建议，在提升政治认同中提升科学精神和公共参与的学科素养。同时，通过了解人工智能相关专业和就业方向，增强生涯关注与好奇。

一、学科融合背景

本课为高一年级思想政治课，内容选自人教版思想政治教材(2020 年版)

---

① 本教学设计由李佳(北京市第三十五中学)提供。

必修二"经济与社会"，所属章节为第一单元第二课第二框题——更好发挥政府作用。

《普通高中思想政治课程标准(2017 年版 2020 年修订)》提出高中思想政治课程要紧密结合社会实践，引导学生理解中国特色社会主义进入新时代的历史方位，培育政治认同、科学精神、法治意识和公共参与等核心素养。必修二"经济与社会"依据习近平新时代中国特色社会主义思想的基本原理，讲述我国社会主义基本经济制度，解析社会主义市场经济的基本特征，帮助学生理解全面深化改革的意义，提升在新时代参与社会主义现代化建设的能力。高一学生在面对市场经济时具备一定生活经验，但是对于运用经济知识和思维来分析和解决当前我国经济发展中的新变化、新形势的能力和素养还不足。本课以人工智能产业发展和人才发展为融合点，让学生通过探究活动，以社会主义市场经济体制的相关知识分析人工智能产业发展和人才发展现状，深度思考在人工智能产业人才发展方面为什么需要政府发挥作用，并为国家人工智能产业人才发展提供合理化政策建议，在提升政治认同中提升科学精神和公共参与的学科素养。

二、生涯融合内容

(一)生涯融合素材类型

☑职业行业　☐专业　☐生涯人物　☐学科价值　☑学科应用

☐学科前沿　☑时事　☐学习方法　☐生涯选择　☐其他

(二)生涯融合素材

2020 年 6 月，工业和信息化部人才交流中心正式发布《人工智能产业人才发展报告(2019—2020 年版)》。报告分为七个章节，包括人工智能产业发展概况、人工智能产业人才发展总体现状、人工智能产业人才能力素质要求及薪酬画像、人工智能产业人才发展存在的问题、人工智能产业人才相关政策文件分析、人工智能产业人才发展趋势、人工智能产业人才发展政策建议。该报告中的部分数据和信息可以作为本节课的融合素材。

【指导意义】引导学生在课堂上进行情境问题探究，启发学生以社会主义市场经济体制的相关知识分析人工智能产业发展，明确在人工智能时代就业所需的基本素养，为国家人工智能产业人才发展提供合理化政策建议，提升政治认同、科学精神和公共参与的学科核心素养，同时增强对人工智能产业和职业的关注与好奇。

三、教学目标

（一）生涯发展核心素养目标

生涯意识与信念	自我认知与发展	社会适应与责任	生涯规划与行动
☑生涯好奇	☐自我分析	☐信息收集	☐决策能力
☑积极态度	☐多元发展	☐环境探索	☐生涯规划
☑机遇意识	☐自尊自信	☑责任担当	☐自主学习

（二）融合教学目标

1. 通过对我国人工智能产业相关资料的阅读，初步思考人工智能人才问题是制约该产业发展的关键。

2. 结合市场调节的相关知识，通过对经济数据和表格中的信息进行有效解读，透过经济现象分析其背后所反映的经济本质问题。

3. 从市场与政府的关系角度进行深度思考，人工智能产业人才发展方面为什么需要政府发挥作用，分析"市场机制—市场缺陷—政府作用"的内在联系。

4. 结合人工智能产业人才工作的问题情境，运用政府经济职能相关知识提出相关政策建议。

5. 通过经济数据和信息，能够科学分析人工智能产业发展机遇，树立积极态度，并通过提出政策建议提升责任意识，同时增强对人工智能产业和职业的关注与好奇。

四、教学思路与流程

（一）融合教学思路

通过教师呈现的人工智能产业发展现状资料，思考我国当前人工智能产业发展现状以及人才问题是制约该产业发展的关键。通过对经济数据的解读，详尽分析人工智能产业人才发展的供求关系问题。通过深度思考"市场机制—市场缺陷—政府作用"的内在联系，理解在人工智能产业人才发展方面为什么需要政府发挥作用。基于对经济数据和政府发挥作用原因的分析，对我国政府在人工智能产业人才工作方面提出政策建议。在整个学习过程中，能够运用社会主义市场经济体制的基本观点，分析人工智能产业人才发展的现象，深入准确理解市场机制和市场缺陷，理解政府在市场经济运行中的作用并进行迁移和应用，提升阐释与论证能力，提升政治认同、科学精神和公共参与的学科核心素养。

（二）教学流程

本节课教学流程安排如表 4-10 所示。

表 4-10　人工智能时代人才供需版图的教学流程

教学环节	主要任务（活动）及问题	设计意图	教学时间
环节一： 导入新课，引出问题	教师呈现人工智能产业发展现状资料 设问：当前我国人工智能产业的发展状况呈现出怎样的特点，制约我国人工智能产业发展的关键问题是什么	学生通过阅读我国人工智能产业相关资料，初步思考人工智能人才问题是制约该产业发展的关键	5 分钟
环节二： 解读数据，分析人工智能产业人才发展现状	设问：通过对经济数据的分析，你认为当前我国人工智能产业人才发展存在什么问题？请详细说明	学生能针对经济数据和表格中的信息进行有效解读，透过经济现象分析其背后所反映的经济本质问题	10 分钟
环节三： 深度思考，人工智能产业人才发展方面为什么需要政府发挥作用	设问：从市场与政府的关系角度思考，分析人工智能产业人才发展方面是否可以仅仅依靠市场的作用，以及为什么需要政府发挥作用	学生通过对新的问题任务的分析和解决，深度思考"市场机制—市场缺陷—政府作用"的内在联系	15 分钟
环节四： 建言献策，对我国政府在人工智能产业人才方面的工作提出政策建议	设问：通过小组合作探究（观点交流），结合经济数据和相关结论，谈谈你认为我国政府在人工智能产业人才发展方面应发挥哪些作用	学生结合人工智能产业人才工作的问题情境，运用政府经济职能相关知识提出政策建议	15 分钟

五、教学过程与方法

(一)融合教学方式

☐提供学案手册　☐自我评估　　☐建构成就经验　☐实作探索

☐角色体验　　　☑提供生涯信息　☐榜样示范　　　☐提供个体反馈

☐展示报告　　　☑小组协作　　　☑个人意义建构　☐其他

(二)教学过程

环节一：导入新课，引出问题

教师呈现人工智能产业发展现状资料(含《国务院关于印发新一代人工智能发展规划的通知》中的部分材料)，学生进行自主探究。

中国人工智能产业规模化发展起步较晚，基础研究较为薄弱，但在各级政府高度支持下，高校、企业等各界积极参与，中国人工智能产业规模呈快速扩张态势，2019年突破100亿美元，已经成为全球人工智能产业的领军者之一。在数字经济蓬勃发展的浪潮中，人工智能正成为引领中国科技创新和产业发展的核心力量。

在我国人工智能产业强劲的发展浪潮中，研究和应用人工智能技术的企业数量不断增加，人才需求在短时间内激增。但由于我国人工智能起步较晚、发展历程较短，人工智能人才储备不足且培养机制不完善，导致产业内能够满足需求的有效人才密度不足。

设问：①当前我国人工智能产业的发展状况呈现出怎样的特点？②制约我国人工智能产业发展的关键问题是什么？

【教师总结】数字经济时代，人工智能正成为引领科技创新和产业发展的核心力量。作为引领未来的战略性产业，我国人工智能要保持竞争优势，需要分析和解决人工智能产业人才培养问题。

环节二：解读数据，分析人工智能产业人才发展现状[①]

岗位人才供需比计算方法：岗位人才供需比＝意向进入岗位的人才数量÷岗位数量

――――――――――

① 数据来源：《人工智能产业人才发展报告(2019—2020年版)》报告编写组调研数据库、BOSS直聘。

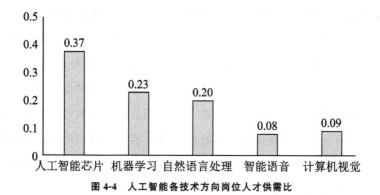

图 4-4 人工智能各技术方向岗位人才供需比

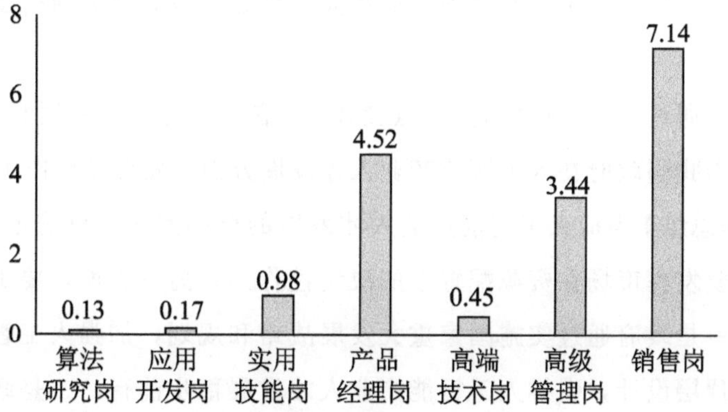

图 4-5 人工智能各职能岗位人才供需比

设问：通过对图 4-4 和图 4-5 中经济数据的分析，你认为当前我国人工智能产业人才发展存在什么问题？请详细说明。

【教师总结】作为经济发展的新引擎，人工智能已经开始广泛渗入和应用于各领域并展现出巨大潜力。但与发达国家相比，我国人工智能产业在人才方面存在较大差距，主要问题是人才供需不平衡，具体体现在以下三方面：一是总体数量不平衡，难以支撑迅速扩张的产业规模；二是人才结构失衡，在不同层次、不同技术方向、不同岗位结构上均存在失衡；三是人才质量不匹配，产业端与教育端没有实现有效对接，人才培养质量难以满足产业需求。

环节三：深度思考，人工智能产业人才发展方面为什么需要政府发挥作用

设问：从市场与政府的关系角度思考，分析人工智能产业人才发展方面是否可以仅仅依靠市场的作用，以及为什么需要政府发挥作用。

【教师总结】市场在资源配置中发挥决定性作用，人工智能产业人才资源配置首先应该遵循市场经济的一般规律。但是由于市场调节存在盲目性，即市场主体对市场信息不完全掌握，个人和家庭对人工智能产业人才发展信息了解有限，因此需要政府引导；由于市场调节具有自发性，个人和家庭在人才培养方面往往会忽视或低估其社会回报，因此人力资本投资不能完全由市场调节，需要政府在这一方面增加财政投入，以弥补个人和家庭投资的不足，提升全社会的人工智能产业人才发展水平。

环节四：建言献策，对我国政府在人工智能产业人才方面的工作提出政策建议

设问：通过小组合作探究（观点交流），结合上述经济数据和相关结论，谈谈你认为我国政府在人工智能产业人才发展方面应发挥哪些作用。

【教师总结】当前人工智能产业人才发展的核心问题是供需不平衡问题。一方面，要发挥市场在资源配置中的决定性作用；另一方面，要更好发挥政府作用。一是政府通过实施国家重大发展战略和规划，加强人工智能产业人才培养的顶层设计，引导人工智能产业人才发展稳步前行；二是政府通过优化就业公共服务，建立精准就业的服务体系，利用大数据、互联网等技术快速传递和追踪人工智能人才就业信息，促进人工智能产业人才供给与产业发展需求相匹配；三是通过产业政策弥补人工智能产业人才培养方面的不足，增加财政投入，支持人工智能产业发展；四是政府通过区域政策鼓励区域人才流动，打破人才流动的不合理制度壁垒，另外坚持"走出去"与"引进来"相结合，加强国际人才交流合作，推动国内人工智能产业人才的培养。

六、作业与拓展学习

（一）拓展学习资料

人工智能相关学习资料，包括人工智能的定义和与人工智能相关的大学专业（开设院校、课程体系、就业方向等）。

人工智能（Artificial Intelligence，AI）是研究、开发用于模拟、延伸和扩展人的智能的理论、方法、技术及应用系统的一门新的技术科学。

与人工智能相关的大学专业：工学类学科、电子信息类学科等。

开设院校：目前很多高校都开设了人工智能专业，如浙江大学、同济大学、山东大学、西安电子科技大学、天津大学、华中科技大学等。

课程体系：人工智能、社会与人文，人工智能哲学基础与伦理，先进机器人控制，计算机图形学，虚拟现实与增强现实，人工智能的现代方法，机器学习、自然语言处理、计算机视觉等。

就业方向：毕业后不仅可以从事人工智能相关领域的研究、设计、开发等方面的工作，还可以从事智能城市、智能金融、智能物联、智能教育等领域的管理工作，也可以继续攻读智能科学及相关和交叉学科的硕士、博士学位。

(二)学生作业

小组合作制作一份海报：我们眼中的"人工智能时代的中国人才供需版图"。要求图文数据结合，并提出相关政策建议。

七、学习效果评价

1. 通过本节课的学习，你认为人工智能产业人才需要满足哪些要求？

□与社会需求相符合的专业能力　　□掌握产业或行业发展趋势

□责任感和使命感　　□热爱所从事的专业领域

□对高薪和优厚待遇的追求　　□＿＿＿＿＿＿＿（其他）

2. 通过本节课的学习，你认为应该从哪些方面了解一个职业呢？

□国家发展需要　□行业供求状况　□工作内容　□能力、技能要求

□薪资待遇　　□工作环境　　□发展前景　□＿＿＿＿＿（其他）

3. 通过本节课的学习，你认为人才需要具备哪些素养？

□家国责任与使命感　□扎实的专业能力　□热爱自身职业角色

□把握产业或行业发展信息　　□＿＿＿＿＿＿＿（其他）

课例二　践行社会责任，促进社会进步[①]

本节课以职业选择的变迁作为生涯教育的融合点，结合学生对社会主义

---

① 本教学设计由马蕴雅（北京市第十一中学）提供。

市场经济的认识，分析中国职业的变迁。深入挖掘大国工匠高凤林的生涯故事，明晰新时代劳动者的责任与担当，激发生涯好奇，助力学生逐步树立人生志向，将个人理想与国家梦紧密结合，在经济生活中主动承担社会责任并转化为行动。

一、学科融合背景

本课为高一年级思想政治课，内容选自人教版思想政治教材（2020年版）必修二"经济与社会"，所属章节为第二单元综合探究"践行社会责任 促进社会进步"。

《普通高中思想政治课程标准（2017年版 2020年修订）》提出，课程应落实立德树人根本任务，以培育社会主义核心价值观为目的，帮助学生树立正确的政治方向、提高思想政治学科核心素养。新教材依据习近平新时代中国特色社会主义思想的基本原理，讲述我国社会主义基本经济制度，解析社会主义市场经济的基本特征，帮助学生理解全面深化改革的意义，提升在新时代参与社会主义现代化建设的能力。高一学生有一定的经济生活体验，对我国经济发展有所了解，但知识结构不够完整，对个人发展与社会发展的认识仅停留在感性认识层面。因此，本节课选取职业选择的变迁作为生涯教育的融合点，结合学生对社会主义市场经济的认识，分析中国职业发展的变迁，深入挖掘大国工匠高凤林职业生涯的典型故事，明晰新时代劳动者的责任与担当，引领学生从社会进步看个人发展，落实新发展理念，助力学生逐步树立人生志向，全面理解经济发展与个人发展的关系，做到个人发展与社会进步相统一。

二、生涯融合内容

（一）生涯融合素材类型

☑职业行业　☐专业　☑生涯人物　☐学科价值　☐学科应用

☐学科前沿　☐时事　☐学习方法　☑生涯选择　☐其他

（二）生涯融合素材

高凤林，全国劳动模范，30多年来一直从事火箭"心脏"焊接工作，他攻克了火箭发动机喷管焊接的世界性难关。为载人航天、北斗导航等国家重大工程的顺利实施作出突出贡献。

【指导意义】在高凤林身上，体现着中国劳模精神，体现着个人梦与中国梦的有机结合，有助于学生向榜样人物看齐，理解劳动者的素质和精神，树立正确的人生志向。

三、教学目标

(一)生涯发展核心素养目标

生涯意识与信念	自我认知与发展	社会适应与责任	生涯规划与行动
☑生涯好奇	☐自我分析	☐信息收集	☐决策能力
☐积极态度	☐多元发展	☐环境探索	☑生涯规划
☐机遇意识	☐自尊自信	☑责任担当	☐自主学习

(二)融合教学目标

1. 根据已有经济学知识，分析不同时代的职业特点并预测未来的职业发展方向，提高理论联系实际的能力，正确认识劳动者的必备素质，对职业世界与社会发展充满好奇，增强对中国道路的认同感。

2. 通过观看视频《大国工匠高凤林——火箭焊工第一人》，探究新时代劳动楷模的案例，体会新时代劳动者的责任与担当，主动思考劳动、劳动者的内涵与意义，正确认识劳动的价值，树立尊重劳动、热爱劳动的思想，并能够将其转化为自己的行动。

3. 通过"对话2035：见字如面"环节，理性思考个人理想，逐渐树立个人价值与社会价值相统一的价值观念。

四、教学思路与流程

(一)融合教学思路

通过寻找各行各业中默默付出的普通劳动者身影，引发学生对于劳动光荣的共鸣，使学生认同劳动的意义与价值，懂得尊重劳动，进而探究劳动的意义。通过探究我国职业变迁历程，初步明晰新时代对劳动者的素质要求，感知经济社会发展与个人发展的关系，使学生正确认识劳动者必备素质，对职业世界与社会发展充满好奇，增强对国家道路的认同感。通过分析劳动楷模事迹，理解个人价值与社会价值的统一，使学生树立尊重劳动、热爱劳动的思想，并能够将之转化为自己的行动。通过展望 2035 年，学生自主探究个人理想与国家发展的联系，逐步树立正确的人生志向。

(二)教学流程

本节课教学流程安排如表 4-11 所示。

表 4-11　践行社会责任的教学流程

教学环节	主要任务(活动)及问题	设计意图	教学时间
环节一：导入新课，激趣启发	寻找最美劳动者，思考劳动的意义	体会劳动光荣，明确劳动的意义	约 7 分钟
环节二：创设情境，学生探究	总结时代发展趋势，体会个人价值与社会价值关系	初步明晰新时代对劳动者素质的要求，感知经济社会发展与个人发展的关系	约 8 分钟
环节三：案例分析，提升价值	分析劳动楷模事迹，理解个人价值与社会价值相统一	理解劳模精神的内涵与意义，主动做劳动精神的践行者、社会进步的推动者	约 13 分钟
环节四：课堂展示，规划自我	结合时代发展，规划个人理想，推动社会进步	思考新时代背景下个人理想，主动建立个人发展与社会发展的联系，逐步树立正确的人生志向	约 17 分钟

五、教学过程与方法

(一)融合教学方式

☐提供学案手册　☐自我评估　　☐建构成就经验　☐实作探索

☐角色体验　　　☑提供生涯信息　☑榜样示范　　　☐提供个体反馈

☐展示报告　　　☐小组协作　　　☑个人意义建构　☐其他

(二)教学过程

环节一：导入新课，激趣启发

设问：①说一说身边劳动者的最美瞬间，想一想他们分别为社会作出了什么贡献。②什么是劳动？劳动有何意义？③我们在社会生活中如何才能实现劳动的价值？

【设计意图】学生通过寻找各行各业中默默付出的普通劳动者身影，引发对劳动光荣的共鸣，认同劳动的意义与价值，懂得尊重劳动，探究劳动的意义，初步了解通过就业实现劳动，推动社会不断向前发展。

【教师总结】最美的劳动者，他们是起早贪黑的清洁工人、仁心仁术的医生、逆向而行的消防员，也是众人熟知的将毕生心血都倾注在粮食生产上的水稻专家袁隆平、解决关键技术难题被誉为"抓斗大王"的包起帆……他们有的从事脑力劳动，有的从事体力劳动，创造着精神和物质财富，推动着人类文明的发展。通过就业，劳动者们在自己的工作岗位上孜孜以求、精耕细作、突破陈规、开拓创新，实现和追逐着自己的职业梦想。

环节二：创设情境，学生探究

不同时代会出现不同的热门职业。改革开放 40 多年来，出现过很多热门的职业，又有很多职业随着时代的发展消失在生活之中。我们从时代背景出发，以"改革开放以来中国职业发展变迁"为主题，开展关于"中国职业发展"的探究活动，探寻和感悟职业发展背后的力量。根据如下问题开展探究。

设问：①结合时代发展背景，说一说 20 世纪 80 年代、20 世纪 90 年代、21 世纪第一个十年、第二个十年，以及 2020 年以后的热门职业是什么？②分析以上材料反映的职业变化的原因是什么？③请你预测未来职业发展趋势会是怎样的？④未来社会被机器人取代的风险高和风险低的职业分别有怎样的特点？⑤某同学根据"政府工作人员被机器替代风险高"产生了学习与思想政治学科相关专业无用的观点，针对该问题你如何看？⑥以上分析对你的生涯准备有怎样的启示？

【设计意图】围绕探究主题，组织学生进行研究成果汇报展示和主题讨论，在信息分享、观点交锋、事理明辨中，学生运用"经济与社会"中所学的有关我国基本经济制度、我国社会主义市场经济体制、新发展理念等相关知识，初步明晰新时代对劳动者素质的要求，感知经济社会发展与个人发展的关系。

【教师总结】改革开放 40 多年来，我国社会主义市场经济体制不断完善，更加深入地融入世界经济发展中。社会职业的兴衰与变迁也是时代发展与变迁最具人格化的注脚，特别是当我们进入互联网时代，有些职业悄然消失，有些职业继续延续，还有许多新的职业在不断涌现并不断成熟，这一切反映了中国经济发展的历程与需要，社会对劳动者素质的要求在不断提高。作为一名未来的劳动者，我们需要将个人发展与社会发展紧密结合，树立正确的就业观念，提高个人职业素养，培养自己的共情力、故事力、设计感、意义感，以更好地适应时代发展需要。

环节三：案例分析，提升价值

根据前面的分析，我们发现随着时代的变迁，劳动者的素质需要不断提高。我们已经感受到了"职业的变化"，我们又能否找寻到那些职业发展中不变的力量，指导我们的人生方向呢？

请一起观看《大国工匠高凤林——火箭焊工第一人》视频，探究中国航天科技集团有限公司第一研究院首席技能专家、中国长三甲系列运载火箭"心脏"焊接者高凤林的生涯故事。高凤林 30 多年来，先后为 90 多发火箭焊接过"心脏"，所焊接的火箭占我国火箭发射总数近四成。高凤林先后攻克了航天焊接的 200 多项技术难关，为了攻克难关，他常常不顾环境危险，直面挑战，为此多次负伤。有很多公司多次高薪聘请高凤林，都被他婉言拒绝，因为在他心目中，为火箭筑"心"、为民筑梦才是自己毕生的追求与理想。

设问：①视频中哪些细节打动了你？②这些细节体现了高凤林怎样的精神品质？③如何看待劳动创造的个人价值？④新时代为何要在全社会范围内弘扬劳模精神、工匠精神？

【设计意图】引导学生了解劳动的含义与意义，明确劳动者的地位与作用，树立尊重劳动的意识，认识个人价值与社会价值的统一性，理解劳模精神的内涵与意义，主动做劳模精神的践行者、社会进步的推动者。

【教师总结】通过观看视频能够总结出打动人心的许多细节，这些细节无不体现出高凤林爱岗敬业、争创一流、勇于创新、淡泊名利、甘于奉献、艰苦奋斗的劳模精神。一代人有一代人的使命，劳动的内涵在更新，劳模的标准在"进阶"，而劳模精神始终是不变的秘诀。作为新时代的中学生，应大力弘扬劳模精神，在用自己的智慧与毅力创造价值的同时，懂得用劳模精神指引前进的方向，做服务社会的先锋。

环节四：课堂展示，规划自我

以"对话2035：见字如面"为主题，给2035年已成为新时代劳动者的自己写一封信。畅想到了2035年，你将成为怎样一名推动社会发展的新时代劳动者？

【设计意图】以"对话2035：见字如面"为主题，引导学生开展自主探究，不仅能够激发学生参与课堂的热情，发挥学生主观能动性，还能够提升学生的知识迁移能力。引领学生逐步深入思考新时代背景下的个人理想，主动建立个人发展与社会发展的联系，逐步深化认识，避免活动的表面化。在价值认同的学习过程中，学生提升了社会责任感，树立了正确的人生志向。

【教师总结】"为生命做一名跨国界医生""为公正做一名国际法庭律师""为明天做一名乡村支教教师""为人类未来做一名人工智能工程师"……在理想确立的过程中，每名同学不仅基于自己的兴趣爱好、专业特长、生活需要等因素，更是逐步将个人理想与社会发展之间相结合，主动承担社会责任，为实现中国梦贡献自己的力量。

六、作业与拓展学习

（一）作业

试通过网络、书籍等资源，查找职业发展相关资料，在解读材料的基础上，选取一个角度，以"我谈职业理想"为题撰写一篇一千字以内的小论文，要求逻辑合理，论证充分。

（二）拓展学习

阅读熊丙奇的《高中生职业生涯规划》，推荐观看电影《我和我的祖国》，帮助学生了解体验社会的全新方式，了解在社会发展过程中如何实现个人价值与社会价值的统一。

七、学习效果评价

(一)学生自评

1. 通过本节课的学习，你认为新时代的劳动者需要满足哪些要求?

☐过硬的专业能力　　☐劳模精神　　　　☐掌握职业发展的趋势

☐责任感与使命感　　☐对高薪资等优厚待遇的追求

☐其他，具体是＿＿＿＿＿＿＿

2. 通过本节课的学习，你在未来选择职业时会考虑哪些因素?

☐国家责任与使命　　☐兴趣　　　　　　☐和大学专业的匹配度

☐发展前景　　　　　☐其他，具体是＿＿＿＿＿＿＿

3. 通过本节课的学习，一个好的职业规划应该具备哪些要素?

☐心理因素　　　　　☐信息因素　　　　☐自我认知因素

☐时代发展因素　　　☐地域因素　　　　☐其他，具体是＿＿＿＿＿

(二)学生小论文

根据学生小论文完成情况及论文内容进行文本分析，参照表 4-12 所示的评价标准，判断是否达成本节课的融合教学目标。

表 4-12　思想政治小论文等级评价标准

等级水平	等级描述
水平 1	观点鲜明，能明确表达自己的见解；能紧扣问题，全面展开论述或就某论点深入分析；能准确、贴切地运用相关知识；论证逻辑严密，条理清晰。能够准确体现思想政治学科生涯融合点
水平 2	观点比较明确，能表达自己的见解；能够扣住问题展开论述或就某论点进行分析；能比较准确、贴切地运用相关知识；论证逻辑性较强，有条理。比较准确地体现思想政治学科生涯融合点
水平 3	观点不明确，论述不能直接指向问题，仅罗列知识；对相关的知识运用不正确；论证逻辑性、条理性一般。较少体现思想政治学科生涯融合点
水平 4	与主题无关或重复，或没有应答

第六节　生涯—学科融合教学设计·历史

课例一　道不同更相为谋——戊戌维新运动①

本节课的主要内容是维新思潮和戊戌变法，从青年选择的角度切入，通过历史小短剧活动与历史人物分析，引导学生理解国家与个人的关系、个人选择与历史环境的关系，树立个人生涯优势发展和多元发展的意识，激发学生服务于国家强盛、民族自强和人类进步的历史使命感。

一、学科融合背景

本课为高一年级历史课，内容选自人教版历史教材（2019 年版）"中外历史纲要（上）"第五单元第十八课第一课时"戊戌维新运动"。

历史课标对本课的要求是：认识社会各阶级（资产阶级维新派）为挽救危局所作的努力及存在的局限性。第十八课内容颇多，需要通过两课时完成，本课教学设计为第 1 课时，主要介绍近代中国以康有为、梁启超为首的资产阶级维新派为挽救民族危亡而进行的戊戌维新运动。从历史学科的角度来讲，本课的主要内容是维新思潮和戊戌变法的历史意义与局限性；作为一节生涯融合课，本课从青年选择的角度切入，通过活动与历史人物分析，帮助学生初步树立生涯意识，引导学生理解国家与个人、过去与当下、读书与实践的关系，明晰个人的选择与历史环境的关系，激发学生为实现中国梦而努力的家国情怀。

二、生涯融合内容

（一）生涯融合素材类型

☐职业行业　☐专业　☑生涯人物　☐学科价值　☐学科应用

☐学科前沿　☐时事　☐学习方法　☐生涯选择　☐其他

---

① 本教学设计由鄂佳佳（北京市一零一中学）提供。

(二)生涯融合素材

1. 角色体验："道不同更相为谋"剧本

剧本系教师根据课本内容"戊戌维新运动"自编而成，素材来源参考陈旭麓《近代中国社会的新陈代谢》和茅海建《戊戌变法史事考》，主要形式为学生扮演历史人物康有为、梁启超、严复和谭嗣同，阐明各自的主张。

【指导意义】让学生通过历史小短剧体会在大变局背景下，读书人将个人命运与国家民族的发展紧密相连，树立生涯意识。

2. 谭嗣同绝命诗

素材节选自梁启超《谭嗣同传》。学生通过对历史材料的阅读和分析，认识谭嗣同英勇就义的举动。

【指导意义】让学生思考个人命运与国家进步之间的关系，进一步激发学生的家国情怀。

三、教学目标

(一)生涯发展核心素养目标

生涯意识与信念	自我认知与发展	社会适应与责任	生涯规划与行动
☐生涯好奇	☐自我分析	☐信息收集	☐决策能力
☑积极态度	☐多元发展	☐环境探索	☐生涯规划
☐机遇意识	☐自尊自信	☑责任担当	☐自主学习

(二)融合教学目标

1. 掌握戊戌维新运动的相关史实，将戊戌变法置于19世纪中叶以后的近代化浪潮中加以思考，尝试运用唯物史观理解中国近代化道路的艰难，理解资产阶级维新派为挽救危局所作出的努力及其局限性。

2. 通过角色体验和探究性活动，获取和解读相关信息，同时能够运用相关知识理性分析和解决相应问题，作出理性的解释、正确的判断和合理的选择，形成积极的人生态度，并树立优势发展和多元发展的意识。

3. 能够在学习中充满人文情怀，树立关注现实，服务于国家强盛、民族自强和人类进步的历史使命感。初步树立生涯意识，能够理解个人的选择既是时代的需要，也可能引领时代的发展，激发为实现中国梦而努力的家国情怀。

四、教学思路与流程

(一)融合教学思路

引导学生进入晚清中国的历史情境，面对"数千年来未有之变局"，志士仁人提出了不同的主张，但始终围绕着救亡图存这一主题，将个人选择和民族兴亡结合在一起，这就是生涯榜样。通过学习，发现百日维新在实践过程中遭受的种种阻挠，说明实现梦想的道路不是一帆风顺的，这样一批读书人还需要将胸中的理想与客观历史环境相结合，才能达成最终的目标。面对残酷镇压，康、梁逃亡海外，六君子慷慨赴死，不同的选择是不同个体对于自身、对于现状、对于取舍、对于价值的诠释。

(二)教学流程

本节课教学流程安排如表 4-13 所示。

表 4-13　戊戌维新运动的教学流程

教学环节	主要任务(活动)及问题	设计意图	教学时间
导入	出示《时局图》	进入历史情境	3 分钟
环节一：走进晚清中国	角色体验：道不同更相为谋	了解维新派主张，树立生涯意识	12 分钟
环节二：重返维新变法	探究活动：百日维新之我见	剖析百日维新内容，正确看待理想与现实	15 分钟
环节三：感受戊戌余音	探究活动：大道殊途未同归	了解戊戌变法的走向，树立多元发展的意识	13 分钟
提升	回顾各阶级救国之法	激发家国情怀	2 分钟

五、教学过程与方法

(一)融合教学方式

☐提供学案手册　　☐自我评估　　　☑建构成就经验　　☐实作探索

☑角色体验　　　　☐提供生涯信息　☑榜样示范　　　　☐提供个体反馈

☐展示报告　　　　☑小组协作　　　☐个人意义建构　　☐其他

(二)教学过程

导入

出示《时局图》，进入民族危亡的历史情境。

环节一：走进晚清中国

学生进行角色体验活动——"道不同更相为谋"。

主要形式为学生扮演历史人物康有为、梁启超、严复和谭嗣同，阐明各自的主张。

教师：他们的观点分别是什么？

学生：康有为和梁启超主张变法，实行君主立宪；严复持社会进化论观点；谭嗣同认为应该冲破一切旧势力。

教师：既然观点不同，为何能共商大计？

学生：在民族危机空前严重的情况下，他们都主张救亡图存，互相妥协，达成共识。

【教师总结】面对"数千年来未有之变局"，读书人再也不能两耳不闻天下事，他们因出身、教育背景等诸多因素差异，救国主张也不尽相同。但是在大历史环境下，他们都能够将个人选择和民族兴亡结合在一起，以民族和国家的发展为己任，这就是我们的生涯榜样。我们要培养对国家发展、壮大的责任感与使命感，未来在不同的职业领域中，把理想和抱负熔铸在脚踏实地的前进征程上，肩负起国家和民族的希望。在救亡图存面前，康有为、梁启超等人能求同存异，更是一种大智慧，共同担负起了国家命运的兴亡。

【设计意图】学生通过角色体验了解维新派的政治主张，体会在大变局背景下，读书人将个人命运与国家民族的发展紧密相连，并树立生涯意识。

过渡：教师略述"公车上书"，拉开维新运动序幕。

环节二：重返维新变法

教师出示表格总结维新变法内容（表 4-14）。

表 4-14　维新变法内容总结

内容	颁布新法	改革旧制
政治	允许官民上书言事	改订律例；裁撤冗官；澄清吏治

续表

内容	颁布新法	改革旧制
经济	中央设立矿务铁路局、农工商总局奖励农工商业的发展；兴办商会、农会等民间团体；改革财政、编制预算决算	取消旗人由国家供养的特权，令其自谋生计
文化	普遍设立中小学堂，设立京师大学堂；设立译书局，翻译外国书籍；准许创立报馆、学会；奖励科学著作和发明	改革科举制度，废除八股
军事	精练陆军，改习洋操；添置船舰，扩建海军	裁汰旧军

学生依据百日维新具体措施，以"百日维新之我见"为题展开讨论，回答问题。

教师：哪些人会支持变法？哪些人会反对？

学生：资产阶级、新知识分子和开明地主会支持；守旧派会反对变法。

教师：你如何看待维新派"与狼共舞"？

学生：迫于形势的权宜之计。

教师：从纸上谈兵到政治实践，你能为他们提点什么建议？

学生：变法必须结合中国的实际，资产阶级具有局限性，等等。

教师：维新派的变法为中国带来了哪些变化？

学生：促进了西学的传播，推动了政治民主化、军事近代化，等等。

【教师总结】理想和现实之间布满荆棘，是放弃还是重整旗鼓？实现梦想的道路不是一帆风顺的，这样一批读书人还需要将胸中的理想与客观历史环境相结合，才能达成最终的目标。在未来发展的过程中，我们也许会遇到各种困难，面对这些困难，要用积极、乐观的态度去面对，不要被困难吓倒。

【设计意图】学生通过探究活动，参与课堂讨论，发表自己的观点和建议，树立积极的人生态度，总结成功经验，形成多元发展的意识。

过渡：教师略述"戊戌政变"，变法以失败告终。

环节三：感受戊戌余音

教师讲解戊戌变法的结果和维新派主要人物的选择。学生阅读相关材料，以"大道殊途而同归"为题展开讨论。在阅读、分析、理解材料的基础上感受时代风貌，理解戊戌变法虽然失败了，但是推动了中国的进步，进一步思考个人命运与国家民族的关系。

教师：你如何看待谭嗣同的献身和康、梁的避难？

学生回答。

【教师总结】不同的选择是不同个体对于自身、对于现状、对于取舍、对于价值的诠释。我们要以灵活、多变、积极的人生态度，选择最适合自己的发展路径，并能够对自己的选择和发展担负责任。

【设计意图】学生初步具备自我分析的能力和多元发展的意识，并产生自我认同。

提升

中国近代史是一部屈辱史，更是一部奋斗史。社会各阶级为救亡图存而不停地探索，将国家与个人、过去与当下、读书与实践紧紧联系在一起，将"小我"融入家国"大我"，以个体的发展促进国家的发展，为实现中华民族伟大复兴而全力以赴。

六、作业与拓展学习

1. 涉及戊戌维新运动的专题训练。

2. 在本课涉及的历史人物中，你认为哪一位对你的启发最大，请查找相关资料，结合其生平绘制一幅历史人物小报。

七、学习效果评价

根据表 4-15，学生进行自我评价。

表 4-15　戊戌维新运动的学习效果评价表

项目	非常不符合	比较不符合	一般	比较符合	非常符合
1. 我对资产阶级维新派有了比较深入的了解					
2. 我能够叙述戊戌维新运动的过程及影响					

续表

项目	非常 不符合	比较 不符合	一般	比较 符合	非常 符合
3. 我理解资产阶级维新派的局限性					
4. 我还想了解其他阶级救亡图存的史实					
5. 我想就中国近代史进行更深层次的研究和学习					
6. 我认为个人的成长与发展同社会的发展是紧密相关的					
7. 我相信未来我能够通过所学专业、所从事职业为中华民族伟大复兴助力					

课例二　历史驱动未来①

本节课为开学历史第一课，通过对历史学科核心素养的介绍和案例分析，引导学生把历史学习和个人生涯发展相融合，既帮助学生学会处理选科的实际问题，又能在学习中培养历史学科核心素养，助力学生成长为全面发展的人。同时让学生通过学习学职群知识，了解与历史学科相关的专业和职业，并掌握通过学职群进行生涯探索的基本方法。

一、学科融合背景

本课为高一年级历史学科绪论课，内容选自人教版历史教材（2019 年版）。

历史课标对历史教学的功能作了如下阐述："发挥历史学科立德树人的教育功能，使学生能够从历史的角度关心国家的命运，关注世界的发展，成为德智体美劳全面发展的社会主义建设者和接班人。"2016 年发布的《中国学生发展核心素养》以培养"全面发展的人"为目标，以此为依据，历史教学中学科核心素养的培养，对助力学生生涯发展是有着积极意义的。另外，随着新高考改革的推进，高一学生已经面临个人发展中的重要课题：高考等级考试科目的选择。如何引导学生科学理性面对历史学科的选择和学习，已经是

---

① 本教学设计由郭志强（中央民族大学附属中学）提供。

摆在我们面前的新课题。本课内容是基于上述理论和现实需要设计的。在学科教学和生涯教育融合的设计框架下，学科学习是基础，学习者在学习过程中完成学科和生涯结合的学习任务，在学习中推动生涯意识的形成和生涯素养的培养。本课希望能够把学生的历史学习和生涯发展相融合，帮助学生既学会处理眼前选科的实际问题，又能在历史学习中培养能力——尤其是以历史学科核心素养为核心的思维能力的培养，助力学生成长为全面发展的人。

二、生涯融合内容

(一)生涯融合素材类型

☐职业行业　☐专业　☑生涯人物　☑学科价值　☐学科应用

☐学科前沿　☐时事　☑学习方法　☐生涯选择　☐其他

(二)生涯融合素材

1. 中国学生发展核心素养指出，学生应具备的能够适应终身发展和社会发展需要的必备品格和关键能力。这些必备品格和关键能力要以培养"全面发展的人"为核心，通过课程改革、教育实践和教育评价具体落实。

【指导意义】通过学习，学生理解高中学习的目的不只在于知识的积累，更在于为个人成长和发展服务，树立从发展和规划角度对待学习的主动意识。

2. 学职群是将中学的学业、大学的专业以及未来毕业后的就业等知识衔接起来而建立的科学体系，其有助于学生根据自己的兴趣、学科优势等初步确定自己未来的发展方向。

【指导意义】通过学职群知识的学习，学生可以了解历史学科未来发展专业领域的意义，进一步明晰历史学习对个人发展的意义，树立规划意识。

三、教学目标

(一)生涯发展核心素养目标

生涯意识与信念　自我认知与发展　社会适应与责任　生涯规划与行动

☐生涯好奇　☐自我分析　☑信息收集　☐决策能力

☑积极态度　　□多元发展　　□环境探索　　☑生涯规划

□机遇意识　　□自尊自信　　□责任担当　　□自主学习

(二)融合教学目标

1. 通过对中国学生发展核心素养的了解，明确高中学习的目标是通过各学科领域的学习成长为全面发展的人，树立学习为个人发展服务的理念。

2. 通过对历史学科核心素养的了解和相关案例的分析，理解历史学科学习在促进个人发展中的作用，理解全面发展、终身学习的必要性。

3. 通过学习学职群知识，掌握运用学职群知识进行生涯探索的基本方法。

四、教学思路与流程

(一)融合教学思路

本节课是历史学科和生涯教育结合单元的起始课，旨在帮助学生重新认识历史课，了解基本理念，树立生涯意识。本节课先从热点问题导入，启发学生兴趣，然后从学科概念入手，使学生对历史学科学习有一个基本的认识；再通过典型实例，把学科素养和生涯发展结合在一起，帮助学生树立全面发展、终身学习，以及把学科学习和生涯规划相融合的意识；最后从学生普遍关心的选课和未来专业、职业发展的关系出发，介绍学职群理论知识，指导学生学会自主探究的方法。

(二)教学流程

本节课教学流程安排如表 4-16 所示。

表 4-16　历史第一课的教学流程

教学环节	主要任务(活动)及问题	设计意图	教学时间
环节一：导入	从"历史热"现象说起，引导学生阅读材料、思考问题	激发学生对历史学习的好奇和兴趣	10 分钟
环节二：正文	1. 什么是历史 2. 为什么要学习历史 3. 历史学科学习和未来发展的关系如何	了解历史学习内容、方法；明确历史学习在个人发展中的作用；掌握规划方法	30 分钟

续表

教学环节	主要任务(活动)及问题	设计意图	教学时间
环节三：评价总结	完成课堂学习自评表，教师小结	了解学生学习情况，巩固课堂学习内容	5分钟

五、教学过程与方法

(一)融合教学方式

☐提供学案手册　☐自我评估　☐建构成就经验　☑实作探索

☐角色体验　☑提供生涯信息　☐榜样示范　☐提供个体反馈

☐展示报告　☐小组协作　☐个人意义建构　☐其他

(二)教学过程

环节一：导入

今天是大家来到高中的第一节历史课，高中历史课到底学些什么？怎样学？又对我们的学习和生活有什么意义呢？让我们带着这些问题开始今天的学习。

最近几年社会上开始出现"历史热"现象。每年各大网站推出的热销书榜单中，很多历史类图书榜上有名，各种媒体上有关历史的公众号和音视频直播不计其数，为什么社会上会出现"历史热"现象呢？

读黄仁宇《万历十五年》的推荐词，尝试分析"历史热"现象。

这本书的价值在于，当我们观察身边周遭组织里的这些人，从他们日常的做法、想法、看法当中，可以看到企业未来的兴衰，从而培养出一种对未来的洞察力。

学生阅读、讨论、分享体会。

【教师总结】请名人写推荐词是图书发行中的重要营销手段，作为一部历史学著作，得到其他领域的权威人士从本领域出发给予的肯定评价，正是肯定了历史学科的现实价值。这也是引起当下"历史热"的重要原因之一。那么到底什么是历史呢？我们为什么要学习历史呢？

【设计意图】通过社会热点引入课程，激发学生学习兴趣。

环节二：正文

1. 什么是历史

分析材料一，讨论你对历史学概念的理解，试总结历史学有哪些特点。

材料一

（歷）过也，传也。段玉裁注：引申为治历（曆）明时之历（曆）。

史，记事者也。从又（手）持中。中，正也。

——许慎《说文解字》

历史学是历史研究者在一定的历史观指导下，运用一定的方法，通过史料来认识历史并把这种历史认识表达出来的一门学问，它既以历史的发展过程又以历史研究活动现象本身为研究对象。历史学的发展与进步是与时代同步的，并表现在对历史的发展过程、历史研究活动现象本身认识不断推进的学术意义上。

——丁向荣《历史：究竟历史是什么》

究天人之际，通古今之变，成一家之言。

——司马迁

学生讨论，表达。

【教师总结】从材料中我们可以看出，历史是对人类过往经历的一种客观记录。而历史学就是在一定的价值观的指导下，用严谨科学的方法，通过史料实证的方式表达研究者对历史认识的学科。因此，教育部把高中阶段历史学科要培养的学科素养阐述为：唯物史观、时空观念、史料实证、历史解释和家国情怀。

2. 为什么要学习历史

请大家阅读下面的材料。

阅读材料二，思考吕祖谦和钱穆对国人学史寄予了怎样的期望？

材料二

人二三十年读圣人书，及一旦遇事，便与里巷人无异……只缘读书不作有用看故也。

观史如身在其中，见事之利害，时之祸患，必掩卷自思，我遇此等事，当作何处之。如此观史，学问亦可以进，智识亦可以高，方为有益。

——吕祖谦

凡读本书请先具下列诸信念：

一、当信任何一国之国民，尤其是自称知识在水平线以上之国民，对其本国已往历史，应该略有所知（否则最多只算一有知识的人，不能算一有知识的国民。）

…………

四、当信每一国家必待其国民具备上列诸条件者比数渐多，其国家乃再有向前发展之希望。（否则其所改进，等于一个被征服国或次殖民地之改进，对其自身国家不发生关系。换言之，此种改进，无异是一种变相的文化征服，乃其文化自身之萎缩与消灭，并非其文化自身之转变与发皇。）

——钱穆《国史大纲》

阅读材料三，指出：我国教育的育人目标是什么？历史学科学习和个人发展之间有怎样的关系？

材料三

学生发展核心素养，主要是指学生应具备的，能够适应终身发展和社会发展需要的必备品格和关键能力。研制中国学生发展核心素养，根本出发点是将党的教育方针具体化、细化，落实立德树人根本任务，培养全面发展的人，提升 21 世纪国家人才核心竞争力。

——《中国学生发展核心素养》

发挥历史学科立德树人的教育功能，使学生能够从历史的角度关心国家的命运，关注世界的发展，成为德智体美劳全面发展的社会主义建设者和接班人。

——《普通高中历史课程标准（2017 年版 2020 年修订）》

学生阅读材料，思考问题，书写感想，进行分享。

【教师总结】听了同学们的发言，我感受到同学们已经理解了以上问题，我国教育的目标是培养全面发展的人。要实现人的全面发展，就不能只注重技术能力的培养，还要注重人作为人的精神需要，人在接受技能培养的同时，不可荒废人文熏陶。正如有学者指出的："科学素养和人文素养都是人们应该具备的，二者应同时并举，不可偏废，这样才能造就全面发展的人才。"

【设计意图】通过阅读分析以上材料，学生可以从个人发展和社会发展的角度理解历史学习的现实作用，进一步激发学习历史的兴趣。

下面请同学们和我结合具体的实例来体验高中历史学习。

年谱是按年月记载某人生平事迹的著作。作为研究历史人物生平的重要参考资料，年谱可以为学术研究提供翔实的实证资料，可以帮助我们检索所需要的有关历史事件和社会活动的史料，还可以提供有关书目文献以供查阅与考证，具有非常高的学术价值。

请同学们阅读马克思简介和年谱节选，自己或者和同伴合作从一个或多个角度提取信息，自拟一个主题和大家分享。

请同学们注意，在历史学习中，我们所概括的一个历史现象一般包括以下六个要素：何时、何地、何人、为何发生、如何进展、有何影响。

马克思简介

卡尔·马克思（1818年5月5日—1883年3月14日），马克思主义的创始人之一，国际共产主义运动的开创者。

马克思年谱节选

1841年3月，马克思毕业于柏林大学。次年获得耶拿大学哲学博士学位。

1843年6月19日，马克思在克罗茨纳赫与燕妮·冯·威斯特华伦结婚。

1844年8月28日左右，马克思会晤恩格斯。两人结下了牢不可破的友谊，为今后长期合作奠定了基础。

1848年2月，马克思和恩格斯合著的共产主义者同盟的纲领《共产党宣言》出版。

·············

1871年3—5月，马克思和恩格斯得知巴黎于3月18日爆发革命的消息。他们同公社社员建立了联系，声援巴黎公社。

1878—1882 年，马克思系统地钻研代数学，写下了大量的札记，继续探讨 19 世纪 60 年代就已开始的数学分析，写了微分学简史。

1883 年 3 月 14 日，马克思在伦敦寓所辞世。与燕妮合葬于伦敦北郊的海格特公墓内。

——节选自中国社会科学网《卡尔·马克思年谱》

学生阅读、思考、讨论、交流。

【设计意图】①年谱蕴含着丰富的历史信息，对年谱中信息的提取、加工和解释可以囊括历史学科所有核心素养。②开放性问题可以鼓励学生从更多元的角度解读史料，如果学生无从下手，建议教师通过提示的方式给学生适当引导，例如"如果研究马克思理论创作的历程，可以提取哪些信息？这些信息可以概括出什么主题？""年谱中多处提及马克思的私人关系，比如马克思和妻子、女儿们以及他一生挚友恩格斯，从这个角度你可以怎样思考？"等。进而鼓励学生沿着自己梳理的历史线索进一步查找资料，开展深入学习。角度示例如下：

历史学习角度：

1. 19 世纪中后期马克思主义理论发展概况。

2. 19 世纪中后期工人运动发展概况。

3. 马克思主义和欧洲工人运动的关系。

生涯发展角度：

1. 从马克思的成长看终身学习的重要性。

2. 个人成长中的重要他人。

3. 个人发展和社会发展的关系。

4. 从马克思的成长看学习和社会实践的关系。

【教师总结】通过这段马克思年谱的学习大家可以发现，高中历史学习的不仅是历史知识，更重要的是学会运用历史知识和能力解决现实问题。历史学习给我们带来的价值一方面来自学习的过程，另一方面来自学习的内容。对马克思年谱的学习很好地印证了这一点。我相信，同学们不论是在对这段信息的处理上，还是在对马克思的成长经历的学习上，都有所收获。这也是我们历史学科学习的重要价值：通过历史学科的学习帮助大家全面发展、持续发展、终身发展。

3. 历史学科学习和未来发展

基于刚才的学习，同学们理解了历史学习的意义，了解了学习可以提高个人素养，促进全面发展，培养持续发展的能力。这是影响我们未来发展的最核心的因素。此外很多同学也提出了历史学科与高考选考的问题，这里为了方便大家了解高中选考科目选择和未来专业选择，从三个角度向大家介绍历史学科。

(1)历史学科对应的大学专业有哪些(表 4-17)?

表 4-17 历史学科相关专业

专业名称	专业代码
历史学	060101
世界史	060102
考古学	060103
文物与博物馆学	060104
文物保护技术	060105
外国语言与外国历史	060106
文化遗产	060107

(2)哪些专业要求必须选考历史学科?

对于不打算报考历史专业的但是很关心未来选考的同学，可以参考每年教育部公布的《普通高校本科招生专业选考科目要求指引》，以 2021 年为例，所有专业中只有民族学专业要求考生高中阶段必须选考历史。但是每年政策都会有调整，建议大家多关注官方发布的权威信息。

(3)怎样了解历史学科学习和未来专业和职业的关系?

这里我给大家推荐学职群理论①。学职群理论从对应的大学学科、重点培养的能力、高中涉及学科及适宜的职业形态等内容展开专业介绍。下面简单介绍与历史学科有关的学职群，具体内容见表 4-18，有兴趣的同学可以课

---

① 钱静峰：《是时候聊聊生涯了》，上海，上海交通大学出版社，2016。

后参考老师推荐阅读的书籍和相关网站来进一步了解这方面的内容。

表 4-18　学职群简介

学职群名称	对应高中科目	应对一类学科	适宜职业形态
政史与社会、行政学职群——谋求人类社会的稳固发展	思想政治 历史 语文 地理 英文	【01 哲学】0101 哲学类 【03 法学】0301 法学类；0302 政治学类；0303 社会学类；0304 民族学类；0305 马克思主义理论类；0306 公安学类 【06 历史学】0601 历史学类 【12 管理学】1204 公共管理类（包含 120401 公共事业管理；120402 行政管理；120403 劳动与社会保障；120405 城市管理）	【理论研究型】哲学历史研究人员、社会学研究人员 【应用实务型】法官、检察官、书记官、法律专业人员、民意代表、政府行政主管、文物管理师、警察、社会服务人员等
语言与教育、传媒学职群——文化传承与传播的载体	语文 英文 历史	【04 教育学】0401 教育学类；0402 体育学类 【05 文学】0501 中国语言文学类；0502 外国语言文学类；0503 新闻传播学类 【07 理学】0711 心理学类 【08 工学】0809 计算机类（尤其指 080906 数字媒体技术） 【13 艺术学】1303 戏剧与影视学类；1304 美术学类；1305 设计学类	【理论研究型】语言学研究人员、教育理论研究人员、翻译研究人员 【应用实务型】教学研究员、教育机构专业人员、教师、校长及学校主管人员、口译员、新闻记者、编剧、导演、摄影师、制片人、主持人、影视文案策划、企业公关、外交人员、临床心理师、社会工作专业人员
人文与美学、设计学职群——以人为本的美学情怀	语文 英文 历史 物理 化学 地理 美术	【05 文学】0501 中国语言文学类 【08 工学】0816 纺织类（尤指 081602 服装设计与工程）；0828 建筑类（尤指 082803 风景园林） 【09 农学】0905 林学类（尤指 090502 园林） 【13 艺术学】1301 艺术学理论类；1304 美术学类；1305 设计学类	【理论研究型】评论家、美术研究人员、语言学研究人员 【应用实务型】语文教师、美术评论和编辑、美术教师、作家、建筑师、景观设计师、室内设计师、美术设计师、商业设计师、工业设计师、多媒体设计师、服装设计师、文字编辑、平面设计师、文秘、文案策划人员、动漫设计师

【设计意图】进一步明确历史学习在个人发展中的作用。指导学生从不同的角度来看待生涯信息：可以了解专业或职业以拓宽自己的认知，也可以针对相关学职群领域重点培养自己的能力，还可以尝试从自己擅长的学科出发再进一步探索相关专业和职业。

环节三：评价总结

本节课是我们高中阶段的第一节历史课，主要是帮助大家了解高中历史学习的特点，同时也希望大家能够明白高中阶段是从基础教育向高等教育转变的重要阶段，因此学习不只是为了学习学科知识和参加各级考试，更重要的是为未来的发展作好知识、能力和观念上的准备。

历史学科不只是一门古老的社会学科，历史学科的学习不论在新高考改革还是新时代对人的素养要求中，都占有很重要的位置。

六、作业与拓展学习

1. 写一篇《历史学习说明》

结合本课内容，为自己的历史学习写一份说明书。

内容要求：①对过往历史学习情况的分析（学习过程、学习程度、优势和劣势）。②从历史学习和未来发展的角度为自己学习历史的目的做一个基本定位。③希望在历史学习中获得哪些支持。

2. 拓展学习书目推荐

张帆：《中国古代简史（第二版）》，北京，北京大学出版社，2015。

[美]杰里·本特利、赫伯特·齐格勒、希瑟·斯特里兹：《简明新全球史（第三版）》，魏凤莲译，北京，北京大学出版社，2018。

七、学习效果评价

学生回答以下问题：

1. 你认为要学好历史应具备或培养哪些素养？

2. 你怎样看待学习和未来发展的关系？

3. 你认为历史学习可以为你的发展提供哪些支持？

4. 对于未来的历史学习，你还有哪些期待？

教师根据学生的回答进行文本分析，评价学生是否达成融合教学目标。

第七节　生涯—学科融合教学设计·地理

课例一　旅游的私人定制时代①

本课以旅游策划师为生涯融合点，促进学生了解旅游策划师的职业内容，主动进行职业探索和体验，激发对旅游策划师职业的好奇，进而客观评估自己的学习现状和兴趣爱好，将职业目标与高考选科进行联系，依据自身兴趣进行科学选科，促进生涯发展与生涯决策。

一、学科融合背景

本课为高一年级地理课，内容选自人教版地理教材(2019年版)。

地理课标对本部分教学的要求有：举例说明某种旅游资源的成因和价值；结合实例，设计旅游出行的时间、线路以及景区内部线路；举例说明自然地理条件与旅游安全的关系，以及应对的安全措施。本课的融合点是旅游策划师，对应教材内容可概括为熟悉基本旅行工具的使用、了解旅游资源并设计旅行线路、保证旅行安全三个方面，这不仅是一个游客应该具备的知识，更是旅游私人定制的必备要素。新课程标准注重培养学生的地理核心素养，所以在本部分内容中，需要学生联系生活实际，拥有一定的地理实践能力并进行综合思考，最终将所学知识服务于生活并创造一定的社会价值。

高一学生还未进行高考选科，而且此时他们大多对选科和未来的职业规划处于懵懂状态，没有明确的生涯规划意识和能力，所以在旅游地理部分，引导学生了解旅游策划师这个职业并进行实际体验，不仅有助于学生了解这一职业，还有助于提升学生生涯规划的意识和能力。首先，可以在一定程度上吸引学生，引导学生关注自己的前途与人生方向选择，对职业世界和社会

---

① 本教学设计由李晓孟(北京市通州区潞河中学)提供。

发展充满好奇。其次，可以提升学生的生涯发展机遇意识，学生通过对旅游策划师这个职业的分析，可以更积极主动地思考个人的优势、特点及未来的发展机遇。同时，学生进行在旅游设计时，可以结合自身的外出旅游经验，以及对地图类 App 的操作经验，提升自身的信息收集能力和地理实践能力，可以与人合作进行一定的环境探索，与自己的学业建立联系。最后，学生在旅游路线的设计中，还可以增强决策能力，同时通过职业活动体验，学生可以进行自我分析，能够客观评估自己的学习现状和兴趣爱好，最终可以科学选择高考科目，促进自身生涯发展。

二、生涯融合内容

(一)生涯融合素材类型

☑职业行业　☑专业　☐生涯人物　☑学科价值　☐学科应用

☐学科前沿　☑时事　☑学习方法　☐生涯选择　☐其他

(二)生涯融合素材

1.《中国旅游业"十二五"人才发展规划》明确指出，要重点培养旅游基础研究、旅游创意策划、旅游规划设计等方面的人才。

【指导意义】表明旅游策划师在未来将会是非常受欢迎的职业之一，正面临着巨大的发展机遇。

2. 我国首部《策划师资格认证标准》对旅游策划师的从业标准作出了描述。

【指导意义】帮助学生更好地了解旅游策划师的从业标准，更深入地了解这个职业。

3. 随着研学旅游相关文件的不断发布，北京市各中小学陆续开展了研学旅游，学生也拥有了更多的机会走出校园、走进景区进行体验、参观和学习，为学生进行旅游鉴赏和路线规划提供了条件，但这也对路线设计提出了更高的要求。

【指导意义】教师可以借助外出研学的机会，引导学生进行旅游资源的评价和路线规划，增强学生的职业体验。

4. 关于旅游安全的相关案例：教学中采用的案例为"5·12"汶川地震发生时的案例，当时一家旅游公司的很多旅游团都处于失联状态，面临危险。此时，旅游策划师们依据高超的职业素养与经验，精准地计算出了全部旅行团的位置，最终顺利营救游客，确保全部游客安全撤离。

【指导意义】提升学生的职业认同感，并让学生更全面地了解旅游策划师这个职业。

三、教学目标

(一)生涯发展核心素养目标

生涯意识与信念	自我认知与发展	社会适应与责任	生涯规划与行动
☑生涯好奇	☐自我分析	☐信息收集	☐决策能力
☐积极态度	☐多元发展	☑环境探索	☐生涯规划
☐机遇意识	☐自尊自信	☑责任担当	☑自主学习

(二)融合教学目标

1. 了解旅游策划师的工作内容，初步学会使用基本的旅游 App，可以寻找、定位旅游资源并进行简单旅游规划和展示，积极主动进行职业探索和职业体验，激发对旅游策划师职业的好奇。

2. 了解汶川地震时的相关案例，增强职业认同感和责任意识。

3. 通过职业体验，将职业与高考选科进行联系，同时客观评估自己的学习现状，依据自身的兴趣进行科学选科，提升自主分析学习能力。

四、教学思路与流程

(一)融合教学思路

向学生介绍旅游策划师的基本工作内容，激发学生的生涯好奇。引导学生初步运用相关地理工具设计旅游路线，同时让学生以小组为单位进行课堂展示比拼，增强学生的职业体验。展示结束后，引导学生了解目前旅游策划师所面临的机遇与挑战，同时进行安全教育，激发学生学习地理的兴趣，增强学生的职业认同感和责任意识；以北京市通州区为规划地，更加贴近学生生活实际，有助于培养学生的家国情怀及社会责任感。最终，可以在一定程度上增强学生对地理学习的认同，激发学生学习的内在动力，帮助学生在学科、专业及职业上建立联系，使学生可以依据自身条件进行自主分析并选择高考科目，为学生的选科和生涯规划提供帮助。

(二)教学流程

本节课教学流程安排如表 4-19 所示。

表 4-19　旅游私人定制时代的教学流程

教学环节	主要任务(活动)及问题	设计意图	教学时间
环节一	导入：回顾北京城市职能并了解北京城市副中心的文旅资源建设。思考：如果有朋友来访，如何为其设计游通州路线	利用学生身边的旅游资源，激发学生兴趣，导入新课	3分钟
	1. 观看视频，了解并总结旅游策划师的职业内容 2. 结合资料，思考未来旅游业的发展趋势	总结旅游策划师的职业内容，激发学生生涯兴趣；同时引导学生思考该行业的发展趋势，培养其生涯机遇意识	6分钟
环节二	1. 利用现代信息技术手段定位并了解北京市通州区旅游资源状况 2. 课上展示设计成果，小组互评	提升信息收集能力；同时面对评价，可以明确职业挑战，进而增强职业认同感	25分钟
环节三	展示汶川地震相关案例；思考：旅游策划师在中间起到了什么样的作用	了解旅游策划师在汶川地震救援联络中的重要作用，增强职业认同感与责任意识	3分钟
环节四	阅读资料与图表，分析当前旅游业和旅游策划师职业发展的现状与机遇	分析资料，了解当前旅游策划师职业所面临的机遇与挑战，提升机遇意识	6分钟
环节五	1. 课堂总结：地理学科的魅力 2. 拓展展示与地理学科相关的专业与院校	总结旅游策划师职业所需能力，增加职业认同的同时，提升生涯规划与自主学习意识	2分钟

五、教学过程与方法

(一)融合教学方式

☐提供学案手册　☐自我评估　　☐建构成就经验　☑实作探索

☑角色体验　　　☑提供生涯信息　☐榜样示范　　　☑提供个体反馈

☑展示报告　　　☑小组协作　　　☐个人意义建构　☐其他

(二)教学过程

课前学习任务：以小组为单位利用现代信息技术手段了解并设计北京市通州区旅游路线。

环节一：运用资料初步了解并走近旅游策划师

导入：引导学生回顾北京市的重要职能之一——文化中心，介绍其具备众多优质旅游资源，同时出示"北京城市副中心空间结构规划图"。通州区作为北京城市副中心，未来的主导功能之一是文化旅游。重点打造北京环球主题公园、大运河文化带5A景区。将来，越来越多的人会前来旅行参观。

教师(展示相关材料)：现在的旅游业已经成为各地重点推进的经济发展产业，2019年十一国庆假期出游人数达到7.6亿人次，而越来越多的人也开始选择私人定制的旅游路线。(设问)那么你觉得未来旅游的新趋势会是什么，为什么呢？

展示：播放旅游策划师的视频，让学生初步了解旅游策划师(工作内容)。

设问：旅游策划师的职业内容是什么？他们需要了解哪些方面的内容？

活动：小组讨论并将自己的答案写在纸上，然后依据不同类别内容粘贴在黑板上进行展示讲解，其余小组补充完善。

【教师总结】依据旅游策划师的介绍及同学们的思考，我们可以总结出旅游策划师职业的关注重点包括五个方面：①游客特点(年龄、性别、学历、目的、时间、经费等)；②景点特点(内容、价值、位置、游览时间、价格等)；③景点周围的配套基础设施(餐饮、住宿、购物等)；④交通；⑤安全。这五个方面不是孤立存在的，在旅游策划中需要依据需求进行详细、综合的思考和选择。

【设计意图】让学生通过对旅游策划师职业的了解，明确该职业所需的素养和条件。同时结合学生身边的旅游资源，激发学生兴趣，引发学生对职业世界和社会发展的好奇。

环节二：利用现代信息技术手段进行定位，了解通州旅游资源状况并展示成果

展示：通州区文化旅游将成为副中心三大主导功能之一的相关文件、新闻材料。

教师：如果你的朋友要来通州旅游，需要你帮忙定制线路，那么你对通州区的旅游资源了解多少呢？我们通过哪些途径，可以足不出户就能了解通州区的旅游信息呢？

学生回答。

教师：同学们都已经利用现代信息技术等手段了解并设计了通州区旅行线路（学生课下完成设计），现在请以小组为单位进行汇报展示，要求展示组内成员分工、用到的App、路线设计的理由与优势、具体的线路安排（包括先去哪儿，再去哪儿，费用及游览所需要时间等）。

活动：小组分别进行成果展示汇报，每组汇报后其他小组进行评价，展示小组进行解答。

【教师总结】首先对大家的成果进行充分肯定，不同的小组有不同的想法和需求，而且都满足了不同的旅游需求，只要让自己玩得开心，那就是好的路线设计，因为我们本身就是"私人定制"的旅游；但这些还只存在于理论规划阶段，下一步还需要我们投入实践，去现场观察体验一次，真正了解实际情况后，调整设计出更好的旅游路线。

此次规划设计我们只是对时间和资金进行了限制，真正的旅游线路设计要考虑更多的限制条件，比如不同游客不同的旅游需求等。这些对我们都是挑战，往往因为一个条件的限制就需要重新调整。所以作为旅游策划师，要不断进行多要素的综合考虑与设计。

【设计意图】首先引导学生初步掌握旅游策划的方法，然后分小组课下进行实践，增强学生的职业体验的同时，激励学生主动去探索真实的职业世界，感受职业所需的素养和条件；以小组为单位展示并进行小组间互评，同学之间的肯定可以增强学生的自我价值认同，提升学生的自尊自信。

环节三：利用案例使学生重视旅行安全问题，增强职业认同

案例："5·12"汶川地震发生时，一家旅游公司有多个团队、1800余名游客在四川各地旅游。总经理不可能掌握每名游客的详细情况，导游又因通信中断与公司联系不上。危急时刻，公司计调部门在短短一天半的时间内，靠着丰富的经验，根据团队的出发时间、行程安排及路途中的情况，精准地计算出全部团队所处的位置。公司立即上报有关部门，以各种方式组织营救，最终确保全部游客安全撤离。

【教师总结】旅游策划师并非每天都在外面游玩，实际上面临着很多危险，所以我们需要尤其重视安全问题，提升安全意识和责任意识，做好充分的安全准备工作。

【设计意图】通过真实案例，学生了解并认识到旅游策划师这个职业的另一面，旅游策划师不仅是给大家规划旅行路线，在危急时刻还可以挽救大家的生命。可以增强学生的职业认同感，同时激发学生的责任意识，引导学生在进行职业选择时平衡个人与社会、国家之间的关系。

环节四：旅游策划师的机遇与挑战

教师给出相应材料，学生总结旅游策划师所面临的机遇与挑战。

> 经文化和旅游部综合测算，2019年国庆假期七天全国共接待国内游客7.82亿人次，同比增长7.81%；实现国内旅游收入6497.1亿元，同比增长8.47%。[①]

> 随着课程改革的进一步深入，我国各地中小学校逐渐开展研学旅行活动。教师往往没有足够的时间去进行课程设计与规划，研学的路线大多由旅游策划师来规划，这就对他们提出了更高的要求，不仅需要更科学、更专业的知识，还需要对学生有更细致的了解。

【教师总结】随着我国经济的不断发展，人民收入的不断提高，越来越多的人开始追求私人定制旅游。同时，随着研学旅游相关政策文件的实施，

---

① 文化和旅游部：《2019年国庆假期文化和旅游市场情况》，https://www.gov.cn/xinwen/2019-10/07/content_5436779.htm，访问日期：2025-02-26。

全国中小学生也逐渐走出校园。这些对旅游策划师来说都是巨大的发展机遇。但学生研学路线设计要求相对较高，不仅是娱乐性，更多的是研究学习，这就需要旅游策划师有更扎实的学科知识，可以说是机遇与挑战共存。所以在高中阶段，大家正好可以自己思考一下，自己能否抓住机遇并面对挑战。

【设计意图】向学生展示我国旅游业的相关情况和研学旅行的发展情况，激起学生的机遇意识，引导学生积极思考个人生涯发展的机遇。

环节五：总结提升

教师：我国旅游市场巨大，个性化需求日渐扩大，需要更加专业和精尖的人才。每个人喜欢的专业领域不同，未来所从事的职业也不尽相同，但有一个共同点：无论学习还是工作，都是个漫长又艰辛的过程，其间一定会遇到很多的困难和挫折，只有沿着正确的方向坚定地走下去，才能走上通往成功的道路。

【教师总结】近年来，旅游策划师这个职业越来越受大家的关注，定制旅行也将成为人们未来生活的一部分。通过这节课，我们初步了解了旅游策划师这个职业，基本掌握了旅行相关 App 的使用，学会了对旅游资源进行判断和赏析，还成功设计出了符合自己需求的旅行计划，这就是地理的魅力；除了这些，我们生活中只要涉及空间位置、人文历史环境的职业，都需要用到地理相关知识。所以，地理学科的重要性也就不言而喻了。

地理课标提出了地理学科的四大核心素养，分别是人地协调观、综合思维、区域认知和地理实践力，这些也正是旅游策划师需要具备的关键能力。首先，旅游策划师这个职业需要能够对一定区域内的旅游资源进行综合分析和选择，同时可以依据不同需求进行个性化定制，这就要求旅游策划师具备较强的区域认知能力和综合思维能力。其次，旅游策划师在设计路线之前还需要自己先进行游览参观体验，这样才能为游客提供更好的路线规划和行程推荐，这需要具备较强的地理实践能力。最后，旅游策划师也需要具备较强的人地协调观念，在旅游定制中，不仅要懂得欣赏人与自然和谐相处的美，还要引导游客重视对各种景观的保护。所以，如果你喜欢这类职业，就认真学好地理吧！

六、作业与拓展学习

拓展学习资料

1. 我国拥有旅游学院的部分大学名单。

2. 地理学科与可报考的部分大学专业：社会学类、理工学类、法学类、农学类、教育学类、管理学类等。

【教师总结】以上为部分拥有旅游学院的相关高校名单，如果有同学喜欢这个职业，可以课下再去细致了解一下。同时，我们还要知道，选考地理不代表只能从事旅游策划师这一个职业，我们还可以选择如社会学类、法学类等专业和职业。所以，只要你喜欢，而且适合你自己，那就勇敢地去追梦吧！

【设计意图】展示此部分内容（不作展开分析），引导学生开始关注自身的生涯发展，同时在一定程度上认同学习价值，为学生选科提供一定的帮助。

七、学习效果评价

(一)学生自评

1. 通过本节课的学习，你认为旅游策划师这一职业的工作内容包括哪些？

□关注游客特点　□关注景点特点　□关注景点周围的配套设施
□关注交通　　　□关注安全　　　□_____（其他）

2. 通过本节课的学习，你认为需要从哪些方面了解一个职业呢？

□工作内容　　　□工作环境　　　□能力、技能要求
□薪资待遇　　　□发展前景　　　□_____（其他）

3. 通过本节课的学习，你在未来选择职业时会考虑哪些因素？

□家国责任与使命　　□和大学专业的匹配度　　□自身兴趣
□发展前景　　　　　□_____（其他）

4. 通过本节课的学习，你认为一个好的旅游方案应该具备哪些要素？

□合理性　　□安全性　　□舒适性
□特色性　　□_____（其他）

(二)学生写作

学生以"我与地理"为主题进行写作（300 字以内），描述这节课后自己对地理学科的认识、地理与选科的关系、地理学科与未来发展的关系等。

教师对学生的小作文进行文本分析，提取关键要素，了解、评价学生对地理学科的认识程度等，确定是否达成学科融合目标。

附录：

一、我国部分拥有旅游学院的大学名单（表 4-20，排名不分先后）

表 4-20　设立旅游学院的大学名单（部分）

1. 中国人民大学	10. 武汉大学
2. 北京第二外国语学院	11. 华侨大学
3. 浙江大学	12. 西北大学
4. 云南大学	13. 中山大学
5. 东北财经大学	14. 西安交通大学
6. 华东师范大学	15. 中南财经政法大学
7. 陕西师范大学	16. 厦门大学
8. 四川大学	17. 复旦大学
9. 南开大学	

二、地理学科与可报考的大学专业（部分）

1. 民族学类专业

·所属学科：法学。

·研究范围：民族的发生、发展和变化。主要通过实地调查、分析文献资料和比较研究，弄清各民族的社会经济结构、政治制度、社会生活、家庭婚姻、风俗习惯、宗教信仰、语言文字、文学艺术、道德规范、思想意识等。

·主干学科：民族学、人口学。

·相关学科：历史学、政治学、考古学、宗教学、语言学。

·专业方向：民族理论、民族政策与法制、中国少数民族历史、中国少数民族宗教文化等。

· 对应课程：经济人类学、生态人类学、文化遗产与保护等。

· 参考院校：中央民族大学、云南大学等。

2. 教育学类专业（科学教育专业）

· 所属学科：教育学。

· 主干学科：心理学、生理学、哲学、信息科学与技术、社会学、管理学等。

· 专业方向：科学教育、科技传播等。

· 对应课程：地球概论、环境科学等。

· 参考院校：北京师范大学、华东师范大学、东北师范大学、南京师范大学、华中师范大学等。

3. 天文学类专业

· 所属学科：理学。

· 研究范围：宇宙及其中天体和天体系统的形成、结构与演化。

· 主干学科：天文学、物理学、数学等。

· 对应课程：普通天文学，太阳系起源，太阳内部结构，天体、恒星演化等。

· 参考院校：南京大学、中国科学技术大学、北京大学等。

4. 地理科学类专业（地理科学专业、自然地理与资源环境专业、地理信息科学专业）

· 所属学科：理学。

· 研究范围：地球表层自然现象和人文现象的空间分布、相互关系及发展变化。从各种角度对地质、地表形态等地理特征进行深入研究，同时也研究地域与人们生活的关联。

· 主干学科：地理学。

· 专业方向：自然地理学、人类地理学、城乡规划、地理信息系统等。

· 对应课程：普通地质学、地貌学、气象与气候学、地理信息系统、遥感概论、地图学等。

参考院校：北京大学、北京师范大学、华东师范大学、南京大学、武汉大学等。

5. 测绘类专业

· 所属学科：工学。

· 研究范围：利用各种测量仪器、传感器及其组合系统获取地球和其他实体与地理空间分布有关的信息，制作各种地形图、专题图，建立地理信息系统的基本理论与方法。

· 主干学科：数学、物理学、计算机技术等。

· 专业方向：大地测量学与测量工程、摄影测量与遥感、地图制图学与地理信息工程、导航与位置服务、矿山与地下测量、海洋测绘等。

· 对应课程：地图制图学基础、遥感原理与应用、地理信息系统原理、遥感原理与方法等。

· 参考院校：武汉大学、解放军信息工程大学、中国矿业大学、同济大学、中南大学等。

课例二　农业区位因素及其变化①

本节课结合实例说明工业、农业和服务业的区位因素，让学生在调查研究中提升对农业问题的关注。引导学生认识到农业生产与每个人的生活密切相关，提升对农业相关职业的兴趣。通过不同的角色体验，了解不同领域专家的思考方法和基本素质及不同职业的社会价值，结合实践进行自我评估，为学生的未来发展提供多样的选择。

一、学科融合背景

本课为高一年级地理课，内容选自人教版地理教材（2019年版）必修二，所属章节为第三章第一节。

课程标准对本部分教学的要求是：结合实例，说明工业、农业和服务业的区位因素。区位因素和学生生涯发展密切相关。主要表现在以下几个方面。

1. 区位因素对学生理解人地关系具有非常重要的意义。农业区位因素及

———————————

① 本教学设计由谷凤芝（北京市第十一中学）提供。

其变化能比较好地体现因地制宜的思想，有利于学生树立人地协调观。农业的区位选择需要综合分析，这和学生的生涯发展密切相关，可以培养学生的综合思维，提升学生用发展的眼光看待问题的能力。

2. 农业的发展需要从不同的角度来思考，从不同的利益层面出发寻找可持续发展的思路，有利于学生形成从不同视角解决世界问题的能力，同时也可以让学生有不同的职业体验。

3. 体现地理学科独特的育人价值。湘西是我国的脱贫地区，学生对农业的认识除了从经济方面出发，还应从家国情怀、从国家大局看待问题。

从学生和融合点角度来看，该问题是基于真实情境的研究。

1. 农业生产虽然与城市生活有一定的距离，但学生每天的生活都离不开具体的农业生产，与农业生产有关的职业方向很多，有利于扩展学生的生涯视角，相关案例的分析有利于地理核心素养的有效落地。湘西地区种植油茶树有利于实现农业可持续发展，所以可以和学生的自身的发展相联系，引导学生思考如何实现个体的持续发展。

2. 案例易引发学生的深层次思考。巩固拓展脱贫攻坚成果是我国需要重点解决的问题，有助于引发学生对脱贫地区的关注，提升学生的责任感和家国情怀，帮助学生树立科学的人生观和职业观。

二、生涯融合内容

(一)生涯融合素材类型

☐职业行业 ☑专业 ☑生涯人物 ☑学科价值 ☑学科应用

☑学科前沿 ☐时事 ☑学习方法 ☐生涯选择 ☐其他

(二)生涯融合素材

1.《中共中央 国务院关于实施乡村振兴战略的意见》提出："大力发展数字农业，实施智慧农业林业水利工程，推进物联网试验示范和遥感技术应用。"这标志着智慧农业快速发展。

【指导意义】农业的发展不仅决定人民的生活水平，而且关乎一个国家国民经济的发展和在国际竞争中的地位。利用高新技术和互联网技术发展智慧农业，改变传统农业生产方式是当代农业发展的必然趋势，高素质的专业农民是智慧农业发展的动力，农业科研高层次人才队伍正待建设，前景广阔。

2."湘西地区山茶油问题"。该区域属于生态脆弱区，农业发展面临很多机遇和挑战，可与我国精准扶贫战略的提出相结合。

【指导意义】引导学生以该问题为基础，拓展更多的职业方向。该问题从学科本质上来说是在探讨人地协调问题，可以使学生在学习过程中了解不同领域专家的思考方法和其内在的专业精神，为学生的未来发展提供了多样的选择。同时，在解决问题的过程中将应该具备的职业素养与地理学科的综合思维和人地协调观核心素养进一步对接，对于学生理解未来所要面对的复杂多变的世界、实现人生的价值具有重要指导意义。

三、教学目标

(一)生涯发展核心素养目标

生涯意识与信念	自我认知与发展	社会适应与责任	生涯规划与行动
☐生涯好奇	☑自我分析	☐信息收集	☐决策能力
☐积极态度	☐多元发展	☑环境探索	☐生涯规划
☑机遇意识	☐自尊自信	☐责任担当	☐自主学习

(二)融合教学目标

1. 了解与农业相关的职业内容，从营销环节入手，初步学习对北京市场茶油的调查并进行数据整理，提高收集评估信息的能力。

2. 在对农业问题的调查研究中提升对农业问题的认知，认识到农业生产与每个人的生活密切相关，提高对农业相关职业的兴趣。

3. 通过对湘西山茶油完整的生产过程的分析，能综合多要素合理选择农业区位，并能根据条件变化调整农业区位，增强对脱贫地区的关注，拓宽职业生涯视角。

4. 通过不同的角色体验，体会在解决具体问题过程中需要的基本素养及不同职业的社会价值，结合实践进行自我评估，提升自我分析的能力。

四、教学思路与流程

(一)融合教学思路

用学生熟悉的榜样人物调动学生的学习兴趣。在学习过程中，对农业区位因素的选择、变化及其产业的可持续发展进行深入研究，树立人地协调观；聚焦具体的农业问题，和学生已有的认知结合，探索解决问题的路径，以此提高学生对于农业信息的探索和评估能力；在榜样人物的引领下，认识到农业发展对于个体和国家发展的意义，从小我到大我，渗透学业和个人生涯发展的关联性，提高对自我和社会的进一步认识。让学生通过学习探究，认识到人生选择应和个人的可持续发展相结合，体会不同职业的社会价值。最后渗透生涯发展的责任意识和树立科学的人生观与就业观，实现生涯目标的进阶，为学生的未来发展提供学科职业的指导。此外，课后的开放性作业为学生后续探索提供了更多的思考路径。

(二)教学流程

本节课教学流程安排如表 4-21 所示。

表 4-21　农业区位因素的教学流程

教学环节	主要任务(活动)及问题	设计意图	教学时间
环节一： 导入	教师引导学生讲述袁隆平研究海水稻的农业故事	创设情境，引发学习兴趣	2分钟
环节二： 目标引领	教师出示本课学习目标	明确本课学习目标，对本课学习有整体把握	3分钟
环节三： 复习回顾	1. 根据已有知识和资料，分析北京市水稻种植状况 2. 引导学生聚焦到具体的农业问题的分析中	总结区位选择的方法，将之同自身的选择相结合	7分钟
环节四： 学以致用	根据资料和学生的前期调查，分析湘西山茶油发展的现状和面临的问题，讨论分析解决的措施	从学生的生活实际出发，聚焦脱贫地区，体会不同职业在解决问题中发挥的社会价值，为学生提供未来发展的思路	28分钟

续表

教学环节	主要任务（活动）及问题	设计意图	教学时间
环节五： 总结提升	分析新时期农业生产的机遇和挑战；明白通过努力，未来的职业选择将会有助于建设更好的世界	引领学生关注社会问题，体会地理学科的价值，并把个人发展和社会进步结合，体现地理学科独特的育人价值	5分钟

五、教学过程与方法

（一）融合教学方式

☐提供学案手册　☑自我评估　　☑建构成就经验　☐实作探索

☑角色体验　　　☐提供生涯信息　☑榜样示范　　　☐提供个体反馈

☑展示报告　　　☑小组协作　　　☐个人意义建构　☐其他

（二）教学过程

【课前学习任务】

1. 学生提前收集并学习袁隆平研究海水稻的相关资料。

2. 学生分组进行北京市山茶油销售和使用情况的调查，包括：学生自行设计调查问卷进行山茶油使用情况的调查，学生对超市山茶油价格与网上售卖山茶油价格、销量进行对比、调查，学生根据以上调查情况制作简易视频说明。在此过程中，教师分析学生的调查问卷，判断问卷的可实施性并进行指导。

3. 教师提供选聘到村任职的高校毕业生、村支书、农业技术人员等相关资料，学生对某现代绿色农业产业园品牌的创始人进行访谈。

环节一：导入

引导学生讲述袁隆平研究海水稻的故事，以榜样人物引领学生走进农业的广阔天地，让学生认识到农业发展的重要性，以及农业发展前景的广阔。

教师：农业是国民经济的基础，农业的发展不仅决定人民的生活水平，而且关乎一个国家国民经济的发展和在国际竞争中的地位。未来农业将走向智慧农业，发展前景广阔。很多人投身农业事业，成就梦想。我们请一名同学来讲述一位农业专家的故事。

学生根据事先收集的资料，讲述袁隆平研究海水稻的故事。

【设计意图】创设情境，引发学习兴趣。通过榜样人物体会投身农业带来的成就感。

环节二：目标引领

展示：本节课的学习目标。

【设计意图】目标引领，有利于学生整体把握本节课的学习内容，有利于目标的达成。

环节三：复习回顾（分析北京市的"京西稻"，回顾农业区位选择）

展示：北京市地形图和气候图及相关资料。

教师：京西稻是指北京市西郊万寿山、玉泉山周边地带生产的优质粳型稻米。请同学们根据所学知识和以上资料，写出北京地区历史上有利于种植水稻的自然区位条件，探索近年来北京水稻种植情况。

学生结合地势、气候等特点作答。

总结：随着区位因素的变化，农业的区位选择也要发生变化，京西稻仅在海淀保留了少部分，北京的远郊区县以花卉水果为主的都市农业蓬勃发展。由此可见，农业区位的选择是综合分析自然条件和社会经济条件的结果，区位选择既要考虑到因地制宜，也要考虑到因时制宜。这和我们的很多人生中的重大选择一样。比如，我们现在的选科既要考虑我们目前的兴趣、爱好及自己各科的学习状况，还要考虑我们未来的职业选择，而且在不同阶段，选择的主导因素也是不同的。因此，我们在选择过程中要进行综合分析，更要思考主导因素，一定程度上还要分析选择可能带来的机遇和挑战。

【教师总结】形成农业区位因素的一般分析方法，将之同学生自身发展相结合，让学生体会地理学科在该问题的分析中的价值，特别是选择的综合分析方法、在不同阶段选择的主导因素及选择带来的改变。

过渡：学习农业区位因素的分析方法是为了解决具体的问题，接下来我们将聚焦到与我们生活密切相关的油料作物——山茶油的问题。

环节四：学以致用（以湘西山茶油为案例）

展示：山茶油的相关资料以及学生所做的相关调查总结。

教师：同学们分组对北京市山茶油的销售和使用情况进行了调查。各组自主设计了问卷，调查了山茶油的使用情况，同时还去超市调查了山茶油的价格和线上销量情况等。下面我们来看看这一组同学根据调查结果做的一个总结短片。

展示：播放学生课前准备的视频短片。

【教师总结】从生活实际入手，学生通过调查分析，体会调查的方法，同时对市场调查的职业有所体验，进一步认识农业生产和生活关系，并关注自身的健康发展。

展示：有关油茶树的生长习性资料和中国地形图、气候图，并提出问题。

教师：请同学们根据油茶树的生长习性，分析我国哪些主要区域可能适合栽种油茶树，任选其一说明理由。

学生：根据选择的区域，结合油茶树的生长习性，说明选择的理由。

教师：江南丘陵是我国山茶油的主产区，该地的自然条件非常适合油茶树的生长。农业生产的宏观布局需要综合考虑农作物的生长习性和该地区的自然条件，粮油生产对我国这样的人口大国来说具有重要意义，需要全国进行统筹规划。目前我国很多大学都设置了这方面的专业，特别是各高校的地理专业，基本都会开设城乡规划的专业。

展示：出示湘西地区区域图和气候特征图，介绍该地区的自然条件，并提出问题。

教师：湘西地区是我国脱贫地区，请结合图文资料，分析湘西地区油茶树栽培的优势自然条件。

学生：湘西地区地处丘陵山区，排水条件好；亚热带季风气候，热量充足，降水充沛；红壤为偏酸性，适合油茶树的生长。

教师：湘西地区漫山遍野都是油茶树，下面这个视频就是一个湘西油茶网店店主拍摄的家乡的油茶树。网店店主大学毕业以后回到湘西，致力于把湘西地区的山茶油推广到全国。可以看到，不同职业的人们都投身到了山茶油的推广过程中，包括政府部门工作人员、科研人员、热心农村发展的投资人等。

播放：湘西油茶林视频。

【教师总结】学生能关注脱贫地区农业问题，并能准确表述农业区位因素，认识到因地制宜发展的意义。提示学生在进行自我选择的时候，需要结合自身的实际情况进行综合分析，选择适合自己的职业，特别是目前的选科。同时引导学生体会农业规划师职业的角度，该角度属于人文地理与城乡规划，目前很多大学都设置了该课程，帮助学生寻找到达相关职业的路径。

【教师总结】渗透地理学科相关专业方向，学习区域认知的基本方法。制造思维冲突，引发学生的探究兴趣。

展示：出示湘西地区油茶树种植和山茶油加工的相关资料。

教师：阅读资料，说出湘西地区油茶树种植和山茶油生产面临的问题。

学生：油茶树面积锐减，产量下滑，树龄严重老化，品种的优良性也不稳定。局部、小面积的病虫害时有发生。果实出油率很低。油茶压榨后的茶粕中仍含有 3%～5% 的山茶油，造成浪费。榨油剩余的大量的茶壳和茶粕没有得到充分利用。

教师：结合之前同学做的市场调查，对湘西山茶油目前面临的问题进行归纳。

学生：湘西山茶油在油茶树的种植、加工和营销环节都存在不同的问题。从区位因素的角度来看，涉及资金、技术、政策、市场等。

教师：湘西地区目前的山茶油问题不是一个部门能够解决的，因此我们把同学们分成不同的小组，同学们根据自己收集到的相关资料，包括选聘到村任职的高校毕业生、村支书、农业技术人员、油茶产业投资人、油茶推广人等职业的工作范畴及其需要具备的素养，讨论如何解决目前面临的问题，为其未来发展提供具体的方向。

学生根据之前收集的相关资料，也可以选择其他角度，讨论解决措施，并把具体措施写在展示板上。各组派代表到前面展示，并请各组的"村支书"进行点评。

教师（可简单列举学生讨论的解决措施）根据实际情况进行点评和总结。

【教师总结】让学生体会不同职业在解决问题过程中发挥的社会价值，提升学生解决具体问题的能力。从不同且开放的视角来看待问题，可以培养学生综合思维的能力，引导学生思考在具体问题的解决当中如何进行有效的平衡。对学生而言，在对自己进行充分分析的基础上，可以认识到无论从事什么职业，都能发挥社会价值，能推动社会的进步。该环节渗透的生涯发展的责任意识，能够帮助学生树立科学的人生观和就业观，让学生认识到每个职业都有其特定的价值。

环节五：总结提升

教师：①新时期给农业生产提供了机遇和挑战，只有因地制宜和因时制宜才能实现可持续发展。地理学科的新发展也为农业发展提供了更多的可能。②希望同学们对中国的农业特别是脱贫地区农业能有更多的关注。③体会自身未来的发展，并付出努力。同学们在未来成长过程中将会有不同的职业选择，但是不管从事什么样的职业，都能产生社会价值，要通过自己的努力建设更好的世界。

【教师总结】让学生认识到学习地理学科为未来职业发展提供的可能，进一步引领学生关注社会问题，提升学生的社会责任感，帮助学生树立科学的人生观和就业观。引导学生对接自己的个人发展特别是目前的选考科目和自己未来的职业发展，并将个人发展同国家发展、社会进步进行紧密结合。

六、作业与拓展学习

请选择一个自己喜欢的农业类型并结合具体区域，利用实际体验和调查研究获取相关资料，从地理学科的角度，也可以选择其他的职业角色分析该区域农业未来的发展方向，以简报的方式呈现，最好能图文结合，体现地理学科特色。

七、学习效果评价

学生回答开放性问题：

1. 你未来最想从事的职业是什么？为什么？

2. 针对湘西或者其他脱贫地区的发展，你想要从事的职业能解决的问题有哪些？

教师对学生的回答进行分析，了解学生对未来职业的想法，评价学生对农业区位扩展问题的认识程度，确定能否达到学科融合的教学目标。

第八节　生涯—学科融合教学设计·物理

课例一　认识传感器[①]

本节课通过探究传感器实例了解其工作原理，让学生认识到传感器是物理知识的综合应用，体会知识对技术发展的推动作用，从而发展科学探究素养，产生生涯好奇。通过传感器产业调查报告、大学专业及榜样人物的介绍，让学生了解传感器的行业机遇及国家需要，增强责任感和使命感，同时发展信息收集能力，提升生涯意识。

一、学科融合背景

本课为高二年级物理课，内容选自人教版物理教材（2020 年版）选择性必修第二册，所属章节为第五章第一节。

本节教材通过生活中常见传感器的应用场景，让学生了解什么是传感器。教材将传感器类比为"人的感官"，将人的体力劳动类比为传感器的作用过程，降低了传感器的认识难度。通过对传感器实例的探究了解传感器的工作原理，使学生认识到传感器是物理知识的综合应用，也是当今人工智能领域重要的器件。通过 2009 年诺贝尔物理学奖颁发给光学耦合传感器发明者的介绍，进一步让学生体会知识对技术发展的推动作用。通过传感器产业调查报告、大学专业及榜样人物的介绍，让学生了解传感器的行业机遇及国家需要，建立生涯意识，为自己的生涯发展作准备。这体现了物理课标对科学、技术、社会相互关系的关注，也体现了课标的基本理念——"注重课程的时代性，关注科技进步和社会发展需求"。

二、生涯融合内容

（一）生涯融合素材类型

☑职业行业　☑专业　☑生涯人物　□学科价值　☑学科应用

----

① 本教学设计由李娟（北京市通州区潞河中学）提供。

☑学科前沿　☑时事　☐学习方法　☐生涯选择　☐其他

(二)生涯融合素材

1. 2009年诺贝尔物理学奖

2009年诺贝尔物理学奖的一半奖金颁发给了美国科学家威拉德·博伊尔和乔治·史密斯。博伊尔和史密斯的成就是发明了电荷耦合器件(CCD)图像传感器。这个传感器用电子捕获光线替代以往的胶片成像,将光学影像转化为数字信号,实现高效存储、编辑和传输。此外,这一发明也推动了医学和天文学的发展,在疾病诊断、人体透视及显微外科等领域都有着广泛用途。

【指导意义】让学生了解将光信号转化为数字信号(电信号)是革命性的进步。传感器技术在发展经济、推动社会进步方面起到了重要的作用。

2. 传感器行业调查报告

介绍国内外传感器行业信息、市场现状,重点介绍我国传感器行业的总体现状,新型传感器技术的未来发展、市场预测及主要传感器公司。

【指导意义】让学生了解传感器的行业机遇,了解国家需要,认识到职业选择要和国家需要相结合。

3. 推荐资料

张建奇、应亚萍:《检测技术与传感器应用》,北京,清华大学出版社,2019。

《普通高等学校本科专业目录(2024年)》,http://www.moe.gov.cn/src-site/A08/moe_1034/s4930/202403/W020240319305498791768.pdf,访问日期:2025-03-10。

【指导意义】让学生了解与传感器有关的高校专业,了解学习传感器的途径。

4. 可能的职业发展方向

(1)科学家:杨德森院士及其工作介绍

求索水声科研路,致力强国梦,"弯道超车"展现中国力量。

【指导意义】引导学生理解科学家的信念、追求和不畏困难的精神。

(2)电子工程师

发展方向主要有产品研发经理、技术经理、电子技术研发工程师、IT

项目经理等。

【指导意义】让学生了解电子工程师职业及其发展方向。

三、教学目标

(一)生涯发展核心素养目标

生涯意识与信念	自我认知与发展	社会适应与责任	生涯规划与行动
☑生涯好奇	☐自我分析	☑信息收集	☐决策能力
☐积极态度	☐多元发展	☐环境探索	☐生涯规划
☐机遇意识	☐自尊自信	☑责任担当	☐自主学习

(二)融合教学目标

1. 通过日常生活中传感器的广泛应用场景，了解什么是传感器，了解传感器的工作原理，体会非电学量转换成电学量的意义。

2. 通过干簧管、半导体热敏电阻、光敏电阻的半定量探究，感受敏感元件的作用，解决学习物理知识过程中的迷茫与困惑，体会物理知识对技术进步的推动作用，发展科学探究和生涯好奇核心素养。

3. 通过高校专业、传感器行业调查报告、生涯人物杨德森院士的介绍，发展信息收集能力，理解职业科学家的信念、追求和不畏困难的精神。

四、教学思路与流程

(一)融合教学思路

首先介绍 2019 年美国对华为的制裁事件，引导学生思考科学技术对国家的重要作用，激发爱国情怀；通过华为先进的影像技术，让学生认识传感器，激发学生的民族自豪感。其次通过干簧管、半导体热敏电阻、光敏电阻的半定量探究理解敏感元件的信息转换，引导学生体会传感器是物理知识的综合运用，建立传感器工作的模型，激发学生学习物理知识的兴趣，进而给选考物理的学生提供与传感器相关的高校专业和将来可能的职业发展方向。最后通过传感器在人工智能领域的广泛应用，引导学生认识传感器技术在发展经济、推动社会进步方面的重要作用；通过传感器行业调查报告，让学生了解我国在传感器技术方面的人才需要，提高学生的信息收集能力和责任担当意识。

(二)教学流程

本节课教学流程安排如表 4-22 所示。

表 4-22　认识传感器的教学流程

教学环节	主要任务(活动)及问题	设计意图	教学时间
环节一：引入创设情境	介绍 2019 年美国对华为的制裁；介绍华为手机先进的影像技术；介绍 2009 年诺贝尔物理学奖	激发爱国情怀；增强民族自豪感；了解什么是传感器	约 8 分钟
环节二：科学探究	探究敏感元件的信息转换	体会敏感元件之所以能把非电学信息转换成电学信息，是因为遵循了特定的物理规律；解决学习物理知识过程中的迷茫与困惑；发展科学探究和生涯好奇核心素养	约 25 分钟
环节三：总结、内化，提升思维	回顾、总结所学知识，建立传感器工作的一般模型	发展模型建构核心素养	约 5 分钟
环节四：职业发展与国家需要	介绍传感器的发展与机遇、高校相关专业和职业信息	发展信息收集和责任担当核心素养	约 7 分钟

五、教学过程与方法

(一)融合教学方式

☑提供学案手册　□自我评估　　□建构成就经验　□实作探索

□角色体验　　　□提供生涯信息　☑榜样示范　　　□提供个体反馈

☑展示报告　　　☑小组协作　　　□个人意义建构　□其他

(二)教学过程

环节一：引入创设情境

时事回顾：美国制裁华为公司。

问题：为什么美国要制裁华为？

面对制裁华为硬气回击，因为华为有雄厚的技术实力和丰富的技术储备，在移动芯片和通信技术方面有长足的进步。AI、鸿蒙、5G 都是我们熟悉的和华为有关的名词。

视频播放：打造未来的影像世界。

教师：随着物联网时代的到来，"万物互联"成了基本的要求，物体要实现感知就不得不用到传感器。生活中常见的传感器有自动门、干手器等。你还能举出哪些自动控制的例子？

学生回答。

教师：传感器对生活的重要作用不言而喻。2009 年诺贝尔物理学奖颁给了 CCD 图像传感器的发明者。阅读 CCD 图像传感器相关资料。

提问：通过阅读你认为 CCD 图像传感器的优势是什么？（把光学影像转化为数字信号，高效存储、编辑和传输。）

环节二：科学探究

演示实验 1：七彩夜光杯

分组实验 1：干簧管分组实验

干簧管在日常生活中的应用：水表、煤气表、电表可以用来计数，电热水器、空调可以感测水流。

演示实验 2：变色杯——倒入热水呈现图像（材料对温度敏感）

分组实验 2：探究热敏电阻的热敏特性

热敏电阻在日常生活中的应用：可以利用热敏电阻对温度进行测量和控制，如用于镇流器、电脑、电视、电饭煲、电热水器、电熨斗、饮水机、空调、冰箱、温度报警器、热熔胶枪等。

演示实验 3：音乐贺卡

打开贺卡——播放音乐，合上贺卡——音乐停止。

猜测敏感元件：光敏电阻。

分组实验 3：探究光敏电阻的光敏特性

光敏电阻在日常生活中的应用：电视机的亮度调节，照相机的自动曝光，航标灯、楼道灯、烟雾报警器、验钞机、石英钟、音乐杯、礼品盒、迷你小夜灯、光声控开关、路灯等的自动开关，以及各种光控玩具、光控灯饰等。

【设计意图】学生通过观察实验（事实），探究敏感元件的信息转换，培养思维能力和探究能力。

环节三：总结、内化，提升思维

谈一谈你对传感器的理解与认识。

总结传感器的工作原理。

请学生介绍自己利用传感器制作的科技装置：一种自动开关窗装置。

环节四：职业发展与国家需要

1. 传感器的重要作用

21世纪人类全面进入信息电子化的时代，随着人类探知领域和空间的拓展，人们需要获得的自然信息的种类日益增加，需要加快信息传递速度和增强信息处理能力，因此要求与此相对应的信息获取技术（传感器技术）跟上信息化发展的需要。

地上：在2019年国庆阅兵仪式上亮相的"东风"系列导弹极大地展现了我国军队的"硬"实力。因为它能对目标实现精准打击。海湾战争中，伊拉克在科威特战区部署了4280辆坦克，多国部队只有3800辆坦克。但结果是伊拉克89%的坦克被毁，而多国部队的坦克仅损失20辆。这种悬殊的损毁比，正是由双方信息获得及精确制导武器方面的明显差距造成的。

天上：航天飞行器飞行的速度、加速度、位置、姿态、温度、气压、磁场、振动等都需要测量。例如，"阿波罗10号"飞船需要对3295个参数进行检测，其中温度传感器559个，压力传感器140个，信号传感器501个，遥控传感器142个。

2. 职业机遇

(1)我国的传感器发展现状

在全球排名前三十的传感器厂商中，有我国的歌尔微电子、瑞声科技等企业。目前，国内传感器行业处于更新换代的关键时期，需要更微型、更智能、更网络化、更系统、更多功能的智能传感器。但我国的技术相比国外还是有很大差距，当务之急是缩小这种差距。

教师：针对以上信息，说一说你的想法。

【教师总结】不论是天上、地下还是日常生活中，传感器的应用都十分广泛。我国在传感器技术开发方面也需要更多的人才。如果大家希望在传感器方面有所发展，可参考以下几个方向。

3. 可能的生涯发展方向

教师：传感器是一个综合性的技术基础学科，需要数学、物理学、电子学、力学、机械学等相关知识。

(1) 创意设计

如果你对传感器感兴趣，可以阅读《检测应用与传感器技术》。学完后将"懂理论、会设计、能制作、勇创新"，以创意产品丰富人们的文化生活。

(2) 继续深造——高校专业设置

基础学科：数学、物理、化学、生物学等(物理效应、物理规律)；

电子信息类：集成电路设计与集成系统、电子封装技术等；

自动控制系：仪器类专业(学习传感器相关知识最多)；功能材料专业(敏感材料的生长、制造)。

(3) 职业选择

①职业科学家

杨德森院士(榜样人物)及其工作介绍(物理规律的研究、材料的设计与制作等)。

②电子工程师

发展方向：产品研发经理、技术经理、电子技术研发工程师、IT 项目经理等。这条道路需要综合性的能力素养，既要精通电子方面的专业知识，又要在实践中积累管理经验。

【教师总结】通过本节课的学习，大家了解了什么是传感器及传感器的工作原理，并建立了传感器的一般模型，对传感器相关的高校专业设置、行业机遇、未来职业发展有了一定的了解。希望同学们用科学知识武装自己，在不断的探索中发现自己的兴趣，在不远的将来为国家建设贡献自己的力量。

六、作业与拓展学习

1. 调查手机中的各种传感器，了解它们的应用，通过查阅资料，制作PPT分享手机中某一传感器的工作原理。

2. 利用某一种传感器制作简单的自动控制装置，制作完成后带到学校在物理课上向同学们演示，说明其工作原理。

七、学习效果评价

1. 传感器担负着信息采集的任务，它常常是（　　）。

A. 将力学量（如形变量）转变成电学量　　B. 将热学量转变成电学量

C. 将光学量转变成电学量　　　　　　　　D. 将电学量转变成力学量

2. 根据你对传感器的理解，填写下面的表格（以表 4-23 为例）。

表 4-23　对传感器的理解

传感器名称	输入的物理量	输出的物理量
干簧管		
热敏电阻		
光敏电阻		
电阻应变片		
湿度传感器（湿敏电阻）		

3. 生涯规划自我评价。

根据表 4-24，学生对本节课的学习进行自我评价。

表 4-24　传感器学习的自我评价表

评价内容	非常不符合	比较不符合	一般	比较符合	非常符合
1. 通过今天的学习，我认为学习物理知识不是为了解题，而是为了解决实际问题					
2. 我了解了和传感器技术相关的高校专业及将来的职业发展方向。我想选择相关专业继续深造，报效祖国					

续表

评价内容	非常 不符合	比较 不符合	一般	比较 符合	非常 符合
3. 我为祖国的进步与发展感到骄傲和自豪					

课例二　有舍才有得——动量①

本节课通过守恒量的学习，培养学生的探究能力和证据意识，并引导学生将守恒思想融入生活，体会生活中付出与回报的关系。介绍动量守恒在火箭技术上的应用，鼓励学生以钱学森为榜样，报效祖国。通过介绍"国防七子"，让学生了解与航空航天相关的大学和专业，促进学生思考自己的生涯方向。

一、学科融合背景

本课为高二年级物理课，内容选自人教版物理教材（2019 年版）选择性必修一，所属章节为第一章第一节。

动量守恒定律是宏观物体碰撞中满足的重要物理规律，也是微观领域所遵从的规律，是除牛顿运动定律和功能关系视角外又一个研究运动的视角。本节教材从生活中的小球碰撞现象出发，提出研究的问题"碰撞前后会不会有什么物理量保持不变"。接着提出了猜想，这个守恒量肯定跟质量和速度都有关。然后设计实验方案，本节课利用气垫导轨和光电门记录了各种碰撞情况的数据，并对数据进行了详尽分析，得出动量守恒的结论。进一步提出问题：如何避开其他小天体的碰撞？如何在微重力环境中将卫星送入预定轨道？火箭是如何工作的？应用动量守恒定律解决相关问题。

动量守恒定律本身就蕴含丰富的哲学思想，有得必有失，引导学生思考生活中付出就有回报。让学生明白，时间有限，做了这件事就不能完成其他事，因此应在生活中做对的事、重要的事、有意义的事，这样时间的消逝会

----

① 本教学设计由李新祥（北京市中关村中学）提供。

获得更多有价值的回报。进一步拓展：在微重力环境和外太空，外界不能提供动力，只能靠抛掉"自己的东西"才能获得发展。

二、生涯融合内容

(一)生涯融合素材类型

☐职业行业　☑专业　☑生涯人物　☐学科价值　☑学科应用

☐学科前沿　☐时事　☐学习方法　☑生涯选择　☐其他

(二)生涯融合素材

1. 生活中的守恒思想。空间是守恒的，一个人不可能同时踏入两条不同的河流，要选择做重要的事，做有价值的事；时间是守恒的，一个人不可能两次踏入同一条河流，时光匆匆，要珍惜时间，让付出开出绚烂的花朵；生活有得必有失，要勇于付出。

【指导意义】让学生懂得珍惜时间，做有价值的事情，勇于付出努力。

2. 被誉为"中国航天之父"的钱学森同志毅然放弃国外的优厚待遇，回国帮助祖国发展航空航天事业，是学生学习的榜样。

【指导意义】航空航天事业的发展离不开钱学森同志的贡献，他这种将个人命运与国家命运连接在一起，不负时代、不负韶华的生涯规划是当代中学生需要借鉴和学习的。

3. 介绍"国防七子"，介绍相关航空航天专业。

【指导意义】引导学生了解相关专业，选择适合自己的专业，报效祖国。

三、教学目标

(一)生涯发展核心素养目标

生涯意识与信念	自我认知与发展	社会适应与责任	生涯规划与行动
☐生涯好奇	☑自我分析	☑信息收集	☐决策能力
☐积极态度	☐多元发展	☐环境探索	☑生涯规划
☐机遇意识	☐自尊自信	☑责任担当	☐自主学习

(二)融合教学目标

1. 通过探究碰撞中的守恒量实验，分析实验数据，得出动量守恒的结论，能联系生活中的守恒思想，反思自己的言与行，进一步体会学习生活中的付出与回报。

2. 通过了解我国航天事业奠基人钱学森的故事，自我激励，努力学习，将来报效祖国。

3. 通过"国防七子"相关介绍，了解与航空航天相关的大学和专业，初步思考自己的生涯方向。

四、教学思路与流程

(一)融合教学思路

通过守恒量的探究，经历科学探究的过程，培养学生的探究能力；通过数据分析，归纳得出结论，培养学生的证据意识；通过科学家对动量概念的辨析，引导学生明确人生方向，逐渐清晰目标；通过了解动量守恒在火箭技术上的应用，鼓励学生以钱学森为榜样，报效祖国。将守恒思想融入生活，激励学生勇于付出，取得丰硕成果。

(二)教学流程

本节课教学流程安排如表 4-25 所示。

表 4-25　动量的教学流程

教学环节	主要任务(活动)及问题	设计意图	教学时间
导入	观察现象，提出猜想	透过现象思考规律	2分钟
环节一	猜想规律，设计方案	用实验方法验证猜想	8分钟
环节二	分析数据，得出结论	培养数据分析能力	15分钟
环节三	利用规律，解决问题	让物理走向社会生活	5分钟
环节四	专业引领，规划生涯	强化理想，构筑信念	10分钟

五、教学过程与方法

（一）融合教学方式

☐提供学案手册　☐自我评估　　☐建构成就经验　☐实作探索

☐角色体验　　　☑提供生涯信息　☑榜样示范　　　☐提供个体反馈

☐展示报告　　　☑小组协作　　　☑个人意义建构　☐其他

（二）教学过程

导入：观察现象，提出猜想

呈现打台球的情景（生活）、原子核衰变（微观）的情景和小球碰撞（模型）的动图，提出问题：碰撞中满足什么规律？如何设计实验验证？

学生活动：思考碰撞中的各种不同情况。

1. 不同质量的物体速度相同，碰撞后情景不同。

2. 相同质量的物体速度不同，碰撞后情景也不同。

碰撞过程结果既跟质量有关，也跟速度状态有关，因此碰撞中的规律跟质量和速度都有关。

教学意图：通过回想实际的生活场景，思考碰撞中满足的规律，猜想规律与哪些物理量有关。

【教师总结】通过观察生活中现象，猜想碰撞中满足的规律，引导学生在生活中格物致知，发现生活中的自然之美。

环节一：猜想规律，设计方案

引导学生设计实验方案：

1. 如何测速度？我们以前学过哪些测速度的方法？（打点计时器、光电门。）

2. 有没有间接方法呢？

3. 平抛运动有什么特点？单摆的速度能求出来吗？

活动意图说明。

通过对以往知识的回顾，思考如何测得碰撞前后的速度。

【设计意图】学生猜想出几种不同的不变量，并利用光电门和气垫导轨来验证(尽管有多种实验方案,但重点应放在气垫导轨和光电门上)。现场演示实验,记录数据,帮助学生快速找出实验结论。

讨论碰撞的几种典型情况:

1. 碰撞后一起运动;

2. 碰撞后分开;

3. 相向碰撞。

【设计意图】引导学生通过生活实际和观察实验,猜想可能的物理规律;并找出典型的碰撞过程进行研究,得出相应的规律。

【教师总结】通过在课堂上演示实验,让学生清楚如何操作,如何记录数据以及数据的对应性,提高学生的实验能力。

环节二:分析数据,得出结论

如何记录数据呢?

先规定一个正方向,因为速度是矢量。

数据分析1:思考可能具有的规律,培养学生的证据意识。起初可以只记录速度大小,经过计算发现找不到规律。引导学生思考记录方式是否有问题,最终发现记录速度需要注意矢量性,进一步可知质量和速度的乘积不变。引导学生体会科学研究往往并不是一帆风顺的,需要实验推理,才能发现自然界的奥秘。

数据分析2:学生发现碰撞前质量和速度的平方乘积总会减少。这个结论的含义是什么?

碰撞后动能总比原来少,说明机械能有损失。

数据分析3:数据的可信度有多少呢?

计算得到相对误差有多少(相对误差都在10%以内)。

结论:在碰撞前后系统各部分的"mv"(矢量,要考虑方向)的总和是一个定值,我们给"mv"一个名称叫动量 P。

我们发现在碰撞中动量是守恒的,这样碰撞的情景就有了应用的规律和方法,动量的引入对于处理碰撞问题有着非常重要的价值。

适用范围:该结论就是一个定律——动量守恒定律。这是个适用范围比牛顿定律还要广的定律,它不仅仅适用于一维碰撞,还适用于二维、三维,以及多个物体之间的作用。当然,它也有一定的适用条件。

【设计意图】这一环节的重点放在学生对数据的分析上，如数据记录的矢量性，前后数据对比，如何做好误差的评估，以及未来讲到的动能损失问题等。这有利于培养学生多角度看问题，思考内在的逻辑关系。

得出动量守恒定律后，引导学生对规律的内涵进行讨论分析：守恒的核心在于总量不变，一边少了，另一边就多了，所以在选择上要去做正确的事，要在正确的事上多投入时间等。

【教师总结】在学习生活中，守恒也时时处处存在。花费了时间学习，收获了知识；花费了心思帮助同学，收获了友情；花费了时间锻炼，收获了健康的身体。总之，要想有大的成就，就需要大家的努力付出。

环节三：利用规律，解决问题

思考讨论：

1. 小行星与地球擦肩而过，避免与地球相撞，用航天器撞击的方法防御小行星是否可行？

结论：是可行的，如果发射的航天器具有足够的能量，是可以将小行星移位的，符合动量守恒定律。

2. 在微重力环境下，如何实现航天器的调整呢？

结论：可以利用火箭喷出气体实现，想要向哪个方向加速，就往相反的方向喷射燃料。

说到火箭，就离不开中国航天事业奠基人钱学森。

环节四：专业引领，规划生涯

1. 模范励志

课前任务驱动1：你了解"航天之父"钱学森的事迹吗？

课前任务驱动2：小组讨论，确定课上发言的同学以及钱学森的重点事迹。

故事1：他是杰出的科学家，美国人曾形容他"一个人抵得上5个海军陆战师"。

他是中国航天事业奠基人，坚信"外国人能搞的中国人也能搞"。

启示1：他放弃国外的优厚待遇回到百废待兴的新中国工作，需要爱国的热情和奋斗的勇气，需要对自己做的事情充满信心。

故事 2：1950 年 9 月，钱学森遭到美国司法部的无理拘禁，随后被关押在洛杉矶以南特米诺岛的移民局拘留所。15 天的非人折磨，使钱学森瘦了 15 千克，还暂时失去了语言能力。1955 年 10 月 28 日，钱学森一家抵达北京。第二天清早，钱学森带着妻子和两个孩子去了他日夜想念的天安门。站在天安门广场，面对高高飘扬的五星红旗，钱学森感慨道："我相信我一定能回到祖国，现在，我终于回来了！"

启示 2：钱学森对祖国的一腔热忱令人敬佩，当代中学生同样需要一颗爱国的赤子之心。

故事 3：酒泉卫星发射基地的一位新战士，曾因一件"小事"受到钱学森的表扬。1966 年"两弹结合"试验前，这位战士在进行弹体内外观察时，发现弹体内部 24 号插头第 5 接点里有一根大约 5 毫米的小白毛，担心因此造成通电接触不良，他用镊子夹、细铁丝挑，都未能取出小白毛，最后用一根猪鬃才把它挑出来。钱学森知道后，极为赞赏，小心翼翼地把这根小白毛包好，带回北京，用它作为作风严谨的典型案例来教育全体航天科技人员。

启示 3：天下大事必作于细，没有严谨的态度，无论是学习还是工作都不可能做好。"两弹一星"是中国强大的重要标志。人的价值只有和自己的祖国联结在一起才能熠熠生辉，也希望有更多同学投身到祖国的航空航天事业中来。

2. 航空航天相关大学和专业介绍

哪些大学和专业与航空航天专业相关呢？你知道"国防七子"吗？

它们就是国防科技大学、北京航空航天大学、北京理工大学、南京航空航天大学、南京理工大学、哈尔滨工业大学、西北工业大学。

学业指导：鼓励学生了解北京航空航天大学、南京航空航天大学、哈尔滨工业大学、西北工业大学等学校的相关专业，思考自己的生涯目标。

北京航空航天大学推荐专业：计算机科学与技术、飞行器设计与工程、电子信息工程、自动化。

西北工业大学推荐专业：飞行器设计与工程、飞行器动力工程、自动化、材料科学与工程。

哈尔滨工业大学推荐专业：机械设计制造及自动化、计算机科学与技术、焊接技术与工程、自动化。

【设计意图】让学生通过解决小行星碰撞地球问题和微重力环境下如何实现航天器的控制问题，进一步了解动量守恒定律的应用。以钱学森为榜样，鼓励学生投入航空航天事业中，为祖国贡献自己的一份力量。

六、作业与拓展学习

课外探究：火箭为什么要多级发射而不是发射一次？通过计算论证多级发射的好处。

七、学习效果评价

1. 通过本节课的学习，你是否了解了物体碰撞中满足的规律？

2. 实验是科学探究的重要手段，为了得出碰撞中满足的规律，你用到了哪些器材？

3. 火箭发射时也满足碰撞的规律，你能用公式表达吗？请写出这个公式。

4. 在航空航天领域，你还了解哪些科学家的事迹？写出他们的名字并简述他们的故事。

课例三 飞天是如何实现的——宇宙航行①

本节课选取中国航天史和航天重要人物作为生涯教育的融合点，学生通过了解万户飞天试验、牛顿飞天设想、钱学森精神、中国航天第一人杨利伟和中国航天伟大成就，体会理论对实践的指导意义，感受科学的力量，唤醒对物理的学科情感。同时，增进对航天、航空、物理专业和职业的了解，引发对未来生涯的憧憬，把自己的梦想与祖国的命运紧紧联系在一起，提升报效祖国的责任意识。

一、学科融合背景

本课为高一年级物理课，内容选自人教版物理教材(2020年版)必修二，

① 本教学设计由卢明(北京市海淀实验中学)提供。

所属章节为第七章第四节。

本节内容介绍了万有引力定律的成就。通过查阅万户飞天试验和牛顿飞天设想的资料，知道万有引力理论使人类"飞天"成为现实，体会理论对实践的指导意义。通过构建圆周模型，推导并理解第一宇宙速度，了解第二、第三宇宙速度，落实"科学推理"核心素养，形成运动和相互作用的物理观念。通过学习人类对太空的探测和我国在载人航天及宇宙探索方面的成就，增强学生的民族自豪感，落实科学态度和家国责任。

新版教材编入了我国大量航天成就和航天人物的故事，以及我国为世界航天事业作出的突出贡献。所以，在本节中探索"飞天"的发现过程是合理的，融入爱国主义教育、责任担当教育也是自然的，融入航天相关职业教育是必要的。为此，设计了系列研究任务，学生通过查阅资料，了解中国航天史，体会科学理论在科学实践中的重要意义；同时通过人物介绍，培养家国情怀与社会责任感。本节课选取中国航天史和重要人物作为生涯教育的融合点，引导学生在课前查阅万户飞天试验、牛顿飞天设想、钱学森精神、中国航天第一人杨利伟和中国航天伟大成就相关资料，并尝试分析万户飞天试验与牛顿飞天设想的异同，体会钱学森和杨利伟的探索精神，拓宽学生的视野。通过学生在课堂上的合作与交流，帮助学生在思维碰撞和逻辑推理中提升思辨能力和探索能力，体会中国航天人在极其困难的情况下，白手起家，写下神话，感受物理知识带来的成就感，唤醒学生对物理的学科情感。

二、生涯融合内容

(一)生涯融合素材类型

☑职业行业　☐专业　☑生涯人物　☑学科价值　☑学科应用

☐学科前沿　☐时事　☐学习方法　☑生涯选择　☐其他

(二)生涯融合素材

1. 万户飞天试验和牛顿飞天设想

中国明朝的万户，热爱科学，不停探索飞天。一天，他手持两个大风筝，坐在一把捆绑着47支火箭的椅子上，命令仆人点燃火箭。

1687 年，牛顿提出飞天设想：把物体从高山上水平抛出，抛出速度越大，物体落地点距离山脚越远；当抛出速度足够大，物体便不再落回地面，就能实现飞天梦。

【指导意义】了解万户飞天试验的成与败，体验牛顿飞天设想的逻辑推理，体会科学理论指导实践的重要意义和人类探索自然的信心，为推导第一宇宙速度和建构模型打下基础。

2."航天之父"钱学森和人造卫星"东方红"

1950 年，钱学森准备回国，但被美国扣留。经受 5 年折磨，他初心不改："我的事业在中国，我的成就在中国，我的归宿在中国。"最终，党中央用 11 个美军飞行员换回钱学森。在钱学森等科学家的领导下，1970 年 4 月 24 日，我国第一颗人造卫星发射成功，开创了中国航天的新纪元。钱学森掀起科技热潮，白手起家，写下神话。两弹一星，筑起我国国防的钢铁长城。

【指导意义】增强家国情怀，唤醒把个人的梦想与中国梦连在一起的责任担当。

3.载人航天和太空探索空间站

2003 年 10 月，神舟五号飞船把我国第一位航天员杨利伟送入太空，标志着我国成为能独立开展载人航天活动的国家。1994 年，我国申请加入国际空间站，但被美国拒绝。我国自主研发二十余年，于 2021 年拥有了自己的空间站，并完成交会对接。截至 2023 年，已有 17 个国家获准加入我国空间站。

【指导意义】通过一代代航天人接续拼搏，实现飞天梦的历史，引导学生建立文化、科技、民族自信，增强爱国情感。激励学生为中华民族伟大复兴而努力学习，为构建人类命运共同体而奋斗。

三、教学目标

(一)生涯发展核心素养目标

生涯意识与信念　自我认知与发展　社会适应与责任　生涯规划与行动
☐生涯好奇　☐自我分析　☑信息收集　☐决策能力

| ☐ 积极态度 | ☐ 多元发展 | ☐ 环境探索 | ☐ 生涯规划 |
| ☐ 机遇意识 | ☑ 自尊自信 | ☑ 责任担当 | ☐ 自主学习 |

(二)融合教学目标

1. 通过万户飞天试验和牛顿飞天设想的展示与交流，清晰了解人造地球卫星的最初构想，会构建圆周运动的模型，准确推导第一宇宙速度，体会理论对实践的指导意义，感受科学的力量，理解个人的选择与社会发展之间的关系。

2. 通过人民科学家钱学森的事迹，体会爱国奉献的情怀和求真创新的品质，认识到要把自己的梦想与祖国的命运紧紧联系在一起，提升报效祖国的责任意识。

3. 通过杨利伟进入太空和我国空间站的成就，感受祖国的强大，体会我国航天技术的先进所带来的成就感和自豪感，增强民族自信心和大国担当的责任感；感受我国在国际上的影响力，构建人类命运共同体的担当。了解宇宙航行的历程与进展，感受我国为人类认识世界、探究宇宙所作出的贡献，提升探索未知宇宙的精神力量。

4. 了解从中国知网等数据库中查阅文献的方法和步骤，通过完成课前查询、甄别、分类、整理，课中合作、展示、交流，以及课后拓展等学习任务，不断提高收集信息的能力。

四、教学思路与流程

(一)融合教学思路

课前学生自主查阅万户飞天试验和牛顿飞天设想的资料，通过分析万户试验的失败的原因和牛顿设想的可行性与合理性，在两种思维碰撞中，构建圆周运动物理模型，求得第一宇宙速度，实现飞天梦想，体会物理学科理论对成功试验的指导意义，体会科学理论增强人类探索未知世界的自信和勇气。

学生课前查阅资料，在课中展示钱学森的飞天梦想。从钱学森出国前的梦想，到麻省理工学院的勤奋，再到加州理工大学师从冯·卡门，实现理论超越，最终学成归来，报效祖国。通过展示钱学森把自己的梦想融入家国梦，感受到我国航天人在新中国成立之初，人力、物力、财力都极其艰难的背景下，攻坚克难，用科技守得中国和平安全。由此感受物理学科知识的力量，增强学以致用、为社会作贡献的责任意识。

通过教师展示的杨利伟飞天视频，体会中国能够独立自主实现宇航活动研究，感受中国科技进步；通过教师展示空间站的史料，了解中国探索太空的成就与速度，感受到中国速度和中国力量。从而激发对航天事业的热爱，增强对航空航天的情感，增进对航天、航空等与物理相关的专业和职业的了解，进而对未来生涯产生憧憬并初步开展规划。

(二)教学流程

本节课教学流程安排如表 4-26 所示。

表 4-26　宇宙航行的教学流程

教学环节	主要任务(活动)及问题	设计意图	教学时间
环节一：万户飞天试验与牛顿飞天设想	分析对比万户飞天试验与牛顿飞天设想：万户飞天试验失败的原因，牛顿飞天设想的可行性和合理性	学会构建模型，解决万户提出的问题，体会理论指导实践的价值	约 8 分钟
环节二：一颗卫星多个物理量与多颗卫星一个物理量相比较	通过一颗卫星高度与物理量关系的计算，理解高度与卫星功能的关系问题	通过建模、计算、对比、总结，体会和理解卫星高度决定着卫星的功能	约 10 分钟
	通过在不同位置卫星视频观察比较，进行小组合作与讨论、展示与交流，突破难点和思维矛盾，从而解决运动背后的力学本质问题	通过视频展示的卫星运动的特征，引发思维冲突，激发探究兴趣；通过小组合作探究，培养合作、交流的能力	约 17 分钟
环节三：航天追梦与太空探索	学生展示交流航天人物和航天史；教师总结提升——航天航空相关的专业与职业	通过阅读、展示、交流，增强爱国、责任、担当意识，增进对航空航天职业的了解，增强学科和职业情感	约 10 分钟

五、教学过程与方法

(一)融合教学方式

☑提供学案手册　☐自我评估　　☑建构成就经验　☐实作探索

☑角色体验　　☑提供生涯信息　☑榜样示范　　　□提供个体反馈

☑展示报告　　☑小组协作　　　☑个人意义建构　□其他

(二)教学过程

环节一：万户飞天试验与牛顿飞天设想

引入：学生自主查阅资料，完成任务，展示交流

在 14 世纪末的中国，有一个叫万户的人，他熟读诗书，热爱科学，梦想飞天。一天，他手持两个大风筝，坐在一把捆绑着 47 支火箭的座椅上，然后命令他的仆人点燃火箭。万户为航天事业献出了生命。美国火箭专家詹姆斯·麦克唐纳称万户为青年火箭专家、人类进行载人火箭飞行尝试的先驱。

任务 1：万户制造了人类第一个载人火箭雏形，该"火箭"的组成结构是什么？

任务 2：万户要克服的是万有引力，他采用的动力是什么？他又是如何考虑降落的？

任务 3：万户的飞天探索非常危险，但他为何执意飞天？谈谈你的理解。

任务 4：万户失败的原因是什么？

任务 5：万户飞天试验的价值是什么？

【设计意图】其一，引入课题。其二，通过万户的故事，融入中华文化、民族自豪感、飞天责任感。其三，通过了解万户飞天试验的思维过程和探索经历，激发学生为科学献身的精神。

过渡：万户的研究方法和飞天思路，激励了一代又一代航天人，他们围绕着万户思路，探索解决飞天动力、飞天理论和飞天速度问题。

建模：阅读牛顿飞天设想的资料，构建卫星模型。

阅读：牛顿发现了万有引力定律之后，就开始设想飞天——在高山上用不同的水平速度抛出物体的轨迹，物体的速度越大，其落地点离山脚越远。当速度足够大时，物体将不再落回地面，而是环绕地球运动。

任务 1：根据平抛知识，随着水平速度的增大，你能得出怎样的推断？

任务 2：教师展示牛顿飞天设想的模拟视频，学生观看并思考建模。

教师：根据圆周运动的知识，你能建立怎样的物理模型？

追问：如果是匀速圆周运动模型，谁来提供向心力？你能算出物体不落回地面的最小速度吗？

任务 3：学生自学第二、第三宇宙速度。

【设计意图】通过对万户飞天试验的展示交流和牛顿飞天设想的推理与论证，体会理论对实践的指导意义，感受科学的力量；理解个人的选择与社会发展之间的关系；提升信息收集能力，建立自信，具备超越自我的勇气；遇到问题积极坚持探索，坚定解决问题的信念。

过渡：卫星的高度怎样影响卫星的各个物理量？怎样决定卫星的功能？

环节二：一颗卫星多个物理量与多颗卫星一个物理量相比较

一颗卫星模拟视频：研究卫星高度与卫星功能关系。

多维度探索，落实学科思维核心素养，教师播放一颗卫星环绕地球运动的模拟视频。

学生独立探索任务群。

任务 1：求这颗卫星环绕地球运动的向心力 F、向心加速度 a、线速度 v、角速度 ω、周期 T 等。

任务 2：探究高度 h 与 F、a、v、ω、T 各物理量的关系。

任务 3：高度越高，速度越小，那么是否卫星轨道高度越高，卫星发射就越容易呢？

任务 4：高度 h 不同，卫星的 v、ω、T 等物理量的数值也不同，卫星的功能是否受到影响？（学生小组讨论。）

【设计意图】学生通过任务群，利用学科知识，构建理想圆模型，定量计算各物理量的数值，找出规律，形成结论，探索卫星功能，解决问题，解释现象；定性分析，高度决定速度、角速度、周期，决定发射速度，从而决定卫星功能。最终落实学科思维。

多颗卫星环绕地球运动的模拟视频：研究不同位置，遵循力学本质。

教师展示三颗不同位置卫星：赤道上卫星、近地卫星、同步卫星运动的模拟视频，学生观察思考。

任务 1：学生观察赤道上卫星、近地卫星、同步卫星运动的快慢。

　　任务 2：如何解释赤道上卫星比近地卫星运动慢？如何解释同步卫星比赤道上卫星运动快？（学生小组讨论、展示交流。）

　　【设计意图】这里设计了一个科学探索环节，观察视频后，学生会有一个问题：按照环节三的结论，半径越大，速度越慢，为何视频里的现象不符合这个规律？从而引发思维冲突。通过小组合作，突破教学环节难点。发现问题，合作寻找证据，解释现象，展示交流。发展学生科学探索的精神。

　　过渡：中华民族从未停止走向太空的脚步，人才辈出，接力飞天。

环节三：航天追梦与太空探索

学生展示：钱学森飞天梦。

　　1935 年，钱学森在去美国留学的前夜写道："你在一个清朗的夏夜，望着繁密的闪闪群星，有一种可望不可即的失望吧。我们真的如此可怜吗？不，决不！我们必须征服宇宙。"

　　1936 年，钱学森追随航空专家冯·卡门，学习航空理论，三年读完所有航空书籍。

　　1950 年，钱学森准备回国，但被美国扣留、软禁，整整折磨了 5 年。他不改初心："我的事业在中国，我的成就在中国，我的归宿在中国。"

　　1955 年，党中央用 11 名美军飞行员进行交换，钱学森一家终于回到了自己魂牵梦绕的祖国。

　　五年归国路艰难，十年白手写神话。钱老兴起科技热，硬把月宫踏脚下。1970 年 4 月 24 日，我国第一颗人造卫星"东方红 1 号"发射成功，开创了中国航天的新纪元。

　　教师追问：通过同学展示的材料，请你谈谈钱学森是如何把个人梦想与国家命运有机结合在一起的？

　　【设计意图】学生通过人民科学家钱学森的事迹，体会爱国情怀；感受在新中国白手起家，完成开创性的工作，研制出"两弹一星"；懂得应艰苦奋斗，不畏艰难，把自己的梦想与祖国的命运紧紧联系在一起，提升报效祖国的责任意识和求真创新的情怀。

　　教师展示：杨利伟飞天视频。

　　2003 年 10 月 15 日，神舟五号载人航天飞船把中国第一位航天员杨利伟送入太空。飞船绕地球 14 圈后安全降落，标志我国成为世界上独立开展载人航天活动的国家。真正实现了嫦娥奔月、万户飞天和敦煌飞天的中华民族飞天梦。

教师展示：空间站模拟视频。

1994 年，中国申请加入国际空间站，但被美国拒绝。中国通过 20 多年的自主研发，用神舟十二号将 3 位航天员成功送入太空，中国人第一次站在自己的空间站中并自主完成与中国空间站组合体的交会对接。截至 2023 年，已有 17 个国家获准加入我国空间站。

学生探索任务群。

任务 1：为什么称杨利伟为航天英雄？

任务 2：空间站的意义与价值有哪些？

教师介绍学生毕业时可以选报的航空航天工程专业（表 4-27）。

表 4-27　航空航天工程专业

培养要求	掌握数学、物理、动力学、材料与结构、热力学、控制系统、飞行器设计、航空电子系统、实验等方面的基础理论和专业知识；具备飞行器总体、结构与系统设计分析的能力
知识技能	掌握数学、物理、力学、计算机等基本理论和基本知识；掌握飞行器结构设计的分析方法和实验方法；了解飞行器设计的理论前沿、应用前景和发展动态等
主干学科	航空宇航科学与技术、力学、航空宇航推进理论与工程
主干课程	空气动力学、飞行器结构力学、航空航天概论、机械设计基础、电路与电子学、自动控制原理、工程热力学、飞行器总体设计、飞行器结构设计、传热学、燃烧学、流体力学、材料力学、结构强度、材料与制造工艺、航空发动机、飞行控制、通信与导航、风洞试验、可靠性与质量控制、安全救生、环境控制、航空仪表、航空宇航制造工程、航空航天动力装置、电子对抗技术、隐身技术、飞机维修等
实践教学	金工实习、生产实习、课程设计、专业实习、毕业设计（论文）等
专监实验	力学实验、飞行器设计与创新实验、综合实验
就业方向	可从事与航空学有关的科研、技术开发、工程设计、测试、制造、使用、维修和教学等工作
开设院校	北京理工大学、西北工业大学、清华大学、电子科技大学、中南大学、沈阳航空航天大学、北京科技大学、西安建筑科技大学、上海交通大学、四川大学等

【教师总结】这一专业可以直接从事与航空航天有关的职业，探索无穷的宇宙奥秘，为中国航天事业作出贡献，为建设空间站贡献自己的力量；还可以在科研、技术开发、工程设计、测试、制造、使用、维修等方面为社会作贡献；或从事教育事业，为祖国航天事业培养英才。希望同学们都能通过自己的努力，进入自己感兴趣的专业和职业，实现自己的愿望。

【设计意图】通过载人航天和空间站的史料展示与交流，让学生了解国际航天现状以及中国航天对人类的贡献，感受中国速度、中国科技、中国力量。增强学生对物理学科的情感，激发学生对航天事业的热情，为构建人类命运共同体、太空家园而努力学习物理科学。进而为学生提供高考物理相关专业的信息，引导学生对未来进行憧憬和规划。

六、作业与拓展学习

1. 阅读牛顿《自然哲学的数学原理》，利用牛顿关于卫星设想的原理，通过计算按比例设计近地卫星和同步卫星模拟图。

2. 查阅资料，进一步了解中国航天发展史，通过主要航天事件和航天人物，了解物理学在航空航天各领域的使用情况，挖掘航天人物育人价值，并了解相关的航空航天职业背景，整理成小报或论文，进行成果展示，交流汇报。

七、学习效果评价

1. 学生根据表 4-28 进行课堂自我评价。

表 4-28　宇宙航行学习的自我评价表

项目	非常不符合	比较不符合	一般	比较符合	非常符合
1. 我进一步了解了万户飞天的价值和意义					
2. 我了解了万户飞天与牛顿设想的共通之处与不同之处					
3. 我了解了理论对于成功实践的价值和意义					

续表

项目	非常 不符合	比较 不符合	一般	比较 符合	非常 符合
4. 我能够构建物理模型，完整地进行第一宇宙速度的推理过程					
5. 我还想了解第二宇宙速度、第三宇宙速度是怎么得到的					
6. 我认为个人的选择与发展和社会的发展是紧密相关的					
7. 我相信未来能够通过所学专业、所从事的职业报效祖国、社会，服务于他人					
8. 我为祖国的航天事业快速、高质量发展感到骄傲、自豪					
9. 从嫦娥飞天、敦煌飞天、万户飞天、杨利伟飞天到空间站建立，我认为中华民族有勇气、有能力引领世界航天潮流					

2. 课堂核心素养评价

(1)针对作业与拓展学习 1(根据设计近地卫星和同步卫星模拟图，完成模拟的实物图，并展示交流)进行评价。

(2)针对作业与拓展学习 2(根据拓展材料制作中国航天成就和人物图谱)进行评价。

课例四　有无"摩擦"真的重要吗?①

本节课学习摩擦力，以摩擦学与"中国制造"的密切相关作为切入点，通过介绍应用和防止摩擦力的实例，使学生了解相关职业所需的素养，将学业与未来发展建立联系。通过榜样人物摩擦学家雒建斌的故事、科学前沿及专业发展介绍，培养学生的家国情怀和社会责任感，引导学生为自己的职业生涯规划作好准备。

---

① 本教学设计由叶铁艳(北京市延庆区第五中学)提供。

一、学科融合背景

本课为高一年级物理课，内容选自人教版物理教材必修一(2019年版)第三章第二节"摩擦力"。

在必修一前两章中，已经学习了运动的描述、匀变速直线运动的规律。第三章开始学习相互作用——力，力学中常见三种性质的力：重力、弹力和摩擦力，本节学习摩擦力。相互作用是物理力学中的核心内容，是解决动力学问题的基础。在三种性质的力中，摩擦力的学习既是重点也是难点。本节着重解决静摩擦力和滑动摩擦力的产生条件、判断两种摩擦力的方向以及计算摩擦力的大小问题。摩擦力比重力和弹力更加抽象，加之一些外在表象，会给学生对知识的准确把握造成障碍。

本节课是"基于课前学习诊断的教学整合"，是落实新课程理念背景下对高中物理教与学模式的创新。这种教学方式强化课前学习，引导学生学会学习，激发其学习主动性，提供课堂教学改进的支点；对课前学习情况进行精准的学习诊断，为提高课堂效率作准备，为教学整合提供事实依据；基于课前学习诊断，围绕学生的"学"进行教学整合，为学生核心素养的发展提供载体和环境。在课堂中以摩擦学与"中国制造"的密切相关为切入点，介绍摩擦学家雒建斌的成长与奋斗历程，使学生了解摩擦学对社会经济、科技发展、中国制造行业带来的影响，为学生的职业生涯规划作铺垫。

二、生涯融合内容

(一)生涯融合素材类型

☐职业行业　☐专业　☑生涯人物　☑学科价值　☑学科应用

☑学科前沿　☐时事　☐学习方法　☐生涯选择　☐其他

(二)生涯融合素材

素材内容1：摩擦学与"中国制造"的装备、交通、智能制造等领域密切相关，凡是有"动"的部件就需要有润滑，因为只有润滑才能解决摩擦和摩擦学的问题，没有润滑就不能保证"中国制造"的产品和装备的健康、高效、长寿命运行。国家的很多部门，如科技部、发改委、中国科学院等，都将"润滑类研究"列为国家重大课题，这将极大地促进润滑材料、润滑技术的发展，为我们的"中国制造"插上腾飞的翅膀。

【指导意义】了解摩擦力与"中国制造"的联系，知道"润滑"对中国制造的重大影响。

素材内容 2：榜样人物介绍。

摩擦学家雒建斌，他是国际知名科学家、中国科学院院士，他在摩擦学领域作出了突出的贡献。摩擦学在很多领域的应用促进了制造业的发展，极大地延长了机械部件的使用寿命，为国家的制造业节省了大量经费。摩擦学在航空航天等领域也有着重要的应用，尤其在"超滑"领域取得的成绩——使摩擦系数降到千分之五以下，对工业生产、人工关节置换、节约能源等方面产生了巨大的影响。

【指导意义】通过对榜样人物及科学前沿的介绍，使学生认识物理学科的价值，认识职业选择与知识积累间的联系。通过学习科学家投身科学的探索精神，提升学生的家国情怀，使其树立社会责任感，为未来的职业生涯发展作准备。

三、教学目标

(一)生涯发展核心素养目标

生涯意识与信念	自我认知与发展	社会适应与责任	生涯规划与行动
☑生涯好奇	☐自我分析	☐信息收集	☐决策能力
☐积极态度	☐多元发展	☑环境探索	☑生涯规划
☐机遇意识	☐自尊自信	☑责任担当	☐自主学习

(二)融合教学目标

1. 通过学前诊断，了解学情，侧重解决摩擦力的分类、产生条件、大小和方向问题。

2. 知道滑动摩擦和静摩擦现象，能用动摩擦因数计算滑动摩擦力的大小。

3. 运用对比分析法，深化理解滑动摩擦力与静摩擦力的异同点。联系生活生产实际，了解应用和防止摩擦力的相关实例，了解职业所需的素养，将学业与职业发展建立联系。

4. 通过榜样人物学习、科学前沿及专业发展介绍，培养家国情怀和社会责任感，为职业生涯规划作铺垫。

四、教学思路与流程

（一）融合教学思路

力是改变物体运动状态的原因，物体的运动与受力密切相关。摩擦力是物体所受的力中非常重要的一种，不但在生活中随处可见，而且在机械设备、交通运输、电子科技、航天航空等各个领域都有着非常重要的应用。摩擦学越来越受到关注和深入研究，一种叫"超滑"的状态将会对社会发展产生至关重要的影响。通过电视栏目《大家》中的《摩擦学家——雒建斌》，可以让学生了解我国摩擦学家雒建斌及其科学研究领域，以及通过对摩擦学应用前景介绍，使学生对"摩擦学"这一新兴领域产生职业好奇，展望摩擦学的未来，产生对摩擦学的学习热情。联系我们所学的滑动摩擦力，减小摩擦系数从而减小摩擦力，提升学生对我们所学知识的兴趣，让学生感受物理知识对人类生产生活以及社会发展的巨大推动作用，对与摩擦有关的职业产生好奇和探究愿望，为将来进行职业选择作好铺垫。

（二）教学流程

本节课教学流程安排如表 4-29 所示。

表 4-29　摩擦力的教学流程

教学环节	主要任务（活动）及问题	设计意图	教学时间
导入	"拔河"游戏	体验摩擦力	约 3 分钟
环节一：课前诊断	写出对摩擦力的认知	了解学情	约 5 分钟
环节二：教师精讲	对静摩擦力和滑动摩擦力进行对比分析	解决困惑	约 20 分钟
	了解摩擦力的本质及摩擦力的应用与防止	理解摩擦力产生的原因，学以致用	约 8 分钟
环节三：生涯融合	榜样人物介绍，科学前沿探秘	学习探索精神，增加生涯信息	约 9 分钟

五、教学过程与方法

(一)融合教学方式

☑ 提供学案手册　☑ 自我评估　　☐ 建构成就经验　☐ 实作探索

☐ 角色体验　　☐ 提供生涯信息　☑ 榜样示范　　☑ 提供个体反馈

☐ 展示报告　　☐ 小组协作　　☐ 个人意义建构　☐ 其他

(二)教学过程

导入："拔河"游戏

课前小游戏"拔河"比赛，体验摩擦无处不在。

准备材料：一个铁质的圆筒茶叶盒，中间用白色胶带做分界线，一端涂上肥皂，一端什么也不涂。

游戏过程：找一个男生和一个女生分别握住涂有肥皂的一端和没有涂肥皂的一端，结果男生因为自己所握的这端特别光滑而输掉比赛。

教师让拔河的两个同学分别谈自己的感受，并揭露游戏的秘密，引入摩擦力。

环节一：课前诊断

通过课前"学习诊断"了解学生对摩擦力的掌握情况，找两个同学分别写出自己对滑动摩擦力和静摩擦力的认知，可以从摩擦力的产生、大小、方向、作用点等方面加以描述。再找同学写出自己在哪些方面对摩擦力的理解有障碍或者有疑问。

环节二：教师精讲

针对学生在黑板上呈现的学案内容一一分析解答，精讲摩擦力的本质与应用。

1. 滑动摩擦力的大小与压力的关系

摩擦力与正压力成正比。压力不一定等于重力，有时与重力无关，通过举例和演示实验加以说明。

2. 滑动摩擦力的方向

与接触面相切，与弹力方向垂直，并且与相对运动的方向相反。举例说明并通过生活中的物品(书本与木块之间的相对运动和相对静止)演示什么是运动，什么是相对运动。提示：运动的物体不一定相对运动，静止的物体也可以相对运动。受到滑动摩擦力的物体可以是静止的，也可以是运动的，一定发生相对滑动。

3. 动力与阻力

受到静摩擦力的物体不一定是静止的，如用手拿着东西运动。让学生拿起书本或文具盒上下左右运动，体验运动的物体可以受到静摩擦力。

4. 静摩擦力的方向

与接触面相切，与相对运动趋势的方向相反。启发学生思考如何判断相对运动趋势（可通过实验：让学生站在事先准备好的木板上，把木板搭在讲台上，并不断调整木板与地面间的夹角）。

教师启发学生思考，师生共同归纳总结：假设接触面光滑，看物体会发生怎样的相对运动，此时相对运动方向就是它的相对运动趋势方向，摩擦力与这个方向相反。

5. 学科拓展

介绍关于摩擦力产生本质的两种学说——凹凸啮合说和摩擦黏附说，了解摩擦力的应用与防止。

环节三：生涯融合

提问 1：我们的生活起居、衣食住行都离不开摩擦力，请同学们小组讨论，生活中有哪些现象与摩擦力有关，生活和社会发展与摩擦力有哪些联系？（生活中摩擦力的应用与防止）

小组交流，学生代表回答。

教师：我们的衣食住行离不开摩擦力。此外，摩擦学与"中国制造"的装备、交通、智能制造等领域密切相关，凡是有"动"的部件都有摩擦，都需要有润滑，因为只有润滑才能解决摩擦和摩擦学的问题，没有润滑就不能保证"中国制造"的产品和装备的健康、高效、长寿命运行。

提问 2：你了解哪些部门、行业或专业与摩擦相关？（专业介绍）

学生：中国科学院、科研机构、制造业等。

教师：摩擦学包括摩擦、磨损与润滑。摩擦学是当今国际研究十分活跃和受到各国普遍重视的交叉学科领域。摩擦学涉及材料科学、表面工程、流体力学、化学、物理及机械工程等学科。与摩擦学相关的专业有冶金、能源化工、机车、汽车、航空航天、船舶、军事装备和农业装备等。

提问3：在中国，摩擦学的研究进展如何，代表人物是谁？（科学前沿介绍与榜样人物学习）

教师：让我们一同走近摩擦学家雒建斌。（播放视频：中央电视台《大家》栏目，《摩擦学家——雒建斌》的专题采访。）计算机工业中的磁性信息存储器，需要提高磁头的抛光精度，减少磨损，提高磁头密度，从而增大硬盘存储量；核反应堆中也存在摩擦学问题；医疗工程中的生物摩擦学体现在人工关节的润滑等。国家的很多部门，如科技部、发改委、中国科学院等，都将摩擦的相关问题——"润滑类研究"列为国家重大课题，这将极大地促进润滑材料、润滑技术的发展，为我们的"中国制造"插上腾飞的翅膀。

【教师总结】本节课在同学们课前自学及学前诊断的基础上，进一步明确了滑动摩擦力与静摩擦力的产生条件、大小和方向的不同，区分了运动和相对运动，进一步理解了摩擦力既可以是动力也可以是阻力。同时，我们了解到摩擦学家雒建斌的科学探究之路，以及摩擦与科学前沿的关系。同学们正处在高中学习的黄金阶段，希望你们都能通过自己的努力，以后从事自己感兴趣的职业，实现自己的理想，同时为国家和社会贡献自己的力量。

六、作业与拓展学习

1. 利用表格进行对比，列出滑动摩擦力和静摩擦力的异同点，分小组进行交流。

2. 查阅有关"摩擦学"的应用领域，画出手抄报，体会摩擦学对社会发展有哪些影响。

七、学习效果评价

（一）教学过程性评价

1. 我知道摩擦力的分类有（　　）。

A. 滑动摩擦力与静摩擦力　　　　B. 滑动摩擦力与滚动摩擦力

2. 静摩擦力的产生条件有（　　）。

A. 接触面粗糙   B. 相互接触

C. 有弹力   D. 有相对运动趋势

3. 滑动摩擦力的产生条件有（   ）。

A. 接触面粗糙   B. 相互接触   C. 有弹力   D. 有相对运动

4. 下面实例中利用摩擦力的是（   ）。

A. 走路   B. 手握瓶子   C. 汽车拐弯   D. 穿衣服

（二）课堂自我评价反馈

学生根据表 4-30 进行本节课学习的自我评价。

表 4-30　摩擦力学习的自我评价表

项目	非常 不符合	比较 不符合	一般	比较 符合	非常 符合
1. 我认识到现在的学习会为将来的职业发展作铺垫					
2. 我了解了与摩擦学有关的专业					
3. 我认为要想从事科学事业必须具有探索精神					
4. 我为祖国摩擦学的发展感到骄傲、自豪					

课例五　科技工作者是如何做科研的？[①]

本节课通过带领学生走进中国科学院上海高等研究院宏观量子现象与应用研究中心的光学实验室，使学生更好地了解激光的特性以及它在生产生活中的重要性。学生在科研人员的指导下完成小课题研究方案设计，不仅对激光的认识更加深刻，增强了对物理学科的兴趣，而且经过切身体验科研人员的工作，增进了对相关职业的了解，有助于探索未来的生涯方向。

一、学科融合背景

本课为高二年级物理课，内容选自人教版物理教材（2019 年版）选择性必

---

① 本教学设计由张成斌（北京师范大学附属中学）提供。

修第一册，所属章节为第四章第六节。

本节学习了激光的基本知识，例如激光的产生原理以及特性，学生了解到激光的诞生是科学发展的一件大事，它使得人类获得了极其理想的、自然界中不存在的光源。激光因其纯净的特性能在实际应用中带来很多方便，成为科学研究的有力工具。以激光为光源，科学家们可以深入研究原子、分子和固体材料的光谱，从而了解这些物质的结构；利用激光，可以研究分子的运动和化学反应的过程；利用激光制作的高精度光钟，可以实现对频率和时间的超高精度测量，这是人类能完成的最准确的测量之一。

激光的用途还有很多。人们现在还在努力制造更多种类的激光，现阶段，我国很多科学家正在研究激光，使它更好地为生产和生活服务，发挥更大的作用。由于学生在实际生活中很难接触到用于科研的高强度激光，所以仅仅从课本或者网上查阅资料，很难对激光的特性有更深一步的认识。

为了使学生更好地了解激光特性以及它在生产生活中的重要性和作为科学研究的有力工具，我们和中国科学院上海高等研究院宏观量子现象与应用研究中心的光学实验室取得联系，为同学们设计了一节职业体验课，带领学生真正走进科研机构，利用三天的时间，跟着科学家们完成和激光有关的小课题，让学生不仅对激光的认识更加深刻，还可以切身感受到科学家是如何工作的，感受科学家们忘我的工作热情和全身心的投入，对于科技工作者这一职业有所体验，进而发展生涯能力，作好生涯准备。

二、生涯融合内容

(一)生涯融合素材类型

☑职业行业　☐专业　☐生涯人物　☑学科价值　☑学科应用

☑学科前沿　☐时事　☐学习方法　☐生涯选择　☐其他

(二)生涯融合素材

以中国科学院上海高等研究院的科研人员这一职业(科技工作者)为例。

1. 工作内容

中国科学院面向世界科技前沿，面向国家重大需求，面向国民经济主战场，率先实现科学技术跨越发展，率先建成国家创新人才高地，率先建成国家高水平科技智库，率先建设国际一流科研机构。上海高等研究院的科学家们正在积极开展原始创新和集成创新研究，促进我国相关战略性新兴产业发展成为技术引领者，加快科学技术成果转移转化，为国家和区域经济增长方式转变提供相关领域的技术支撑与决策支持。

2. 能力要求

以新光源先进探测技术助理研究员这一职位为例，要求是理科博士学位，有突出的科研成绩，具有研制反应显微谱仪或者速度成像探测装置或成像经历，熟悉飞秒强激光或者先进光源实验、具有超高真空实验经历；具有很好的英文读写能力；了解数据采集分析软件优先；具有较高的政治素质和政策理论水平，作风正派，勤奋认真，责任心强；具有较强的协调、沟通和管理能力，为人随和，有奉献精神、良好的团队合作精神。

3. 职业前景

中国科学院立足创新实践，吸引凝聚和培养造就了一大批战略科学家、科技领军人才、青年人才和高水平创新团队，形成了一支高水平的科技创新队伍，700 余人在重要国际科技组织担任职务。向国防部门、工业部门、行业、地方、大学等输送了大批科技人才，有力支持了我国科研体系的形成与发展。同时向社会输送了大批高素质创新创业人才，涌现出一批高科技企业的创业者和企业家。为把我国建成世界科技强国奠定坚实基础，为实现中华民族伟大复兴的中国梦提供有力支撑。

三、教学目标

(一)生涯发展核心素养目标

生涯意识与信念	自我认知与发展	社会适应与责任	生涯规划与行动
☐生涯好奇	☐自我分析	☑信息收集	☐决策能力
☐积极态度	☐多元发展	☑环境探索	☑生涯规划
☐机遇意识	☐自尊自信	☑责任担当	☑自主学习

(二)融合教学目标

1. 通过课前教师指导和上网搜索信息，了解以激光作为工具进行科学研究的方法和激光在水中的传播规律，提高信息收集能力。

2. 在中科院研究员的协助下，进行小课题《激光水下传播的实验现象研究》研究方案的设计，提高自主学习能力。

3. 进入中国科学院上海高等研究院宏观量子现象与应用研究中心，在研究员的指导下动手实验、分析数据、撰写实验报告、进行课题答辩，在此过程中体会到成为一名科技工作者所需要的职业素养。

4. 认识到我国现在激光传输方面在技术上和国外先进水平还存在一定的差距，而科研人员正在迎头赶上和力图超越，发展责任担当和环境探索等核心素养。

5. 通过切身体验，对进行科学研究有更深一步的认识，激发对物理学科的兴趣，探索将来的生涯发展方向，提高生涯规划能力。

四、教学思路与流程

(一)融合教学思路

通过职业体验前的准备、在中科院的具体实施、课后反思和总结等方式，了解科技工作者这个职业的工作内容、能力要求和职业前景，既体会科技工作者的艰辛和付出，又感受到他们身上的责任意识、对科学的执着追求和家国情怀，激发学习物理的兴趣和动力，培养生涯核心素养。

(二)教学流程

本节课教学流程安排如表 4-31 所示。

表 4-31　科研职业体验的教学流程

教学环节	主要任务(活动)及问题	设计意图	教学时间
环节一：体验准备	知识准备：激光的基本知识 科研准备：课题研究的基本方法 实施准备：设计研究方案	提高信息收集能力和自主学习能力	课前约2小时
环节二：具体实施	在中国科学院上海高等研究院宏观量子现象与应用研究中心进行实验	体会到作为一名科技工作者的工作内容和所需的职业素养	约3天
	数据分析、撰写实验报告、课题答辩		

续表

教学环节	主要任务(活动)及问题	设计意图	教学时间
环节三:反思总结	交流体验感悟,了解在中科院进行科研的工作和职业前景。教师总结	发展责任担当和环境探索等核心素养,提高生涯规划能力	课上45分钟

五、教学过程与方法

(一)融合教学方式

☑提供学案手册　□自我评估　☑建构成就经验　☑实作探索

☑角色体验　☑提供生涯信息　□榜样示范　☑提供个体反馈

☑展示报告　☑小组协作　□个人意义建构　□其他

(二)教学过程

环节一:体验准备

1. 学生复习激光的基本知识

阅读人教版物理教材选择性必修第一册第四章"激光的特点及其应用"部分。

2. 教师讲授如何进行课题研究并提供学案手册(含论文模板、答辩要求、论文撰写指导等)。

3. 上网查找和课题《激光水下传播的实验现象研究》有关的物理资料。

4. 根据研究方案,教师补充关于相干激光器、示波器的使用及光路调整的原则等方面的物理知识,做好前期培训,充实物理知识的储备。

【教师总结】做任何科学研究,前期非常重要的一环是必须有基础知识的储备,将来不管从事什么职业,都需要学好基础知识,另外还要学会通过各种途径获得资源,具备一定的信息收集能力。这些基本能力需要我们有意识地提高,为将来可能从事科研工作作好准备。

环节二:具体实施(进入中国科学院上海高等研究院宏观量子现象与应用研究中心)

1. 科研人员对学生进行激光实验室操作规范的培训,学生了解科学研究的一般步骤。

2. 科研人员对学生的课题研究步骤方案进行修订，确定方案。

3. 学生和科研人员一同进入实验室进行实验研究。

每一次观测和记录的时间为 4 小时，每天两次。为了减少干扰，实验室建在地下，灯光昏暗，终年不见阳光。为保持恒温恒湿，空调机器一直发出嗡嗡的声音。

学生们看到同在一个实验室的科研人员为了完成实验，甚至 24 小时在实验室。他们备好一天的食物，累了就在实验室旁休息室的折叠床上休息，令学生们非常感慨。

每一个小组有四名同学：两名同学负责进行调试光路，一名同学负责拍照记录实验现象，一名同学负责记录示波器信号。

4. 论文撰写和答辩：经过两天（16 小时）的实验，学生们在科研人员的指导下进行论文的撰写和答辩。

【教师总结】带领学生回顾电磁感应现象的研究过程、光的干涉和衍射的研究过程，让学生体会物理是一门实验学科。这次实验中用到的研究方法具有一定的普遍性，另外严谨和实事求是的科学态度同样非常重要。通过三天的课题研究，大家可以了解到做一名科技工作者非常不容易，希望我们能感受到他们身上的责任意识、对科学的执着追求和家国情怀。

环节三：反思总结

1. 学生对研究过程的反思，分享作为科技工作者的职业素养。

学生甲："这次活动让我感到做一名合格的科技工作者需要对科学精神的坚守、对科学研究的浓厚兴趣、扎实的专业知识基础、孜孜不倦的追求、经常性的同行交流、创新思维的养成。这些都是我努力的方向。"

学生乙："我们的指导老师远看是一个瘦瘦的小哥哥，但是我从他身上看到了一名科技工作者的付出，更感受到了他的责任意识和家国情怀。"

学生丙："以前总觉得科研和我离得很远，但是亲眼看到科技工作者们没日没夜地在实验室里面观测记录，内心还是很震撼的。正是这些科技工作者的付出，才使得我国科技的发展日新月异。"

学生丁："这次活动使我不仅对物理课本中关于的激光的认识深刻了很多，而且感受到现在的知识储备对将来的科学研究起到非常重要的作用。这次我们是一次做研究的小尝试，今天一小步，明天一大步，我将来的目标就是中科院的物理研究所。"

2. 学生了解在中科院进行科研工作的工作内容和职业前景。

【教师总结】任何一项科研攻关都是学科内或学科间的综合知识和能力的运用，我们必须提早进行生涯规划，在高中阶段打下扎实的基础，重视自己各个方面能力的发展。另外，非常重要的一点是，科学技术是一个国家综合国力的根本，科技兴则民族兴，科技强则国家强。一个国家要变强，科学技术就要变强。希望有兴趣的同学们将来能够成为一名科技工作者，为我国成为科技强国贡献力量。

六、作业与拓展学习

1. 完成本次课题研究的研究报告，登录"北京市高中综合素质评价平台"，将研究报告发布在"学业水平"中的"研究性学习维度"中。

2. 拓展：了解强基计划和科研工作的关系。

强基计划主要选拔培养有志于服务国家重大战略需求且综合素质优秀或基础学科拔尖的学生。聚焦高端芯片与软件、智能科技、新材料、先进制造和国家安全等关键领域以及国家人才紧缺的人文社会科学领域，在这些领域工作是离不开脚踏实地的科研工作的。

七、学习效果评价

1. 知识评价。通过课后练习，进一步巩固对教材所要求掌握的激光三个特点的理解。

2. 以小组为单位，用课堂展示的方式交流：①作为一名科技工作者需要什么样的科学精神和科学素养？②这次活动有什么感悟？

3. 学生个体分享（可用在班级群中发布电子短文的形式）：心仪大学的强基计划的培养方案和考核形式等内容。

第九节　生涯—学科融合教学设计·化学

课例　纯碱是怎样炼成的①

本节课通过生活实际与化学知识的联系应用，帮助学生完善钠及其化合物的知识框架。课前为学生布置分组学习任务，查阅我国化学家侯德榜制碱的相关资料，让学生了解侯德榜在制备纯碱过程中的突出贡献，增强勇于探索的科学精神和学以致用的社会责任感。

一、学科融合背景

本课为高一年级化学生涯微融合课，内容选自人教版化学教材必修第一册（2019 年版），所属章节为第二章第一节"钠及其化合物"。

本章节内容介绍了金属单质钠及其常见化合物的性质，通过展示碳酸钠和碳酸氢钠在生活中的用途，引导学生认识两种物质化学性质的异同点，进而帮助学生理解两种物质的鉴别和相互转化的化学方法。大量生活实际与化学知识的联系应用能够帮助学生在已有的知识基础上进一步完善钠及其化合物的知识框架，符合《普通高中化学课程标准（2017 年版 2020年修订）》中结合真实情境中的应用实例了解金属及其重要化合物的主要性质的学习要求，同时渗透了化学学科中立足培养学生勇于创新的科学探究精神和学以致用的社会责任感的核心素养要求。

碳酸钠和碳酸氢钠作为重要的化工合成原料，在生产生活中应用广泛。教材中还着重渗透了我国化学家侯德榜在制备纯碱过程中的突出贡献，为学生设计了研究任务，通过查阅资料，了解纯碱的生产历史，旨在让学生感受化学工业发展过程中技术进步的重要性以及建设生态文明的意义。因此，本节课选取纯碱的生产历史作为生涯教育的融合点，引导学生课前自主查阅我国侯德榜制碱法逐步取代索尔维制碱法的历史背景，并尝试自主分析突破索

---

① 本教学设计由张凯（北京市通州区潞河中学）提供。

尔维制碱法过渡到侯德榜制碱法的核心技术关键。通过课堂上的交流讨论，帮助学生在充分激烈的思维碰撞中提升思辨能力和自尊自信，感受化学知识带来的成就感和自豪感，点燃选考化学的热情。

为了更好地发展学生的生涯能力，课前为学生布置分组学习任务——查阅了解侯德榜制碱的相关资料，同时为学生提供从中国知网等数据库中查阅文献的方法和步骤，并根据学生的完成情况适时给予评价指导。

二、生涯融合内容

(一)生涯融合素材类型

☐职业行业　☐专业　☑生涯人物　☑学科价值　☑学科应用

☐学科前沿　☐时事　☐学习方法　☑生涯选择　☐其他

(二)生涯融合素材

1. 路布兰制碱法和索尔维制碱法

1791 年，法国医生路布兰首先取得专利，他以食盐为原料制得了纯碱，是为路布兰制碱法。1861 年，比利时人索尔维以食盐、石灰石和氨为原料，制得了碳酸钠和氯化钙，是为氨碱法。

【指导意义】了解路布兰和索尔维工业制碱法的原理，为侯德榜制碱法工艺创立的思维推导作铺垫。

2. 侯德榜与侯氏制碱法

侯德榜经过数百次试验，1943 年将氨碱法和合成氨联合起来，创立了侯氏制碱法。

【指导意义】了解侯德榜制碱法创立的历史背景，引导学生体会爱国实业家不畏困难、牺牲奉献的爱国情怀。

3. 纯碱价格变化趋势

2007—2017 年中国纯碱产量及增速，2018 年起中国纯碱进出口情况及纯碱受环境影响的应用情况。

【指导意义】了解纯碱在生产生活中的使用情况，增强学生对学以致用的重视。

三、教学目标

（一）生涯发展核心素养目标

生涯意识与信念	自我认知与发展	社会适应与责任	生涯规划与行动
☐生涯好奇	☐自我分析	☑信息收集	☐决策能力
☐积极态度	☐多元发展	☐环境探索	☐生涯规划
☐机遇意识	☑自尊自信	☑责任担当	☐自主学习

（二）融合教学目标

1. 深入认识碳酸钠和碳酸氢钠在生活中的用途，体会规模制备纯碱方法的重要性。通过了解侯氏制碱法创立的历史背景，感受侯德榜等榜样人物在制碱工业发展中的毅力与勇气，理解个人选择与社会发展之间的关系，提升报效祖国的责任意识和无私奉献的爱国情怀。

2. 分析路布兰和索尔维工业制碱法的原理，在整合通过化学反应实现物质转化的路径评价指标的基础上，能够结合资料信息进一步优化完善纯碱的工业制备流程。

3. 感受自主破解侯德榜制碱法取代索尔维制碱法的关键技术的成就感，逐步增强迎难而上实现自我超越的决心和勇气，强化自尊自信。

4. 了解从中国知网等数据库中查阅文献的方法和步骤，通过完成课前查询整理和课后拓展等学习任务，不断提高收集信息的生涯能力。

四、教学思路与流程

（一）融合教学思路

从纯碱在生活中的用途引入，向学生介绍我国纯碱的生产与消费情况，使学生体会到规模制备纯碱方法的重要性。通过分析历史上路布兰制碱和索尔维制碱两种方法，引导学生整合通过化学反应实现物质转化路径的方法。进而在对比分析的基础上分析出侯氏制碱法的原理和优势，感受我国实业家侯德榜在抗日战争的背景下改革创新的历程，感受化学学科知识的力量，增强学以致用为社会作贡献的责任意识。通过纯碱进出口受价格影响的现状和重质纯碱的使用情况，激发学生学习化学的热情，进而给学生提供化学相关专业和职业的信息，引导学生对未来的可能进行憧憬和规划。

(二)教学流程

本节课教学流程安排如表 4-32 所示。

表 4-32　纯碱的教学流程

教学环节	主要任务(活动)及问题	设计意图	教学时间
环节一： 2007—2017 年 ——珍惜现在， 感受知识的力量	分析碳酸钠对比碳酸氢钠的用途，回顾整理相关化学性质	帮助学生回顾纯碱的性质，理解化学对改变生活的重要意义	约 5 分钟
环节二： 1791—1943 年 ——回望历史， 感恩前辈的付出	对比路布兰和索尔维制碱法的原理，理解化学反应优劣的评价指标	通过两种原理的对比分析，帮助学生体会路布兰制碱法被淘汰的原因，为进一步分析索尔维制碱法的缺点作铺垫	约 12 分钟
	应用化学反应评价指标，在分析索尔维制碱法缺点的基础上进一步优化完善纯碱的工业制备流程，进而提炼侯氏制碱法的完善工业原理	学生自主讨论，感受侯氏制碱法创立的思维过程，激发学生学习化学的兴趣和信心，增强学以致用的社会责任感和爱国情怀	约 20 分钟
环节三： 2018—2019 年 ——展望未来， 憧憬前进的方向	化学相关专业和职业信息分享	反思升华，学生总结分享本节课的收获	约 8 分钟

五、教学过程与方法

(一)融合教学方式

☑提供学案手册　☐自我评估　☑建构成就经验　☐实作探索

☑角色体验　☑提供生涯信息　☑榜样示范　☐提供个体反馈

☑展示报告　☑小组协作　☑个人意义建构　☐其他

(二)教学过程

环节一：2007—2017 年——珍惜现在，感受知识的力量

引入：简要介绍中国纯碱产量及增速情况。

我国纯碱产量以一定速度逐年递增。2010 年，中国成功跃居全球产量第一大国。2016 年，受环保限产影响，纯碱产量出现近 25 年来首次负增长。中国为全球纯碱消费第一大国，2014 年纯碱需求占世界的 45%（图 4-6）。

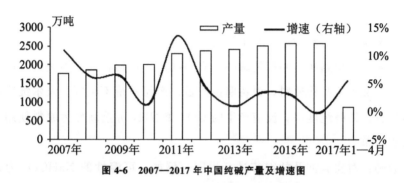

图 4-6 2007—2017 年中国纯碱产量及增速图

思考：性质决定用途，根据你所查阅的碳酸钠用途的详细信息，试分析碳酸钠在生产生活中的用途与它的哪些性质有关？

学生：制皂、造纸等利用的是碳酸钠的碱性；在纺织印染中做软水剂，利用的是碳酸根离子沉淀钙镁离子的性质；等等。

环节二：1791—1943 年——回望历史，感恩前辈的付出

过渡：纯碱用途广泛，拿纺织业来说，纯碱是清洗棉花、印染等环节必不可少的原料。现在色彩鲜艳耐磨经穿的衣服随处可见，但在人人土布衫的年代，这样的衣服就是奢侈品，原因是缺少大规模生产纯碱的方法。

学生：查阅资料了解路布兰制碱法和索尔维制碱法的历史背景，并进行分享。

回望历史：1791 年，法国医生路布兰首先取得专利，他以食盐为原料制得了纯碱，即路布兰制碱法。后不敌 1861 年发明的索尔维法（以食盐、石灰石和氨为原料制得碳酸钠和氯化钙，即氨碱法）的竞争，在 20 世纪 20 年代被淘汰。

　　任务一：参考工业生产流程图（出示 PPT，包括相关物质的性质、价格等信息），对比路布兰制碱法和索尔维制碱法的主要原理，结合评价化学反应优劣的指标，分析索尔维制碱法的优势有哪些。

　　教师：引导学生分析两种制碱法的工业原理，提供化学反应评价指标。

　　·原料——是否廉价易得、利用充分。

　　·设备——受腐蚀程度如何。

　　·反应——操作是否简单，产品是否易分离且纯度高，产物能否循环利用。

　　·影响——对环境是否产生污染。

　　学生：分析路布兰制取纯碱的反应的缺点，包括在固相中进行，难以连续生产，又需硫酸作原料，设备腐蚀严重，产品质量不纯等。索尔维法制碱原料便宜，纯碱纯度高，反应产生的 CO_2 和 NH_3 可重新作为原料使用，制作过程简单。

　　教师：对实验涉及的细节进行提问。例如，可溶性的 $NaHCO_3$ 为什么会以沉淀方式析出？

　　学生：思考回答，并体会实验细节在工业生产流程中的关键作用。

　　任务二：试分析索尔维制碱法存在的缺点，尝试提出可能的解决方案，完善工业流程图的思路。

　　思考：结合主要反应原理，分析反应物和产物是否实现了充分利用？

　　学生：索尔维制碱法的缺点有原料食盐利用率低，产生大量的废渣氯化钙。从碳酸氢钠分解产生的 CO_2 作为反应开始原料代替碳酸钙，滤液中除了 NH_4Cl、$NaCl$ 之外，还含有 $NaHCO_3$，产物有损失。

　　设问：再次对工业生产中的细节进行提问。例如，NH_4Cl、$NaCl$、$NaHCO_3$ 三种物质如何更好地回收利用，如何让易溶的 NH_4Cl 沉淀析出？

　　学生：思考讨论，结合三种物质的溶解度数据，从物质循环利用、温度对溶解度产生的影响等角度进行回答。但最初的 CO_2 由谁提供？（学生质疑，埋下伏笔。）

　　追问：实验发现，往过滤得到的滤液中加入实验细粒，同时降温，有利于析出氯化铵，为什么？

学生：分析同离子效应的资料卡片信息，分析选择加入实验细粒有利于析出 NH_4Cl 的原因。

教师：对学生的质疑或实验关键细节问题进行补充讲解，最初的气体原料 CO_2 还可以由制氨厂提供，通入 CO_2 和 NH_3 的顺序不能够调换。在充分讨论交流的基础上，最终引导学生提炼优化完善之后的纯碱工业生产流程（图 4-7）。

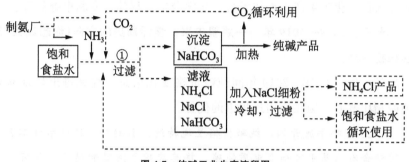

图 4-7 纯碱工业生产流程图

过渡：同学们分析总结出的工业生产流程图，正是沿用至今的侯氏制碱法，同学们思考改进的思维过程正是我国爱国实业家侯德榜由索尔维法出发改进工艺，创立侯氏制碱法的思维过程。侯德榜当时创立侯氏制碱法的历史背景又如何呢？

学生：根据查阅的文献资料，讲述侯氏制碱法创立的历史背景。

1921 年，中国的纯碱市场被外国人垄断，侯德榜接受爱国实业家范旭东的邀请，回国创立了永利碱厂，研究破解索尔维法制碱技术，生产出了"红三角"牌纯碱，将很多中国工厂从绝境中拯救出来。抗日战争全面爆发后，侯德榜率领员工西迁，建立永利川西化工厂。川西地区盐卤浓度较低，为了降低成本，侯德榜对索尔维法进行改进，经过数百次试验，1943 年将氨碱法和合成氨联合起来，创立了侯氏制碱法。

提问：请同学们分享此刻的感受。

【教师总结】个人的成长、发展与国家的发展息息相关、紧密相连，每个人的成长组合在一起，就是国家的发展与壮大。正是侯德榜始终怀揣着振兴祖国民族工业的决心，不断尝试、勇于突破的勇气和毅力，以及中国人彼此团结合作的力量，才能将我国制碱技术发展到新的水平，赢得国际化工界的高度评价。同样，也是侯德榜和无数化学工作者的决心和勇气，带给了我们属于中国人民的自尊与自信。

过渡：时至今日，一直有许许多多的化学工作者为了民族工业的振兴而不断努力奋斗着。

教师：拓展介绍和纯碱炼制过程相关的化学专业方向及对口职业，如项目研究人员、化工生产工程技术员、化学分析工程师、专利审查员等。

环节三：2018—2019 年——展望未来，憧憬前进的方向(你想成为"未来的侯德榜"吗?)

教师：展示 2018—2019 年间纯碱价格变化信息、纯碱进出口现状及重质纯碱相比普通纯碱在使用过程中的优势。

> 2018 年年底开始，纯碱价格呈现持续上涨趋势。通过水合工艺让碳酸钠含有结晶水可制成重质纯碱，将其应用于玻璃制造业，既可以减少粉尘飞扬，又可以延长玻璃窑炉的寿命。据中国海关统计，2018 年年初，美国向中国出口纯碱已超过 8 万吨，而 2017 年全年，中国从美国进口的纯碱总量仅为 3 万吨。美国以其价格优势使得美国碱出口量增加，已对我国国内重质碱价格造成冲击，使国内制碱企业遭受重大经济损失。

提问：哪位同学对化学感兴趣，立志像侯德榜一样为我国化学化工发展作出贡献？

学生：思考、分享、回答。

教师：介绍学生毕业时可以选报的化学相关理学学科门类和工学学科门类专业。

· 化学类：化学、应用化学、化学生物学、分析科学与工程。

· 材料类：材料化学。

· 化工与制药类：化学工程与工艺、制药工程、能源化学与工程等。

【教师总结】同学们将来毕业后，还可以在化工、医药、生活、教育科研等领域从事相关工作，进入相关单位和企业，如国药集团、中国石化、国家知识产权局、生态环境部等。希望同学们都能通过自己的努力，从事自己感兴趣的职业，实现自己的愿望。

六、作业与拓展学习

1. 涉及侯氏制碱法的工业生产流程图专题训练。

2. 查阅资料，进一步了解纯碱在生活各领域的使用情况，挖掘纯碱在各领域的创新应用价值并了解相关的化学职业背景，整理成小报或论文进行展示。

七、学习效果评价

根据表 4-33，学生对本节课的学习进行自我评价。

表 4-33　纯碱学习的自我评价表

项目	非常不符合	比较不符合	一般	比较符合	非常符合
1. 我进一步了解了碳酸钠和碳酸氢钠在生活中的广泛应用					
2. 我了解了路布兰和索尔维工业制碱法的基本原理及两种工艺的优劣					
3. 我了解了侯德榜制碱法创立的历史背景					
4. 我能够完整描述出侯德榜制碱法的原理及相关的工艺流程细节					
5. 我还想了解包括纯碱在内的更多化学物质在生活中的实际应用价值					
6. 我认为个人的成长与发展同社会的发展是紧密相关的					
7. 我相信未来能够通过所学的专业、所从事的职业报效祖国					
8. 我为祖国的发展感到骄傲、自豪					

第十节　生涯—学科融合教学设计·生物学

课例一　像玉米杂交专家李登海一样工作——杂交育种[①]

本节课以李登海培育杂交玉米的事迹为情境，指导学生学习杂交育种的原理、流程和要点。学生通过感受袁隆平、李登海等榜样人物的勇气、毅力，学习他们推动我国育种业发展的科学方法，理解个人选择与社会发展之间的关系。组织学生在试验田中模仿育种工作者的方法进行玉米的杂交操作，让学生获得成功的体验，从而对农业技术领域的工作产生好奇和关注。

一、学科融合背景

本课为高一年级生物学课，内容选自人教版生物学教材（2019年版）必修二"遗传与进化"，为第一章至第五章内容综合。

本模块教材在开篇的"科学家访谈"栏目中以"毕生追求的'禾下乘凉梦'"为题，介绍了袁隆平院士培育杂交水稻的贡献。在第一章的"孟德尔遗传规律的应用"部分中，以小麦的杂交育种为例，介绍了杂交育种的原理和流程，在"与生物学有关的职业"栏目中对育种工作者进行了简介。在第五章第一节"与社会的联系"栏目中，以金鱼的杂交育种为例，介绍了杂交育种的应用。在第二章第一节"与社会的联系"栏目中，介绍了农业生产中如何避免不良环境条件对水稻减数分裂造成影响。虽然教材没有再以专门的一节内容来介绍杂交育种，但是这部分内容化整为零，分散在第一章至第五章的各节中，而且教材在介绍这部分内容时非常注重与现实生活的联系，适合融合生涯教育的相关内容。

二、生涯融合内容

（一）生涯融合素材类型

☑职业行业　☐专业　☑生涯人物　☑学科价值　☑学科应用

---

① 本教学设计由刘欣（北京师范大学附属中学）提供。

☐学科前沿　☐时事　☐学习方法　☐生涯选择　☐其他

(二)生涯融合素材

玉米育种专家李登海是一位农民发明家，他通过杂交育种培育了高产玉米新品种 80 多个，在全国推广后直接增加经济效益 1000 亿元。他主持选育的系列玉米新品种获国家科学技术进步奖一等奖，他本人先后被授予"时代楷模""最美奋斗者"荣誉称号。

【指导意义】了解育种工作者的研究方法及其工作的重要意义。

三、教学目标

(一)生涯发展核心素养目标

生涯意识与信念	自我认知与发展	社会适应与责任	生涯规划与行动
☑生涯好奇	☐自我分析	☐信息收集	☐决策能力
☑积极态度	☐多元发展	☐环境探索	☐生涯规划
☐机遇意识	☐自尊自信	☑责任担当	☐自主学习

(二)融合教学目标

1. 简述杂交育种的概念，举例说明杂交育种方法的优点和不足。对农业技术领域的工作有所了解，产生好奇和关注。

2. 模仿育种工作者的方法进行玉米的杂交操作，获得成功的体验，相信自己将来有能力从事相关职业。

3. 认同育种工作对社会发展和国家粮食安全的巨大价值，感受袁隆平、李登海等榜样人物的勇气、毅力，学习他们推动我国育种业发展的科学方法，萌生家国情怀，理解个人选择与社会发展之间的关系，提升报效祖国的责任意识。

四、教学思路与流程

(一)融合教学思路

杂交育种是学生所学习的遗传和变异知识的重要应用，科研工作者通过杂交育种培育的优良作物品种对保障我国的粮食安全有着极其重要的作用。与小麦、水稻等作物相比，玉米的杂交操作是中学生能够理解和进行实践的。本节教学以我国著名玉米育种专家李登海培育"掖单"系列玉米新品种的事迹为情境，引导学生学习杂交育种的原理、流程和要点，组织学生在试验田中动手体验玉米的杂交操作，在实践中完成概念的构建、能力的提升、职业的体验和社会责任的发展。

(二)教学流程

本节课教学流程安排如表 4-34 所示。

表 4-34　遗传育种的教学流程

教学环节	主要任务(活动)及问题	设计意图	教学时间
导入	介绍我国玉米生产的现状和杂交玉米的重大价值，讨论如何改良不抗黑粉病的玉米品种	引导学生关注玉米杂交育种的意义和方法，激发学生的学习兴趣	约 5 分钟
环节一：设计玉米杂交育种流程	以李登海主持培育"掖单"系列玉米新品种的工作为情境，设计早熟抗病玉米的杂交育种流程	引导学生运用遗传规律解决实际问题，学习科学家的科学方法和精神，认同杂交育种技术的社会价值	约 10 分钟
环节二：体验玉米的杂交和自交操作	分组动手进行玉米的杂交和自交操作	带领学生体验育种工作者的工作，帮助学生发展实践能力，获得自信心和成就感	约 25 分钟
环节三：评价玉米杂交育种的优缺点	与选择育种比较，分析杂交育种的优缺点	引导学生评价杂交育种的优点和不足，为后续学习其他育种方式作好准备	约 5 分钟

五、教学过程与方法

(一)融合教学方式

☐提供学案手册　☐自我评估　　☐建构成就经验　☑实作探索

☐角色体验　　　☐提供生涯信息　☑榜样示范　　　☐提供个体反馈

☐展示报告　　　☑小组协作　　　☐个人意义建构　☐其他

(二)教学过程

导入

教师介绍我国玉米的生产现状：我国是世界第二大玉米生产国，新中国成立 70 多年来，随着遗传育种研究水平的提高和农业综合技术的发展，全国玉米单产不断提高，为保障我国的粮食安全作出了重大贡献。

请同学们设想自己是一位玉米育种专家，遇到一个难题——玉米优良品种 A 产量高、品质好，但不抗黑粉病，如何对品种 A 进行改良呢？

学生回答。

【教师总结】玉米杂交育种在我们的生产生活中具有巨大价值，我们高中生在学习过遗传规律之后就有能力进行杂交育种的流程设计和实践操作，我们接下来向育种专家学习相关的方法。

环节一：设计玉米杂交育种流程

教师介绍：玉米育种专家李登海。李登海是一位初中学历的农民发明家，他通过杂交育种技术培育了玉米高产新品种 80 多个，6 次刷新了中国夏玉米的高产纪录。他的玉米种子累计在全国 10 亿亩土地上推广，直接增加经济效益 1000 亿元。他主持选育的"掖单"系列玉米新品种获国家科学技术进步奖一等奖，他本人曾先后被授予"时代楷模""最美奋斗者"荣誉称号。

提出问题：1977 年，李登海以抗病性强的"掖 107"与玉米早熟突变体进行杂交，获得抗病性强且早熟的新品种。如果抗病性由 A 基因决定，早熟由 B 基因决定，该如何设计杂交流程呢？

学生分组讨论，设计育种流程。

教师提问：子二代中表现为早熟抗病的个体基因型一定是 AABB 吗？

学生思考后回答。

【教师总结】杂交育种需要多代自交，育种周期长。为了提高育种效率，李登海每年往返于山东和海南，进行加代育种，工作异常艰辛，但他的成果也是极为丰硕的。像袁隆平、李登海这样的育种专家，他们的奋斗不仅实现了个人的价值，也促进了我国种业技术的发展，保证了国家的粮食安全，他们是真正的共和国脊梁，是我们未来职业选择和职业奋斗的榜样。

环节二：体验玉米的杂交和自交操作

教师介绍：玉米杂交育种工作中，除了普通的田间管理，最重要的就是杂交和自交操作。

教师播放玉米杂交和自交操作的视频，提问：玉米是风媒花，在大田种植中，自交和杂交同时发生。因此，怎样在杂交操作中避免其自交，怎样在自交操作中避免其杂交呢？

学生思考讨论后回答。

教师组织学生前往本校温室进行玉米杂交操作体验。

全班共分为 10 个小组，每组 3 人。

5 个小组体验杂交操作，前往玉米试验田 A 区，该区黑粒糯玉米与白粒糯玉米间行种植。每小组负责 3 棵母本，3 棵父本。各小组可自主选择用哪一品系作为母本，也可体验正反交实验。试验田中玉米雌花序均已提前由教师进行了套袋，学生的操作要点包括取父本花粉授给母本雌花序、重新套袋和做标记。

另外 5 个小组体验自交操作，前往玉米试验田 B 区，该区种植的是杂合彩糯玉米。每小组负责 3 棵植株。试验田中玉米雌花序均已提前由教师进行了套袋，学生的操作要点包括取本植株花粉授给雌花序、重新套袋和做标记。

学生分组操作、挂牌过程中，教师进行巡回指导。

学生分享感受。

【教师总结】大部分同学能有序、规范地完成取粉、授粉、套袋和标记操作，后续同学们要根据下发的玉米田间管理指导继续管理自己进行过杂交或自交操作的玉米植株，到玉米果穗成熟后我们再进行结果分析。有的同学在进行操作的时候说，温室里又闷又热，皮肤接触到玉米叶子也很不舒服，但是感觉自己也能够做跟育种专家一样的工作，很自豪。同学们体验的只是杂交育种工作中的一小部分，这项工作确实辛苦、枯燥，但是新品种培育成功的时候，非常有成就感，相信同学们在收获果穗时也会有这样的感受。

环节三：评价玉米杂交育种的优缺点

教师提问：玉米的栽培起源于美洲大陆，美洲的印第安人就选择和培育了许多穗大粒饱的玉米。这些玉米是在隔离条件下种植的，经过精心管理和认真选育，不仅果穗硕大、颗粒饱满，而且品质优良，无任何杂粒，这样就选育出了具有优良性状的玉米品种。这本质上是一种人工选择育种方式，与其相比，杂交育种的优点是什么呢？杂交育种又有什么不足呢？

学生讨论后回答。

【教师总结】不同的育种方式都有其优缺点，针对不同的作物和育种目标，我们要选择最适合的育种方式。随着现代生命科学技术的发展，有越来越多的育种技术诞生，如单倍体育种、多倍体育种、植物体细胞杂交育种等，后续我们将继续学习这些育种技术。期待未来有同学可以进入农业育种研究领域，成为建设科技强国的生力军。

六、作业与拓展学习

水稻、小麦和玉米是我国最重要的三类粮食作物。以袁隆平为代表的水稻育种工作者和以李振声为代表的小麦育种工作者也都取得了举世瞩目的成就。(1)请查阅一项小麦或水稻的杂交育种工作，与玉米杂交育种比较，简述它们的相同之处和区别。(2)对育种工作者的所需能力和工作意义进行简述与评价(不少于200字)。

七、学习效果评价

教师通过学生上课回答及学生作业，参照评价量表(表4-35)对学生学习效果及融合教学目标达成情况进行评价。

表4-35 遗传育种学习效果评价量表

评价等级	A	B	C
概念理解与应用水平	在课后作业中能从原理、流程和操作方法3个方面清晰阐明玉米与小麦(水稻)杂交育种的异同	在课后作业中能从原理、流程和操作方法这3个方面中的某两个方面清晰阐明玉米与小麦(水稻)杂交育种的异同	在课后作业中仅能从原理、流程和操作方法这3个方面中的某两个方面大致阐明玉米与小麦(水稻)杂交育种的异同
实验技能	在杂交(自交)操作中能有序、规范地完成取粉、授粉、套袋和标记操作	在杂交(自交)操作中能大致正确地完成取粉、授粉、套袋和标记操作	在杂交(自交)操作中仅能大致正确地完成取粉、授粉、套袋和标记操作中的2~3项
主动运用所学知识解决实际问题的担当意识	在杂交(自交)操作中态度认真，后续积极参与田间管理工作	在杂交(自交)操作中态度较为认真，后续能参与部分田间管理工作	在杂交(自交)操作中态度不够认真

评价等级	A	B	C
对育种工作的关注度和从事相关工作的积极性	在课后作业"简述与评价育种工作者的所需能力和工作意义"部分中，表现出对育种工作的高关注度和积极态度	在课后作业"简述与评价育种工作者的所需能力和工作意义"部分中，表现出对育种工作的一定的关注度和较为积极的态度	在课后作业"简述与评价育种工作者的所需能力和工作意义"部分中，表现出对育种工作的低关注度

课例二　人脑的高级功能——学习与记忆[①]

本节课介绍了人脑的高级功能，引导学生通过小组合作探究得出学习与记忆机制，进而评估自己的学习现状，改进学习方法以提升学习效率。同时，学生通过阅读"中国脑计划"（脑科学与类脑科学研究），了解脑科学相关的职业领域和研究前沿，激发生涯好奇，并基于个人目标建立学习及发展规划。

一、学科融合背景

本课为高二年级生物学课，内容选自人教版生物学教材（2020 年版）选择性必修一，所属章节为第二章第五节。

学习与记忆是人脑高级功能中的一部分，对于学习和记忆规律的认识，能很好地帮助学生掌握科学的学习方法、提高学习的效率。因此，本节课既有学法指导的层面，又有引领学生进行职业认知的层面。

在当前选科走班背景下，学生的选科学习一定程度上缺乏学习方法的具体指导，导致学习效率不高。在生物学学科教学中，借助学习与记忆这部分内容的学习，指导学生合理复习旧知识，提升记忆力，在掌握基础知识的基础上，提升生物学学科关键能力与素养。学习方法及记忆力提升策略的指导，适用于学生对大多数学科的学习，有利于帮助学生提高学习效率，从而提高学习成绩。此外，当今社会飞速发展，需要青年从基础教育阶段开始提升自我学习能力、职业规划能力及社会适应能力，以应对不断变化的劳动力

---

① 本教学设计由周永娟（北京市第十一中学）提供。

市场的需求。因此，在本节中融入学法指导及生涯规划指导，对于高中生的学习、选科及未来就业具有重要意义。

二、生涯融合内容

(一)生涯融合素材类型

☑职业行业　☐专业　☐生涯人物　☐学科价值　☐学科应用

☑学科前沿　☐时事　☐学习方法　☐生涯选择　☐其他

(二)生涯融合素材

1.2000 年诺贝尔生理学或医学奖。三位获奖者在神经细胞间信号传导这一研究领域取得了开创性的发现。其中，出生于 1926 年的美籍奥地利人坎德尔证明了短期记忆和长期记忆均发生在突触部位，发现了改变突触效能的方法以及其中涉及的分子机制。

【指导意义】以该资料为依托，结合教材的内容与素养定位，引导学生逐步探索学习和记忆的机制。

2.2018 年，我国政府启动前沿科技项目——中国脑计划。该计划以"认识脑、模拟脑、保护脑、开发脑"为目的，目标是在未来十五年内，在脑科学、脑疾病早期诊断与干预、类脑智能器件三个前沿领域取得国际领先的成果。

【指导意义】该资料不仅能激发学生的学习热情，提高学生的学习效率，更能让学生了解学科前沿及相关职业领域，帮助学生制订个人职业发展规划。

三、教学目标

(一)生涯发展核心素养目标

生涯意识与信念	自我认知与发展	社会适应与责任	生涯规划与行动
☐生涯好奇	☑自我分析	☐信息收集	☐决策能力
☐积极态度	☐多元发展	☐环境探索	☑生涯规划
☐机遇意识	☐自尊自信	☑责任担当	☐自主学习

(二)融合教学目标

1. 通过资料的分析和小组合作探究得出学习和记忆的机制，进而客观评估自己的学习现状，改进学习方法以提升学习效率，并基于个人目标制订学习及发展规划。

2. 通过阅读"中国脑计划"资料，了解脑科学相关的职业领域和研究前沿，进而规划自己的职业发展，并落实在行动上。

四、教学思路与流程

(一)融合教学思路

首先，激发学生学习本节课的兴趣。当今社会发展迅速，唯有终身学习才能应对未来社会的发展。学生要掌握科学的学习方法，提高学习的效率。

其次，通过 2000 年诺贝尔生理学或医学奖资料的阅读，学生在情境中"亲历"科学家的研究过程，小组合作探究学习与记忆的机制。

再次，针对该机制寻找科学的学习方法，结合实际调整自己的学习行为。

最后，出示"中国脑计划"相关资料，学生了解学科前沿及相关职业领域，制订个人发展规划。

(二)教学流程

本节课教学流程安排如表 4-36 所示。

表 4-36　学习与记忆的教学流程

教学环节	主要任务(活动)及问题	设计意图	教学时间
导入	了解学生对用科学的学习方法提高学习效果的兴趣程度	激发学习兴趣	3 分钟
环节一	通过分析资料，得出参与学习的重要脑区、短期记忆与长期记忆形成的机制	探究学习与记忆的机制	30 分钟
环节二	通过学习与记忆机制的分析，寻找提高记忆力、提升学习品质的方法	寻找科学的学习方法	7 分钟
环节三	呈现 2018"中国脑计划"，了解脑科学领域前沿	了解职业方向，助力生涯规划	5 分钟

五、教学过程与方法

(一)融合教学方式

☐提供学案手册　☐自我评估　☐建构成就经验　☐实作探索

☐角色体验　☐提供生涯信息　☐榜样示范　☑提供个体反馈

☐展示报告　☑小组协作　☐个人意义建构　☐其他

(二)教学过程

环节一：探究学习与记忆的机制

活动1：认识海马区的重要性

教师出示水迷宫实验装置，介绍该装置主要用于测试实验动物对空间位置感和方向感的学习记忆能力。展示实验组和对照组小鼠的实验结果。引导学生分析实验结果出现的原因，得出实验结论——海马区是参与学习的重要的脑区。

【设计意图】通过实验分析，学生自己得出参与学习的重要脑区是海马区，培养学生实验设计与分析能力。

活动2：分析习惯化产生的机制

教师描述海兔的水刺激缩鳃实验，出示机理分析图。引导学生分析海兔缩鳃习惯化产生的分子机制。

学生小组合作，分析实验过程，讨论海兔缩鳃习惯化现象产生的原因，每个小组总结出来后，用自己的语言表达出来。

教师倾听并纠正学生的表述。提问：如果教师一直用一种单调、平缓的语言上课，学生会出现怎样的反应？

学生思考并尝试回答。

【设计意图】学生通过情境和实例，感知学习的过程中，在单一的、温和的弱刺激下也会存在习惯化，理解学习过程中多感官刺激的重要性。

活动3：探究短期记忆形成的机制

教师出示2000年诺贝尔生理学或医学奖相关资料中关于短期记忆形成机制的部分，指导学生探究并描述短期记忆的形成机制。

学生小组合作阅读文本资料，分析机理图。各小组的发言人在小组共同总结梳理的基础上描述短期记忆的形成机制。

教师倾听、纠正学生的表述，总结短期记忆的机理：在强刺激下，突触前膜释放神经递质——谷氨酸，使突触后膜上的 N 受体被激活后，Ca^{2+} 以协助扩散的方式进入胞内，Ca^{2+} 与钙调蛋白共同作用，使 C 酶的空间结构改变，C 酶被激活，激活的 C 酶使 A 受体胞内肽段被磷酸化，导致 A 受体活性增强，Na^+ 进入突触后膜，突触后膜出现膜电位变化，产生"记忆"。

学生倾听，感受自己的表述和严谨的表述之间的差距，学习规范的表达。

【设计意图】结合融合素材 1——2000 年诺贝尔生理学或医学奖相关资料中短期记忆的形成机制部分，训练学生阅读非连续文本的能力以及用生物学语言规范表述的能力。理解短期记忆发生在突触部位，并且是突触后膜膜电位的增强，在此基础上，关注自己的学习方法，促进短期记忆的产生。

活动 4：探究长期记忆形成的机制

教师出示 2000 年诺贝尔生理学或医学奖相关资料中有关长期记忆形成的内容，指导学生探究长期记忆的形成机制。

学生小组合作，在教师的引导下读图，分析长期记忆形成的机制，并规范、严谨地表述长期记忆的分子机制——脑内某些蛋白质的合成以及新突触的不断形成。

教师倾听，点评，小结长期记忆形成的分子机制。

【设计意图】训练学生从机理图中获取信息的能力，提升学生学习生物学学科所需的科学思维能力。让学生在情境中"亲历"科学家的研究历程，体验科学研究的艰辛与坚持不懈的精神。

【教师总结】本环节的生涯融合落脚在"责任担当"，让学生通过在情境中"亲历"科学家的研究过程，了解科学家的工作内容、研究的方法以及为人类进步所作的贡献，引导学生树立责任担当的意识。

环节二：寻找科学的学习方法

教师布置任务：针对学习与记忆形成机制，寻找科学的学习方法。

学生小组合作，从避免习惯化以及短期记忆、长期记忆形成的机理，寻找增强记忆的科学的学习方法。

教师将合理的学习方法板书于黑板上，指导学生的学习和学业规划。

【设计意图】结合教材"人脑的高级功能——学习与记忆"以及补充资料，通过任务驱动引导学生思考、分析，得出科学的学习方法，纠正、指导自己的学习。

【教师总结】本环节生涯融合落脚在"自我分析"，在了解学习与记忆机理的基础上，客观评估自己的学习现状，针对现状科学改进学习策略以提升学习效率，基于个人目标建立学习及发展规划。

环节三：了解脑科学相关研究领域

教师出示 2018"中国脑计划"，指导学生阅读教材"科学·技术·社会"部分——脑机接口让工具真正实现"随心所欲"。

学生聆听、阅读、感悟，思考个人发展规划并交流。

【设计意图】通过"中国脑计划"——在未来十五年内，在脑科学、脑疾病早期诊断与干预、类脑智能器件三个前沿领域取得国际领先的成果。对学生进行生涯渗透，使其了解职业领域。指导学生结合当前学习，规划未来职业和人生发展。

【教师总结】本环节生涯融合落脚在"生涯规划"，教师出示"中国脑计划"资料，学生通过对该资料的阅读、感悟，可以了解学科前沿及涉及的职业领域，规划个人发展。

六、作业与拓展学习

针对本节课总结的科学的学习方法，提出修正自己学习行为及针对自己的时间管理的有效措施。利用下一节课前 5 分钟的时间进行展示交流。

七、学习效果评价

制定学生评价量表（表 4-37），在学习过程中充分发挥过程性评估和表现性评估的作用，真正启动学生的自我学习系统，实现"目标—任务—评价"的一致性。

表 4-37　学习与记忆的学习评价表

评价维度	优秀级	完成级	改进级
活动1：实验结论的得出	1. 能得出正确的结论 2. 表述规范，能用生物学语言严谨地归纳实验结论	1. 能得出正确的结论 2. 表述比较规范，基本能用生物学语言归纳实验结论	1. 结论错误 2. 表述不够规范，用词不够严谨
活动2：习惯化产生的机制	1. 规范使用生物学语言 2. 准确表述海兔缩鳃反射习惯化产生的机制	1. 生物学语言使用基本准确 2. 能说出海兔缩鳃反射习惯化产生的机制	1. 生物学语言使用不够准确 2. 对海兔缩鳃反射习惯化的机制的分析不够准确
活动3：短期记忆形成的分子机制	1. 生物学语言使用规范 2. 对短期记忆形成的分子机制表述准确	1. 生物学语言使用基本规范 2. 对短期记忆形成的分子机制表述基本准确	1. 生物学语言使用不够规范 2. 对短期记忆形成的分子机制表述不够准确
活动4：长期记忆形成的分子机制	准确分析长期记忆形成的分子机制，表述逻辑清晰	对长期记忆形成的分子机制的分析基本准确，能表述形成的机制	对长期记忆形成的分子机制的分析不够准确，表述不够严谨
任务1：科学学习方法的总结归纳	能提出3～4条科学的学习方法，能纠正自己不恰当的学习策略	能提出1～2条科学的学习方法	无法提出科学的学习方法
任务2：学科相关领域的了解	了解脑科学的相关研究领域，了解职业领域，有规划未来职业的意识	基本了解脑科学的相关研究领域，规划未来职业的意识不够强	不了解脑科学的相关研究领域，尚无规划未来职业的意识

第十一节　生涯—学科融合教学设计·信息技术

课例　专业分析助决策——数据处理与应用[①]

本单元教学采用项目式教学模式，将教学内容与数据分析师的职业体验

---

① 本教学设计由朱莹莹（北京市怀柔区第一中学）提供。

相结合，按照数据处理的过程展开学习。以同学生后续学业生涯有关的选科、选专业为主题，让学生体验数据分析师的工作流程及主要内容，学习使用信息技术手段进行数据分析与处理，体验数据分析师的工作价值，同时助力学生完成选科决策。

一、学科融合背景

本课为高一年级信息技术课，内容选自人教版信息技术教材(2019年版)必修一"数据与计算"，所属章节为第三章(共四课时)。

根据《普通高中信息技术课程标准(2017年版2020年修订)》提示，教师可结合高中学生的生活和学习实际设计问题，帮助学生掌握应用信息技术解决问题的思维和方法；鼓励学生将所学的信息技术积极应用到学习、生活乃至信息技术革新等中，在实践中创新，在创新中实践。

教材中本章采用项目式教学模式，按照数据处理的过程展开学习。主要内容包括：数据处理的一般过程、数据采集与整理、数据分析与可视化、数据分析报告与应用。

高一学生刚刚进行完职业生涯的相关学习，高一期末将进行选科。以往的学生选科，存在到了高二还改科的情况。本单元的学习旨在帮助学生进一步了解选科与专业录取、就业等相关内容，助力学生的选科决策。

数据分析师指的是不同行业中，专门从事行业数据搜集、整理、分析，并依据数据作出行业研究、评估和预测的专业人员。本单元内容与数据分析师的工作相近。因此，将本单元教学与数据分析师的职业体验相结合，选择和学生后续学业生涯有关的选科、选专业为单元主题，让学生以数据分析师的角色就自己的选科决策进行科学分析、处理，为后续的生涯规划奠定基础。

二、生涯融合内容

(一)生涯融合素材类型

☐职业行业　☑专业　☐生涯人物　☑学科价值　☑学科应用

☐学科前沿　☐时事　☐学习方法　☑生涯选择　☐其他

(二)生涯融合素材

1. 阳光高考网

教育部高校招生阳光工程指定信息发布平台。发布高校招生章程，提供学生名单公示、院校信息、分数线、填报志愿、选专业、高考咨询等服务。学生重点使用专业知识库栏目，了解 12 个分类下不同的专业代码、专业名称，以及专业信息、统计信息、专业满意度、相关高校等信息。

【指导意义】帮助学生了解、厘清专业名称，确定预选择的三个专业。

2. 北京教育考试网

检索《在京招生普通高校本科专业选考科目要求目录》等相关专业选考要求、录取分数线、招生政策等内容。

【指导意义】帮助学生了解相关政策，准确把握专业选择与高校录取的相关要求。

3. 数据分析师

数据分析师指不同行业中专门从事行业数据搜集、整理、分析，并依据数据作出行业研究、评估和预测的专业人员。与传统的数据分析师相比，互联网时代的数据分析师面临的不是数据匮乏，而是数据过剩。因此，互联网时代的数据分析师必须学会借助技术手段进行高效的数据处理。数据分析师进行数据分析处理的过程包括数据采集、数据整理、数据分析与可视化、结论形成等环节。

【指导意义】让学生体验数据分析师的工作内容及特点，激发生涯关注与好奇。

三、教学目标

(一)生涯发展核心素养目标

生涯意识与信念	自我认知与发展	社会适应与责任	生涯规划与行动
☐生涯好奇	☐自我分析	☑信息收集	☑决策能力
☐积极态度	☐多元发展	☐环境探索	☑生涯规划
☐机遇意识	☐自尊自信	☐责任担当	☐自主学习

(二)融合教学目标

1. 通过对自己感兴趣的专业进行分析和讨论，掌握数据采集、整理、分析与呈现的基本方法，提高生涯规划的能力。

2. 掌握常用数据分析方法，能够根据需要选择恰当的方法进行数据分析，为高一期末的选科决策提供科学依据。

3. 在整个单元完成的过程中，体验数据分析师的工作内容及特点。

4. 在收集与自身相关的专业信息和选科要求的同时，通过分析、整理、甄别等，建立自我发展与社会的联系。

四、教学思路与流程

（一）融合教学思路

本单元题目为"数据分析与应用"，采用项目式学习模式，单元主题为"专业分析助决策"，整个单元的教学流程按照数据处理的一般过程进行，即在教师创设的贴近学生生活实际的选科选专业的真实情境中，自主选择某三个专业进行相关数据采集、处理、分析与可视化，最后形成报告并进行交流、展示、完善。共计四课时（图 4-8）。

教师利用数据处理与应用的过程与职业"数据分析师"的工作相近的特征，让学生在完成单元主题的过程中体验数据分析师的工作流程及主要内容，学习使用信息技术手段进行数据分析与处理，帮助完成选科的决策，体验数据分析师的工作价值。

（二）教学流程

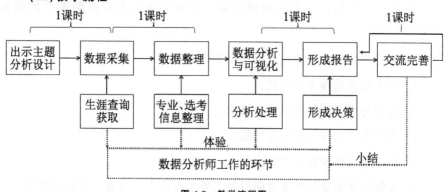

图 4-8　教学流程图

五、教学过程与方法

(一)融合教学方式

☐提供学案手册　☐自我评估　☐建构成就经验　☑实作探索

☐角色体验　☑提供生涯信息　☐榜样示范　☐提供个体反馈

☑展示报告　☐小组协作　☐个人意义建构　☐其他

(二)教学过程

【第一课时教学过程】

环节一：创设情境

教师：同学们，你现在心中有几个想报考的专业？课前测试统计展示（见附件）。有些同学在如何进行选科上还存在一些问题，本单元我们将通过数据处理与计算来对选科进行再认识。让我们像数据分析师一样进行数据分析，为选科提供科学依据。

学生：观看结果，准备完成任务。

【设计意图】从学生的实际情况分析入手，提出运用信息技术手段（数据处理与应用）帮助学生科学地进行选科决策。

环节二：出示任务

教师：介绍数据处理的定义，引导学生按照数据处理与应用的一般过程（图4-9）来处理、应用信息，同时介绍与数据处理工作相关的职业——数据分析师（详见融合素材3）。

主题学习项目：专业分析助决策，完成选课与专业前期调查的数据处理。

1. 根据小组的前期测试，拟选定3个专业。

2. 每个专业选择3所学校。

3. 查询每个专业的考试科目要求。

4. 查询所选院校每年的提档线。

5. 查询所选院校在京招生人数。

6. 查询所选专业的就业方向以及主要工作内容、待遇、发展空间等。

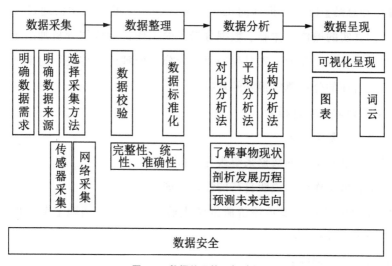

图 4-9　数据处理的一般过程

7. 根据数据进行分析，形成数据报告。

学生：根据前期测试的结果自愿分组（2～3 人），上网检索信息，完成任务 1——数据采集表。

任务 1：数据采集表

数据需求：＿＿＿＿＿＿＿＿＿＿＿＿＿＿

数据来源：＿＿＿＿＿＿＿＿＿＿＿＿＿＿

数据采集方法：＿＿＿＿＿＿＿＿＿＿＿＿

技术支持：

1. 网络获取信息参考网站

阳光高考网：https：//gaokao.chsi.com.cn/。

北京教育考试院网：www.bjeea.cn。

2. 采集网络信息：搜索引擎，在线问卷。

【设计意图】在完成一个项目时，需求分析至关重要而又很容易被忽视，另外，学生对于选科相关情况的网络检索较少，需要一定的时间进行自我检索和对比筛选，所以本部分针对学生的问题点，让学生完成数据采集表的填写。为学生介绍搜索引擎的一般工作原理，培养学生的数字化学习能力，也为后续项目的完成奠定基础。

【教师总结】数据分析师的工作是复杂、连续的，同学们通过今天课程的学习和真实的操作，体验了数据分析师的工作，对数据分析师的工作内容有了初步的了解。今天，先对我们要进行分析处理的内容进行前期的分析和规划，为后面的分析奠定很好的基础。

【第二课时教学过程】

环节一：复习引入

教师：展示优秀的数据采集表并评价。

学生：展示作业，说明自己的设计意图。

【设计意图】通过展示评价激发学生的学习兴趣，回顾上节课内容，同时帮助学生完善数据分析表。

环节二：讲授新知

教师：数据采集方法包括传感器采集数据和网络获取数据。随着移动互联网的日益普及和数字化媒体的迅速崛起，网络成为人们快捷获取数据的重要渠道。搜索引擎是一种能为用户提供检索服务，并将检索结果呈现给用户的系统。搜索引擎的一般工作原理是：网络爬虫通过网络链接进入网站，采集网站页面内容，采集到的内容经过处理后得到的索引结果被存放在搜索引擎的索引库中，当用户发起搜索请求时，搜索引擎检索索引库后，将结果返回给用户，从而实现快速检索。

在线问卷是通过网络采集数据的另一种方式，同学们可以通过这种方式采集周围同学对选科情况、高考志愿等方面的数据。

【设计意图】了解数据采集的多种方式，引导学生使用适合的方法采集高校的相关数据。

环节三：数据整理

教师：采集来的大量数据，需要我们进行整理。数据具有完整性、统一性和准确性。数据整理的方式有使用 Excel 软件做成表格、使用 Python 进行检测分析等。我们先利用 Excel 对数据进行整理。

学生：完成任务 2——利用 Excel 软件，完成表格的设计整理。

技术支持：Excel 的基础知识与使用技巧。

【设计意图】将采集的数据用图标形式展示，由于课时限制，主要使用

Excel 进行。学生如何设计表格是一个难点，教师出示样表给学生提供参考。

环节四：数据分析

分别用对比分析法、平均分析法和结构分析法来补充分析数据。

技术支持：

1. Excel 对数据的计算

2. Excel 生成图表分析数据

3. 体验使用 Python 程序对数据进行分析

作业样例（图 4-10）：分别使用了对比分析法、平均分分析法和结构分析法来补充分析数据。

前期调查

专业	学校	科目要求	提档线	在京招生人数
数学与应用数学	北京科技大学	物理	636	10
数学与应用数学	清华大学	物理	680	10
数学与应用数学	天津大学	物理	650	2
教育技术学	首都师范大学	不限	574	15
教育技术学	天津师范大学	不限	541	10
教育技术学	天津职业技术师范大学	不限	470	10
临床医学	复旦大学医学院	物理+化学（均须选考）	673	3
临床医学	首都医科大学	物理+化学（均须选考）	527	23
临床医学	清华大学	物理+化学+生物	656	8
平均值			600.78	10.11
最值			680	2

图 4-10　学生调查建立表格样例

【第三课时教学过程】

环节一：复习引入

教师：展示学生分析的作业，实时给出修改建议。

【设计意图】通过展示评价，激发学生学习兴趣，回顾上节课内容，同时也帮助学生完善数据分析表。

环节二：学习新知

教师：出示任务 3。

任务 3：数据呈现。在 Excel 中，利用图表可视化呈现分析结果，并完成分析报告（PPT）。

技术支持：

1. PPT 制作分析报告。

2. 词云呈现分析结果。

"词云"就是对网络文本中出现频率较高的"关键词"予以视觉上的突出，形成"关键词云层"或"关键词渲染"，从而过滤掉大量的文本信息，使浏览者只要一眼扫过文本就可以领略文本的主旨。

体验网址：微词云编辑器，https：//weiciyun.com/

易词云，http：//yciyun.com/

学生：上机实践。

1. 在 Excel 中，利用图表可视化呈现分析结果(图 4-11)。

2. 使用编程工具 Python 编程语言对数据进行分析处理(参见教材)。

3. 使用 Python，对文本数据进行词云呈现。

4. 根据上述分析，完成分析报告(PPT)。

【教师总结】数据分析的最终目的是将处理的结果形成报告，数据分析报告不仅是对整个数据处理过程的总结和展示，还能为决策提供参考。通过数据分析报告，可以将分析结果、可行性建议及其他有价值的信息传递给使用者。这也是数据分析师要呈现给客户的内容。

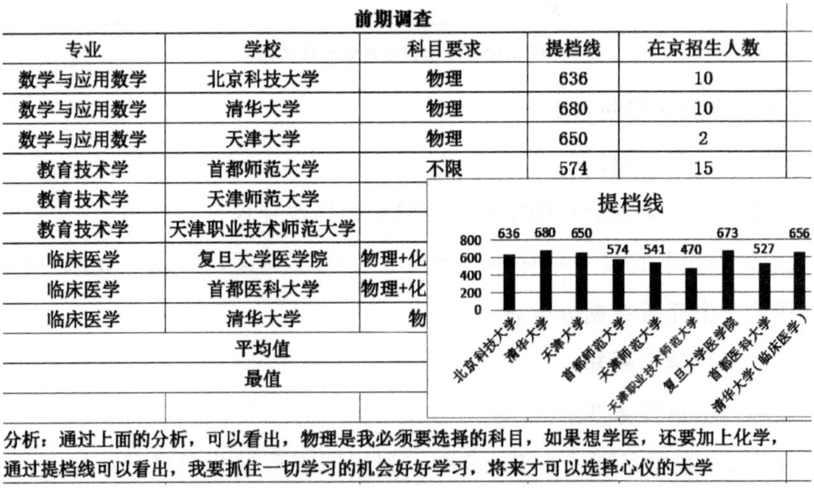

前期调查

专业	学校	科目要求	提档线	在京招生人数
数学与应用数学	北京科技大学	物理	636	10
数学与应用数学	清华大学	物理	680	10
数学与应用数学	天津大学	物理	650	2
教育技术学	首都师范大学	不限	574	15
教育技术学	天津师范大学			
教育技术学	天津职业技术师范大学			
临床医学	复旦大学医学院	物理+化		
临床医学	首都医科大学	物理+化		
临床医学	清华大学	物		
平均值				
最值				

提档线

636 680 650 574 541 470 673 527 656

北京科技大学 清华大学 天津大学 首都师范大学 天津师范大学 天津职业技术师范大学 复旦大学医学院 首都医科大学 清华大学(临床医学)

分析：通过上面的分析，可以看出，物理是我必须要选择的科目，如果想学医，还要加上化学，通过提档线可以看出，我要抓住一切学习的机会好好学习，将来才可以选择心仪的大学

图 4-11 数据分析生成图表样例

【设计意图】对采集的数据进行整理分析，是数据处理与应用的关键环

节，因而给出约 1 课时的时间完成，让学生有充分的时间进行自主探索。其间，教师提供技术知识，不同层次的学生按需选择视频观看。

【教师总结】数据分析是指用恰当的计算方法与工具对收集来的数据进行处理，提取有用信息，形成结论从而支持决策。数据分析与处理是数据分析师工作的重要环节，真正的分析师运用的工具和分析方法也更加丰富和专业。我们今天所学习的仅仅是一些初步的数据分析方法，在未来还有更多、更专业的数据分析方法等待同学们去探索。

【第四课时教学过程】

教师：明确汇报规则。

1. 每组用 3～5 分钟进行汇报，汇报后进行小组自评。

2. 其他小组为该组打分。

3. 谈谈对数据分析师这个职业的理解。

学生：展示作业并相互评价交流、打分。

【设计意图】本节课为前期作业的展示交流，学生对小组作品进行展示，激发兴趣，形成同伴互学的学习模式，有助于学生发现自己作品的优点，找出问题并进行完善。

【教师总结】本单元我们用了 4 课时对我们要进行的选科和选专业的相关数据进行了分析和处理，为我们今后的正确决策提供了科学的依据。由于我们完成的内容是一名数据分析师的部分具体工作，因此我们也进行了数据分析师的职业体验。由于课时有限，我们只是进行了简单的学习和体验，有兴趣的同学将来可以通过其他形式进一步了解和学习。

六、学习效果评价

1. 小组自评

表 4-38　数据分析与应用学习的小组自评表

组别	任务完成	成果展示	组内合作	选科报考了解程度	数据分析师职业了解程度	学习效果

2. 小组互评

表 4-39　数据分析与应用学习的小组互评表

项目	第一组	第二组	第三组	第四组
语言表达				
知识归纳				
总结答辩				
启示性与启发性				

评价表可参考表 4-38 和表 4-39，每项得分从低到高为 0～5 分，小组自评只评价本组人员，互评评价其他组人员。

附件：学生课前测试问卷

1. 你对选科的政策了解吗？

□非常了解　　　　　　□了解　　　　　　　□不了解

2. 你是否有理想的目标院校和专业？

□有　　　　　　　　□没有　　　　　　　□没想过

3. 你的目标院校和专业是什么？ _____

4. 你想选择哪三门学科进行选修学习？（限选 3 项）

□物理　　　□化学　　　□生物学　　　□地理　　　□历史　　　□思想政治

5. 你选择这些科目的理由是什么？

□兴趣爱好　　□就业前途　　□学科成绩　　□家长要求　　□专业覆盖率

附录　生涯—学科融合的推进与成效

第一节　北京市生涯—学科融合研究与推进

北京市生涯—学科融合研究与推进项目①自 2019 年 4 月起实施，以高中十门课程为先导，组建由生涯专家、高校学科专家、高中教研员、高中十门课程教师形成的研发团队，组织学科教师培训，研发生涯—学科融合教案模板、融合教学设计标准和生涯—学科融合教案集一套，开展经验交流，在北京市范围内积极推广生涯—学科融合教育。

一、生涯—学科融合研究与推进的主要工作

(一)建立三级协同小组，系统保障工作推进

生涯—学科融合研发项目采用"项目工作小组—项目专家小组—学科研发小组"的三级工作支持系统，全面保障研发工作的推进。邀请北京师范大学、北京教育科学研究院课程中心生涯专家，高校学科专家，高中科目教研员，高中学科教师形成项目协同教研小组。以高中科目为单位，由来自西城、海淀、顺义等 12 区 26 所项目合作校的 130 多位学科骨干教师组建形成语文、数学、英语、思想政治、历史、地理、物理、化学、生物学、信息技术十个生涯—学科融合研发小组。

(二)开展教师培训，提供专业指导

开展多元形态的生涯—学科融合师资培训和指导，内容包括新高考带来的生涯融合教育任务与目标、激发与培养学习动机的教育智慧、生涯—学科融合教育的理论基础和融合路径、学科与生涯发展、各学科融合教学设计策略与融合设计实例解析，为学科教师开展融合教学设计和实践提供专业支持。

(三)生涯—学科融合教案研发与评审

在生涯—学科深融合模式指导下，组织十门高中课程(语文、数学、英语、思想政治、历史、地理、物理、化学、生物学、信息技术)融合教案的

---

① 该项目为向基础教育倾斜—高考改革—学生发展指导研究与推进项目的子项目。

开发，初步形成生涯—学科融合教案研发工作方案、教案模板、教学设计标准和教案集一套。邀请各区各学科教研员，联合北京市教科院课程中心生涯规划研究员作为评审专家，组织教案评审，完成教案修订。

二、生涯—学科融合研究与推进成效

生涯—学科融合研究工作在营造融合研究氛围、教案开发、资源建设、培训指导、教学实施方面初步建立了一套推进机制，形成了生涯—学科微融合、深融合、全融合三种模式，生成了融合教案百余例，建立了融合素材资源库，发展了一批生涯融合教学骨干教师和试点学校，构建了生涯—学科融合教育推广模式，为辐射更大范围奠定了基础。以下择要介绍。

(一)形成了生涯—学科微融合、深融合、全融合三种模式

生涯—学科融合项目组开发形成了微融合、深融合、全融合三种模式，明确了生涯—学科融合教育的实施路径和操作方法。

1. 生涯—学科微融合模式

生涯—学科微融合是生涯教育与学科课程内容层面的融合。在一节学科课中，用 5 分钟左右的时间来渗透生涯教育的内容，即以学科教学内容为素材确立学科融合点，将生涯教育内容以教学活动形式镶嵌在教学过程中。生涯—学科微融合可以灵活地嵌入学科教学过程中，为生涯—学科融合教学的实施提供了极大的可能性。

2. 生涯—学科深融合模式

生涯—学科深融合是生涯教育与学科课程教学环节的深度融合。生涯教育与学科教学的目标、内容、过程与评价环节交汇互融，就形成了生涯—学科深融合，包括学科绪论课、生涯信息探索、生涯选择指导、学业方法指导等多种课程类型。生涯—学科深融合可以作为一堂完整的学科课开展教学，学科教师可以灵活地进行教学安排。

3. 生涯—学科全融合模式

生涯—学科全融合是指生涯教育与学科教学系统性的融合。将生涯教育全面地融入学科课程建设和教学环节，基于学科教材做系统性的生涯融合设计。生涯—学科全融合往往以学科组为单位，把整个学科的教材进行系统梳

理，从课程设计和教学环节两个方面进行生涯融合的教学设计。

（二）建立了生涯—学科融合教案和融合素材资源库

生涯—学科融合项目组研发了生涯—学科融合教案模板与设计标准，为一线学科教师进行融合教学设计提供了抓手。以学科为单位，十个研发小组形成生涯—学科融合教案百余例，这些效果可用于多种教学情境，满足学科教师不同的教学需求。在设计融合教案的同时，各学科分别建立了生涯—学科融合教学素材资源库，包括文本、图片、视频、书籍、网站链接等各种形式的资料素材。丰富的融合素材将为学科教师灵活运用融合教案、创生融合课程提供支持，满足多样化的教学设计需求。

（三）开展融合教学实践，促进了学科课堂的转变

生涯—学科融合教育实践在项目试点学校陆续开展。生涯—学科融合课程的开发引导教师将生涯理论融合到课程意识中，将生涯教育的理念转化成一种教学的态度，渗透到教师的教学设计、课堂教学和课程评价中。通过生涯融合的教学设计，促进了教师课堂教学方式的转变，将生涯教育融合到课堂对话中，使生涯教育的目标能借由学科学习的过程而达成，提升了学校教育的效果。

（四）培养了一批生涯—学科融合教育骨干教师

项目组建立起由生涯专家、课程专家、高校学科专家、高中学科研修员组成的生涯—学科融合专家库，并不断完善专家资源结构。通过开展持续的专业培训和专家指导，透过学科小组教研，带动各试点学校生涯—学科融合教育师资的发展。学科教师通过参与项目，拓宽了学科教学改革的思路，提高了融合教学研发能力，提升了学生发展指导的意识。这些教师也成为生涯—学科融合的先行者，成为北京市全面推广生涯—学科融合教育的主力军。

（五）建构了北京市生涯—学科融合教育推广模式

本项目形成以高中学科教师为中心的推进原则，建立"高校—高中"联合、"教学—教研"联合的协同模式，形成"学科融合教学示范、学科教学研修渗透、教师培训扩展参与、专项课题深化产出"的推广途径，构建生涯—学科融合"教师—学校—区域层次网络"推进模式。

1. 学校学科融合教学示范

结合教师的学科教学任务，促进教师开展生涯—学科融合公开课。基于地方课程与教学发展基础，联合北京市教育科学研究院课程中心和各区教科所，指导高中学校开展以学科融合为主题的教学现场会，推广学科融合教学经验。

2. 区域学科教学研修渗透

联合各区学科研修员，将生涯—学科融合培训渗透进学科教师的区级、校级学科活动，内容包括学科融合理论与教学教法。建立"高校—高中"学科联动模式，由高校学科专家开展学科生涯培训，帮助学科教师建立学科学习与发展的系统观与未来观。

3. 教师培训扩展参与

从研发团队中挑选学科教师代表，形成生涯—学科融合培训师资团队，针对全市各区学科教师开展融合培训，将生涯—学科融合教育辐射到北京市更多学校，促进北京市各区、各校经验交流与推广，横向扩展学科融合教学的参与范围，整体提升融合教学水平，构建北京市高中生涯—学科融合教育师资队伍。

4. 专项课题深化产出

设立市级、区级学科融合专项课题，鼓励教师申报、参与课题，通过课题研究尤其是行动研究的科学过程，深化生涯—学科融合的教学实践和教学效果评估，实现各高中学校与各区全面而有特色地推进生涯—学科融合教育实践。

生涯—学科融合教育始于高考改革带来的学生发展指导需求，是高中学校学生发展指导顶层设计的有机组成部分。北京市生涯—学科融合研究与推进项目的工作模式、研发成果、教学资源库、骨干教师队伍、专家资源，为全市的生涯—学科融合教育推广工作奠定了扎实的基础，实现了北京市教育改革的示范效应。

第二节　北京市中关村中学生涯—学科融合的
系统构建与实践探索

一、生涯—学科融合的背景与思考

从国家层面，《国家中长期教育改革和发展规划纲要(2010—2020年)》提出"把改革创新作为教育发展的强大动力。教育要发展，根本靠改革"。习近平总书记在全国教育大会上强调坚持社会主义办学方向，立足基本国情，遵循教育规律，坚持改革创新，以凝聚人心、完善人格、开发人力、培育人才、造福人民为工作目标，培养德智体美劳全面发展的社会主义建设者和接班人，加快推进教育现代化、建设教育强国、办好人民满意的教育。

从学校层面，国家倡导创新驱动，我们要积极回应国家要求，教育培养更多创造性人才。同时学校必须紧跟教育时代步伐，探索综合改革途径，立足培养学生的核心素养，强调对人的发现和扬长教育。

从学生层面，学生是主体，课程是灵魂。学生发展指导在中关村中学已经覆盖到全校各个学段。高中是人生的关键成长期，高中生的特点是个性特征逐步形成，和而不同，逐步走向多元，他们的自我认知能力亟待提升，人生目标逐渐明确，志趣和谐发展统一。高中作为主要启动核心，需要师生全员参与。学校要根据学生的特点提供丰富优质可选择的课程群，着眼于做好学业发展和选学选考的引导。不断加强生涯规划、职业体验、心理教育等专项工作，以满足学生多元自主个性发展的需求。

基于这三个层面，我们认识到进行学科—生涯融合教育势在必行，学校要通过学科—生涯融合课程，实现对学生切实有效的指导。

二、生涯—学科融合的系统构建与实施

为了更好地实施规划，北京市中关村中学首先建立了学生发展指导工作的共同体和教育运行的平台，在资源上做到了"三个构建"。"三个构建"是学校学生发展指导的基础工作内容，包括：①组织构建，成立学生发展指导中

心，由课程教学处副校长直接管理；②队伍构建，组建专职和兼职相结合的教师队伍；③课程构建，研发学生发展指导课程体系，纳入学校"雁翔"课程体系。

（一）组织构建

构建学生发展指导组织架构体系是进行生涯—学科融合课程建设的前提。中关村中学首先成立学生发展指导中心，形成稳定有序的工作机制，继而进行学科融合课程构建。将已有的学生发展指导相关工作进行梳理整合，把四个原有的模块整合成新的职能部门，立足选科指导、生涯融合、职业体验和心理教育，旨在为学生长远的人生发展做好专业的服务和指导。同时结合现有的教育教学、心理社团活动、社会实践等，打造以生涯教育为主线的一体化的学校发展指导课程体系。

（二）队伍构建

现行的高考以学科的知识体系为导向，而未来的高考则以学生的成长发展为导向。基于形式的变化，学校着眼推动育人模式的创新及教师角色的变化。在进行生涯—学科融合课程建设的实践探索过程中，同步培养学校的教师队伍。

课程实施最关键的因素就在于教师队伍的培养。以往教师队伍的培养在于"管"和"理"，而要真正建构和落实学生发展指导课程，在教师队伍的培养方面更多强调的应是"导"和"引"。

1. 教师选定

生涯—学科融合课导师是中关村中学选定的各学科核心教师，其职责是每两周进班做生涯—学科融合课程的定向、定量授课。针对学生差异化的指导需求，经过三年的探索，我们组建了一支以 8 人为核心，20 人为骨干，40人为重点的分层分类、有重点、有分工的教师队伍。具体队伍的建设为先确立导师，专业授课导师由教师自愿和学校推荐相结合。

2. 师资培训

教师队伍主要强调从教到管到导的职能变化，强调对学生教育的个性化、针对性，基于潜能和兼顾社会的指导职能。为实现这样的职能转变，学校教师实行"先培训，后上岗"制度，学校确定标准体系，针对教师特点，确定在什么阶段做什么培训，谁来培训，达到什么样的目标可以上岗。如表附-1，主要分为三个阶段，第一个阶段是让教师从理论上认识生涯规划课程是什么，第二阶段是告诉教师怎么去做，第三阶段形成项目组进行反思、优化，把课程向精深发展完善。

表附-1　中关村中学生涯课程师资培训计划

培训逻辑	调研师生需求	确定培训内容	参与人员
是什么	什么是生涯规划	认识生涯教育的内涵和意义	高一、高二年级任课教师
	如何进行生涯规划	解读生涯课程内容和课程实施	高一、高二年级任课教师
怎么做	如何从兴趣角度帮助学生认识自我	自我探索之兴趣大未来	高一年级任课教师
	如何从能力角度帮助学生认识自我	自我探索之能力大未来	高二年级任课教师
	如何帮助学生选科	学生发展指导与自我发展	高一年级任课教师
优化和精深	如何在学科教学中进行生涯融合	生涯—学科融合理论	高一、高二年级骨干教师
		生涯—学科融合实践	高一、高二年级骨干教师
			高一、高二年级任课教师

(三)课程构建

如图附-1所示，从学校层面对生涯—学科融合课程进行了整体的设计，从理念、内容、活动三个方面进行融合，旨在让课程内容活动化、活动内容课程化。依据结构化的学科内容、序列化的活动设计及可操作的评价，形成活动型生涯—学科融合课程的范式。生涯—学科融合课采用双通道融合路径，即课堂教学的融合和课后活动的融合。生涯—学科融合贯穿于教学全过程，结合学科相应的教学活动寻找融合点，渗透生涯教育，培养学生自我规划的能力，从而实现学科学习和生涯发展的融合。

全校所有学科全部参与生涯—学科融合课程的设计。在语文、数学、英语等13门课程中积极探索学科课程标准与学生发展指导课程标准的统一点（即融合点，表附-2），所涉及跨学科课程包括环境工程、哲学、金融、医学、法学、心理教育、航空航天、新闻、工业设计、医学等不同领域。学生

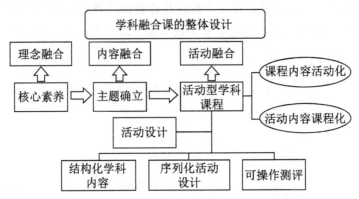

图附-1 中关村中学生涯—学科融合课程的整体设计

培养目标定位从原有的"导学"转向现在的"导育",学习内容定位从原有的"知识传授"转向"知识育人"。

表附-2 学科课程标准与学生发展指导的融合点

学科	学科课程标准与学生发展指导融合点
语文	精选学习内容,变革学习方式,确保课程适应学生的多样化选择需求
数学	提升学科核心素养,体现社会发展的需求,为学生发展提供共同基础和多样化选择
英语	帮助学生发展跨文化交流能力,树立人类命运共同体和多元文化意识
思想政治	引领学生真学真用马克思主义,在规划人生道路上把握正确的思想政治方向
历史	帮助学生拓宽历史视野,发展历史思维,为未来的学习、工作、生活作好规划
地理	选修课程多样化,满足不同学生兴趣爱好、学业发展或职业倾向的需要
物理	针对学生兴趣、发展潜能和今后升学就业需求设计多样化课程模块,注重课程内容与生产生活、现代社会的联系
化学	结合学生已有知识和将要经历的生活实际,引导学生关注与化学有关的社会问题,为未来职业发展奠定基础
生物学	学生通过课程学习,认识到生物学在促进人与自然和谐共处、促进社会发展等方面的重要贡献,满足多样化兴趣与发展需要,为职业规划奠定基础
信息技术	提升学生的学科素养,引导学生体验知识的社会性建构,理解信息技术对人类社会的影响

续表

学科	学科课程标准与学生发展指导融合点
音乐	学生在各类音乐实践和综合表演活动中不断提升表现技能,为职业发展作准备
美术	培育健康审美观念,发挥独特育人功能,为学生接受高等教育、规划职业发展作准备
体育与健康	为学生终身体育锻炼和保持健康奠定基础,培养学生的运动爱好和专长,增强学生的社会责任感和规划意识

1. 生涯—学科融合课程案例——思想政治

学科体验是要从学科的角度运用已有的学科知识,应用到具体任务中产出成果。而从生涯的角度,则要通过体验式的探索,深入了解自己感兴趣的的专业,明确生涯目标。例如,高一年级思想政治教材"经济生活"中有关于企业经营发展的内容,教师就以"我的创业之路"为主题,设计实施了"我要创业、我凭借什么创业、我要选择什么产品和服务、我在创业中的经营策略、我的创业宣讲、我在创业中遇到的问题"等,最后落点在"创业之路给我的启示",包括学科学习的启示、生涯规划和未来发展的启示。这堂课的整体设计非常详细,包括学科融合点、学生前期的准备、教材内容与生涯规划内容的对接等,充分保证了学科体验与学生的收获。

在"我的创业宣讲"环节,班级学生组建了五家"公司",以"公司"为单位在班里进行创业宣讲,其他学生进行模拟风险投资,结果有成功创业的"公司",也有失败的"公司"。接下来让学生思考失败或者成功的原因,以及对此的感悟,并继续思考应该如何寻找生长点和增长点以实现该"公司"未来的发展?通过这样的思维路径,学生体会到学科知识是用来解决问题的。通过此类学科体验课,学生真正地开展合作调研,在体验中提升了参与能力,感悟到创业的品质,由此激发了学生的学习兴趣。通过波折,学生在试错中成长,在合作中主动探究自己的品质和意志,在尝试中发展,在辨别中提高决策能力,最终提升了生涯规划的意识和能力。

学科体验课的原则是体验创设的角色化,整体过程体现了知识情境化、问题过程化、任务个性化。针对这类课程,我们不仅对教材进行了梳理,找到了恰当的主题，挖掘了相关的职业，找到了就业方向，也实现了其间的融合。整体实施过程中，让学生进入问题情境中，通过进行角色扮演，切身体验解决问题的紧迫性，体验思想政治学科知识的重要性，体验知识应用和问题解决的成就感，从而喜欢思想政治学科，喜欢相关职业，继而确定个人的生涯目标。

2. 生涯—学科融合课程案例——跨学科职业体验课程

跨学科的职业体验课程从确立项目研究目标开始，第一步介绍环境工程师身份及项目背景，对学生进行行业启蒙。第二步分析环保指标，调动学生所学的高中地理的相关学科知识，要求学生识别污染物并确定排放标准。第三步设计污水治理方案，融入高中生物学知识，要求学生设计不同级别污染的治理方案。第四步设计废气治理方案，融合高中化学知识，要求学生了解废气除尘/脱硫/脱硝处理方法。第五步模拟减排方案招标会，学生需要融合高中数学线性规划知识点，用大量的数据进行处理和建模。第六步回顾项目成果，导师点评学生作品，同时回顾知识点，整个课程需要跨学科综合呈现。

跨学科生涯融合课程经由以上六个步骤，引导学生通过真实、复杂的项目探究，获取知识和能力。学生从明确项目的行动规划和个人的职业倾向开始，然后通过学科找到关键词，梳理学科知识，最终形成具有专业水准的职业形象。其课程本质是使教与学的方式发生转变，采用项目式学习方式，形成探索研究的课堂模式，让学生从被动接受知识逐步转向主动建构知识，从被动获取职业信息转向主动体验工作内容，在真实的体验中提升学科效能感和职业认同感。

三、生涯—学科融合课程的反馈与展望

生涯—学科融合课程的实施，能够帮助学生客观认识自我，了解自己的兴趣、能力、学科学习与生涯发展的关系；能够改善学生的学习方法，提高学生的学习效率与学习能力，帮助学生确立恰当的学习目标并制订合理的学习计划；能够展现学科魅力，激发学生的学习动机和学习兴趣；让学生学会评估选择，提升选科的意识和能力；能够帮助学生了解大学专业与社会职业需求，进而合理规划专业与职业目标，确立发展路径，树立终身学习和高效

行动的理念；能够引导学生树立远大理想，将个人理想与社会需求、国家发展相结合，培养学生正确的价值观，提升学生的公民素质，培养学生的社会责任感和家国情怀。

生涯—学科融合课程的实施过程中，采用了定性、定量相结合的评价方式，从学生生涯发展水平的角度进行课堂效果的定量评价，从学生获得感和课程反馈的角度进行定性评价。授课教师将学生评价、自我评价、学校评价相结合，根据课程评价灵活调整课程设计，真正做到实践过程中的课程开发与课程完善。从学生课程反馈结果来看，课程的满意率为 92.17%，学生在课程后对学科的了解程度提高了 72.1%，学科喜爱程度提高了 17.0%。

通过生涯—学科融合课程实践，学生自主发展的能力得以提升，教师的专业发展也是卓越的，学校的特色品牌也逐渐形成。中关村中学将继续推进生涯—学科融合教学实践，在已有基础上，引入学校特有的教学资源，采用多样化的教学设计和多路径的教学素材相结合的方式，逐步开发具有学校特色的生涯—学科融合教案和融合素材资源库，让授课教师能够根据学情并结合自身教学优势形成适切的教学设计。学校还将不断完善教学实施流程，着力优化生涯—学科融合教学的教研效果，促进学科课堂转变，突出优质的课堂，提炼课程优势，形成示范经验并进行推广。

希望学生通过生涯—学科融合课程，不断提升发现自我、规划自我、成就自我的能力；希望学校能够托举学生的终身发展，做好教育奠基和创新，能够实现国家给予我们的任务，立德树人，不断输送俊才续航祖国的发展。